四大名山志

·峨嵋山志

印光大师 修订
弘化社 编

四大名山志·峨眉山 目録

重修峨眉山志流通序

普賢菩薩、道證一眞、德圓兩足。住寂光而興慈運悲、輔善逝而帶果行因。具遮那之全體、示居補處。結華嚴之大義、指歸西方。雖盡十方法界、無非所住眞境、而此大光明山、實爲應化道場。溯其立名之意、蓋以佛光晝現、聖鐙夜來、亙古今而無或隱滅、盡來際以啓牖羣生、由是之故、致此峨眉寶山、亦稱大光明焉。一以形勢立名、一以聖迹取號、固無別種因緣也。而一班不知菩薩德相者、欲借經言以見重、謬引華嚴經菩薩住處品云、西南方有處名光明山、從昔已來、諸菩薩衆於中止住。現有菩薩、名曰賢勝、與其眷屬諸菩薩衆三千人俱、常在其中而演說法。夫如來在天竺之中、摩竭提國、成等正覺、說華嚴經、凡歷七處、而有九會。初會、即在菩提場說、二會七會、八會、皆在普光明殿、說此殿亦在菩提場中。菩薩住處品、乃第七會所說之一品。先說東南西北之四方、次說東北東南西南西北之四維、方位次第、井然不亂。彼見有光明山三字、遂謂此西南方、指震旦國之峨眉、在中國之西南。於現有菩薩、名曰賢勝・妄加註曰・即普賢也。普賢亦名徧吉・未見又名賢勝也。援經而深悖於經・是欲令人生信・而反致人起疑也。不知普賢之德相・以如來智慧・窮劫莫宣。華嚴經八十一卷・其發揮普賢菩薩神通智慧道德功業者・有十餘卷經。若稍加研究・則何肯謬引。譬如輪王駐處・即是王都・光明到處・了無黑暗。由是今志特立菩薩聖迹一門・於中分爲六章。一釋名・略釋普賢名義。二修證・節錄悲華・楞嚴二經・以明菩薩因地修證工夫。然據如來不思議境界經・則菩薩久已成佛・其本地非佛莫知也。三德相・略引華嚴經・稱讚菩薩不可思議神通道力。四法要・略明菩薩所說法要・而普賢行願品・以十大願王・導歸極樂・普勸善財・及華藏海衆・一致進行・迴向往生西方極樂世界・以期圓滿佛果・而爲華嚴一經之歸宿。是知此一卷經・大開淨土法門・實爲十方三世一切諸佛・上成佛道・下化衆生・成始成終之總持法門。三根普被・聖凡齊攝・末世行人・皆當依止。故錄其全文・以期同登蓮邦焉。五利行・節錄法華經・觀普賢菩薩行法經・略明菩薩衞護行人之事。六應化・明菩薩證窮法界・故於十方法界・隨類現身・

應以何身得度者。即現何身而爲說法。故十方法界皆可作菩薩道場。然欲衆生投誠有地。故特於峨眉山示應化焉。須知菩薩應化有普有專。普則大衆咸得親見。專則唯已自心明了。例如雲端現相。衆目同觀。圓光攝身。縱齊肩並立。有許多人。而人人各見已身。不見他身。於此二者。可知菩薩神應無方。非凡夫二乘所能測度。具此不思議義。又何必謬引經文以自誣而貽人笑柄耶。舊志所載。殊多訛謬。如千歲寶掌於卷二諸經發明云。漢永平癸亥之前。已住此山。蒲公見鹿迹如蓮華。徑投寶掌問之。掌令往洛陽問摩騰法蘭二師。蒲公于甲子往洛陽謁二師。不知甲子即明帝七年。始遣蔡愔秦景王遵等往西域尋佛法。至十年丁卯。二師隨諸人始來洛陽。按傳鐙錄本傳云。東漢獻帝建安二十四年來中國。魏晉間入蜀禮普賢。留大慈。舊志本傳。只略東漢獻帝等一句。何不以此證前之訛。而竟兩存之。亦不說其孰是孰非耶。於一生不至西蜀之智者大師。亦爲立傳。且日與茂眞尊者孫眞人弈棊於呼應峯下之棊盤石上。又建呼應庵以居。均以相呼相應以弈棊。爲峯名庵名。作此說者。

不但不知智者。且絕不知佛法。智者一生。以身爲法。作後學模範。何得日與閒僧曠道。常行犯佛禁戒玩物喪志之事乎。玄奘。生於隋文帝仁壽四年甲子。其兄長捷法師。令其出家。居洛陽淨土寺。十五歲因隋室喪亂至長安。時唐室初立。尚事窮剿。無暇弘法。遂與其兄往成都求學。未幾。聲聞遠著。武德五年。於成都受具。思欲入京。以期聞所未聞。爲兄所留。遂私遁。由三峽。達漢陽。至相州。沿途求學弘法。後至長安。欲追法顯智嚴之迹。結侶上表往遊西域。求所無經。斯時世始太平。中外尚未交通。故詔不允許。衆咸退心。師獨不屈。乃於貞觀三年八月私去。歷一十七年。始回中國。及至于闐。卽遣使上表太宗。太宗優詔答之。且令沿途有司。各爲護衞迎送。師聞帝欲問罪逕濱。恐稽遲不遇。遂兼程而進。由流沙至沙州。是由甘肅而來者。帝勅有司備儀仗相迎。忽至京城之西漕。有司莫知所措。以程而進。故致有失。按程備儀。師兼此後日事翻譯。未及卒業而寂。何得有履西域至峨眉九老洞值聖貞說偈授經之事乎。但以世遠人亡。屢經滄桑。志乘軼失。無所依據。遂致以訛傳訛。無由考正。故致然也。當明季時。胡世安公，好遊山而信佛，未息心以研究，故其博採藝文，輯譯峨籟，實爲清蔣虎臣山志之權輿。虎臣自謂於譯峨籟，一字不遺，然其所錄，總以敘述山峯之聳峻，巖壑之幽秀，風雲之變態，寺宇之興廢而已。至於普賢與慈運悲，四衆竭誠盡敬之所以然，尚不能稍爲形容。況菩薩之本地風光，四衆之心契覺海者，又何能一爲形容耶。又此山昔有道教，自大法昌明後，漸次歸眞。明果滅妖，乾明作中峯之寺，羽流感德，黃冠爲緇衣之僧。自後一致進行，歸依三寶，道教絕響，已千餘年。舊志於普賢，及古高僧，有經傳可考證者，尚多錯訛。況於絕響已久之道教事實，能無訛謬乎。黃帝往空同山問道於廣成子，載於莊子在宥篇。何得又往峨眉，復問道於天皇眞人乎。天皇眞人卽廣成子，黃帝係有天下之責任者，非閒曠僧道隨意雲遊者比。空同已去兩次，而有所悟，卽廣成子移居峨眉，黃帝何得又往峨眉。況蜀道之難，今尚興歎，當黃帝時，不比今更難百千倍乎。故知此諸記載，悉屬虛設，卽的確之極，亦無關緊要，以此所說之法，乃佛法中人乘天乘兩閒之法。峨眉道教，久已絕響，又何猶立此法，以致後世惑於兩歧，莫知去向乎。故將此種記載，多爲删去，揭佛日以普照三根，亦天皇眞人之讚許者。印光一介庸僧，何敢妄充通家，修輯四大名山之山志。但以挂搭普陀三十餘年，民十一年，定海知事陶在東公倡修普陀山志，請邑儒王雅三先生主其事。王君於儒可稱博洽，於佛未涉門徑。志成，而山中耆宿，命光重修。光以近來刻排各書，了無有暇。至十九年，掩關蘇垣，始得出書。一弟子李圓淨，熱心公益，謂普陀，五臺，峨眉，九華，爲中國四大名山。師既將普陀志修妥印行，五臺峨眉九華三山志，亦不得置之不理。於是特祈前著觀音菩薩本迹感應頌，及歷史感應統紀佛學救劫編之江西彭澤皈依弟子許止淨居士，標示綱要。光但任其剳貼安頓與印行，校對則歸於現遙領贛州壽量寺住持德森法師，與陳无我居士。五臺志去年已出書，峨眉志不久亦可付印，九華志或於明年春夏間可出。四山舊志，唯五臺最嘉，普陀次之，峨眉又次之，九華最居其下。良以三山志皆屬不通佛學之儒士所修，故致買櫝還珠，敬卒隸而慢主人，只在山之形勢變幻處致力，不在菩薩與慈運悲，拔苦與樂處形容。志山而不志佛。顛倒行事。雖有其志。不能令見者聞者增長善根。種菩提因。此今志之所深致意者。故爲略示其意。然以未曾親歷其境之人。不能詳加詢訪。故只按舊志及諸經傳而爲證訂。至於近來名德。及新建築。概不加入。以免逸軼名德之咎。挂一漏萬之譏。具眼知識。當能諒之。

民國二十三年甲戌孟秋。古莘常慚愧僧釋印光撰。

峨眉山志舊序一

嘗讀冀越通云。地脈向中國來者三支。南絡發崐崘。迤東南而行。至大峨山。直南折而東爲五嶺。復折而東北。大盡於建康。其支絡於吳閩越。是峨山爲崐崘之次。明矣。故有伯仲之稱。又讀書記洞詮云。三峨高出五嶽。秀甲九州。震旦國第一山也。顧其山不入五嶽。而列於四大名山之一。其初爲天皇眞人。卽廣成子所居。軒轅黃帝問道於此。授三一五牙之經。繼爲普賢菩薩道場。設化城。居大衆三千人。有佛光聖鐙之現。而琳宮梵刹。踵事增華。遐方瓣香。重繭遠進。遂化而爲釋氏區宇矣。要之峨眉固自峨眉也。善乎胡菊潭先生之言曰、斯山眞面目、不隨蓬海三淺、知言哉。然往古來今、事迹變幻、如騎牛而仙、歌鳳而隱、刺蟒以救黃冠、跨虎而渡溪、漲人之異也。龍子可掬、桫欏燦爛、雷鳴於山腰、雪積於盛夏、物之異也。洞傳伏羲、鬼谷徑險、鶉鴿鑽天、空樹老僧定數百年、兜羅緜雲、鋪幾千丈、景之異也。其他幽奇奧邃、莫可殫述、題詠記讚、累案盈緗、不有山志、烏乎稽考。自明代己卯、菊潭先生遊峨、已云索山志舊著、罕有存者。唯喻廣文志祥、有山志脫稾、菊潭謂其蒐羅博而未精、考核詳而不要、去取臆而附會多、尤劣於山史一卷。經菊潭評駁、其書遂不傳矣。乃菊潭先生三次登峨、著譯峨籟。後三十餘年、金陵蔣太史虎臣寓峨山、始取峨籟、稍加增益、爲山志。然太史被二豎相侵、草草卒業、倫次欠楚、未付剞劂而捐館、因是尙闕焉、有待其稾藏於可聞禪師之笥。余以今上之二十有五年、奉命分巡建南、峨眉乃吾隸也、念境內名山大川、不有以表彰之不可。況修廢擧墜、尤關職業、失今不志、後將無述。爰取虎臣太史脫稾、與宿士商訂、重加修飾、分條析項、淆訛者正之、紊亂者清之、繁蕪者裁之迹無與於茲山者去之事可紀於近今者增之一筆墨間而峨之山水形勝宮觀殿刹人物古迹詞翰藝文瞭如指掌燦若列眉可以備窮搜可以供臥遊蓋自是而峨乃有山志矣亦以成菊潭先生虎臣太史二公未竟之緒而余且得邀靈於名山以追曠事之識云爾

淸康熙二十六年歲次丁卯季夏之吉中議大夫分巡建昌道按察司副使今陞貴州等處提刑按察使司按察使錦州曹熙衡素徵題

峨眉山志舊序二

西蜀之有峨眉坤輿一巨鎭也北控三川南界百蠻并鬼之所照臨神仙之所窟宅雖祀典不在五嶽之列而功實過之禹貢紀載而後常璩任豫張華酈道元輩表章精奧不一其人宜矣余奉命撫蜀職在奠安常懼一物失所貽山靈羞甫下車値有採辦枏木之役單騎邛郲採尋運道因得一登初地而軍務旁午信宿言旋其中谿谷之幽異風雲之變幻恍惚一寓目耳然以險遠崎嶇繕疏陳請蒙恩罷採民獲休

息。雖皇仁覃敷，不可謂非茲山之靈，默相而呵護之也。余性耽山水，而拘牽官署，每憑欄送目，覺三百里外，雪光雲影，遙遙襲人襟袖。欲尋古人紀載，以當臥遊，而兵燹之餘，燬失殆盡。一日川南憲副曹君，持峨眉山志相示，則憲副啓其事而余首閱圖說，出近代胡菊潭相國手，修志凡例，斷自蔣虎臣太史。嗟乎，茲山之在西南，詎止比肩於嵩、岱、衡、廬、武夷、雁宕之勝。登茲山者，詎無有好遊如尚平、康樂其人者乎。往哲無聞，歌詠中絕，河山之變，增人悽感。然所載古迹勝境，若光若鐙若臺若樹，以迄於藝文志餘，列諸凡案，綽然如陵嵐霧之幽深、沆瀣之芬洌也。宗少文曰，豎劃三寸，當千仞之高，橫墨數尺，體百里之遠。余無俟筍輿笻杖，而坐收茲山之奇秀，焉又爲之一快矣。抑峨眉有屏翰之功於蜀，而禋祀遜五嶽，說者以爲名山之隱逸者也。

清康熙二十七年戊辰歲仲春之吉，賜進士第，通議大夫，巡撫四川等處地方提督軍務都察院右僉都御史，楚黃姚締虞撰。

峨眉山志舊序三

昔逸少先生志遊峨而卒不果、恆太息緣之未足。衲每服膺其言、及成峨志、而益感慨係之。夫山之於人、與人之於山、洵有緣也哉。太史虎臣蔣先生、木天顧輔、一旦塵視軒冕、扶舁來峨、止蒲榻於山寺、出其奚囊所貯峨山志稾、與衲訂以見聞、風雨晦明、兩易寒暄、成帙一十八卷。而志餘一卷、尤叮嚀旨趣、言言金石、字字醍醐、起茲山從前之所未有、而一一開其面目、山顧於太史有前緣耶。不然、太史初未涉於峨、而乃斂其散逸、以集其成、寸寸而纍、早已脫稾於燃藜天祿、度日花磚、珥筆不遑之秋、且卒如其意、來止忻忻也。觀其回首一偈、謂茲山之老衲再來、而前緣爲益信矣。嗟乎、衲昔當蜀經灰劫餘、吳帆萬里、來禮願王、山水羈人、若逢吾故。于伏虎古迹、不惜頂踵、薙草開林、爲願王廣大行、數十年間、未敢少懈、招提大概、始觀厥成。溯洄壯遊、曾幾何日、而今且倏近桑榆、質衰蒲柳矣。讀太史遺編、兢兢然唯恐以緣爲太史羨者、徒亦以緣爲太史謝之也。幸荷護法諸大檀越、善太史之勝因、覓以棗梨、授之剞劂、俾與山靈同貞不朽、竊幸太史有願克諧矣。然則太史豈僅與山爲緣、而山又豈僅與太史爲緣哉。今而後後戒禪身，廣象教力者，欲有以各證其緣，卽以斯志爲龜鑑也可。

淸康熙二十八年己巳，菊月穀旦，伏虎寺住持海源謹識。

修山志說

名山可以神會，不可以目窮。可以心契，不可以言傳。言傳者其迹耳，而山之精靈不與焉。要其迹，亦不可以不傳，則言固未可廢也。肆樟棲霞飲谷，方外自遣，素奉教於梅莊何先生。一旦先生以憲副素徵曹先生之命，舉峨眉山志下商樟愧讓，劣罔所識知。然聞工人之治器也，遇大器，必專心致志，畢思殫慮以治之，故器可成而不憂其窳敗。峨志之役，大器也，於是細加參考，字斟句酌，釐正倫次，汰黜影附，分別條項，校訂訛舛，增益新聞。每條以小序數語引其端，俾便省覽。凡以敬愼厥事，庶幾以言傳者，不至言之過而流於溢，言不及而失於隘焉耳。古戎後學宋肆樟謹識。

補遺峨眉山志記

峨山爲坤輿具瞻，昔人言之詳矣。予幸承乏斯邑，得以循其麓而躋其巔，陟險窮幽，登峯造極，眞極天下之大觀。然而名山形勝，以心契不以目窮，公餘之暇，嘗取志書而卒讀之，神之所遊，不啻足之所履。惜乎書多脫簡，不能偏觀而盡識也。爰博訪都人士，得家藏舊志一部，悉心校閱，閒有後人添入詩章，錯訛殘缺者，舊本不載，未敢妄增，仍闕以待補焉。其餘字迹之模糊，書目之失次，篇章之遺亡，悉照舊本一一更訂，增入統計原板及添刻，共三百二十六塊，刷印成編。俾後之遊峨山者，可以按籍冥搜，即不遊峨山者，亦得開卷而攬全勝也，是爲記。

淸道光十四年甲午，四月之吉，賜進士出身，知峨眉縣事，粵東胡林秀識。

峨眉山舊志凡例

一修山志與郡邑志不同。是編凡關係山中形勝，僧家典故，雖細必書。其有高山大川，琳宮寶刹，不係峨山地界者，一概不敢妄入。

一是編原本非研胡閣老譯峨籟。兵火之餘，山中片紙隻字俱無，其書所載，不忍一字遺失。所輯前人詩賦・俱經壽梓。其餘悉仗別集網羅・及各寺僧抄錄名賢題詠者・僭妄刪去十之一二。非敢立異・亦以成美云爾。

一志以徵信・不可貪圖怪異・捃摭成編。如上林橘柚・芳洲杜若・取快一時・貽譏千古。是編凡禪宗仙伯・非確在峨眉修眞養性・及投筇飛錫・過化此方者・不敢妄入。其餘土產方物・除茶筍之外・如雪蛆・空青・放光石・雷威琴之類・古有是名・今無是物・必後人傳訛・襲響重爲地方累。特爲剖白纖悉・識者辨之。

一是編除原本譯峨籟外・止據四川總志・及嘉定州峨眉縣志・蜀中廣記等書。取裁不廣・考訂不精・止可爲名山留一影像耳。

一峨眉山道・前後名賢游記・開載甚詳。然亦有蠟屐所過・親攜筆札登記者。亦有事後默識・記一遺十者。又有旁詢住僧・及輿徒皁倀者。言語錯亂・頭尾倒置。或將歸路認爲去路・或卽一處指爲兩處。今皆一一咨詢・考訂詳明。以後登山如聚米書裙・免致車中指視・頗稱快事。

一舊志遺史，無從考訂。謹據峨眉縣志，所列山水無多。至山中老僧傳說，半多附會。如一青蓮峯，分爲二峯，曰大尖，曰蓮華。一井絡泉，稱爲五處，曰聖水，曰觀音，曰通精，曰半月。又名賢遊記中，有本無是山，偶憑耳食。又登掌記者，如大歡喜亭八十四盤，上有桫欏坪。查桫欏坪在千佛頂後，與師子羅漢等坪同列。若初登頂時，並無所謂桫欏坪者。如以桫欏得名，此花徧滿山頂，如秦廬粵鎛，何處無之。華嚴閣，圓通庵，全無影響，今皆一一改正。前人有知，想亦喜稱起予耳。

一山中舊有庵堂寺院，名目極多，滄桑後，金璧瓦礫，榎梓梧丘，不敢盡爲淹沒，僅留虛名於楮墨間。在愚見不問孤居侶處，現前佛屋連椽接棟，儘可爲容衆棲身之地。不必又拘興復之說，再圖募化，徒費精神。是在高明毅然作一豎刹竟義也可。

一志成，每苦上臺檄取，爲往來應酬之用，僧家拮据楮蠟，供給工匠酒食之類，轉成大累。今當預啓當事，凡欲取志，乞擕紙墨及工匠飯食入山自行印刷。似此功德，勝比尋常供佛飯僧十倍也。

清康熙十一年壬子仲秋望後四日華陽山人蔣超謹識。

新訂凡例四則

一舊凡例第一條。謂山中形勝。僧家典故。雖細必書。是矣。唯普賢菩薩。爲此山之主。僅於形勝門列諸經發明半紙餘。其中多係臆說訛傳。唯楞嚴圓通章爲實錄。殊多遺憾。故今略引華嚴。法華。各大乘經。及僧傳所載確實可據者。將普賢菩薩本迹感應。表彰出之。爲聖迹門。俾閱者得生信仰。而有所遵行。以獲受用實益耳。

一山中形勝。舊志將峯巖臺石等分類錄之。絕少貫串。令人茫然於前後上下各位置。求之遊記中。又嫌過多。且各人所記不同。莫衷一是。今於卷首列新增圖說。閱者按圖探路。恍如身入其境。足增臥遊之興。而原有遊記。酌加刪削。免繁多寡味。

一峨眉雖非必爲華嚴之光明山。而光燈示現之奇特。實爲諸名山首屈一指。誠如觀音大士所謂現種種不思議色。淨光明網。攝取衆生者。豈非普賢之大願力有以致之歟。故特闢靈異一門。將遊記中之見光見燈。及其他感應事迹。彙入之。示所以尊仰菩薩•而導引衆生也。

一山志求閱者身心獲益•以宏揚佛法爲主要。形勝寺院•已爲餘緒•至於藝文益末矣。宏揚佛法•首重高僧。而王臣護法•使僧衆安居修道•即俾黎庶消災得福亦最當崇飾•爲後人矜式。故舊志藝文內僧家塔銘•概改入高僧內。而皇家頒賜•及建修寺廟各記•另闢外護一門收之。以示此等紀載•關於三寶•非徒以文字見長也。

總目

峨眉山志卷一

第一星野圖說（初星野，次圖說。）

星則在天成象，野則在地成形。郡邑諸志，皆以星野定方位。況峨眉乃普賢菩薩應化之聖道場，地爲全省之巨鎭，作人民之具瞻。其廣踞數百里，其高聳數千仞乎。山不能一目徧觀，覽圖則卽知其槪。圖不能向背悉見，視說則全體圓彰。雖廣數百里，高數千仞。持圖而閱之，卽可心領山勢于方寸間，緬想佛化于億萬世。故志星野圖說。

初星野者，常璩云，西崦峨嶓，地稱天府，其精靈上應井絡。河圖括地象云，峨嶓上値天井，故多雨潦。占候井明大盛，多風雨。月犯井，多風雨。日暈井，多陰雨大風，是也。張子家峨山志，謂峨山在九囿中，下鎭梁益，上應鶉首，爲南戒（同界）之宗，與秦同分。熊南沙過跋云，志敘分野，既引夾漈之說，明常璩以爲井絡者無據矣。其稽南戒而定峨嶓以爲在井絡之南，亦終未能曉然自解乎夾漈之疑。而又曰星應輿鬼，君子精敏小人詭黠。則疑于口給誇多。自變井絡之說矣。按井絡。宮曰巨蟹。辰曰未。方曰西南。在地坤維。値坤故多文章。値未故尙滋味。德在少昊。又尙辛香也。峨位西南。物產相符。則井絡之說近之。熊跋亦未盡也。天文志謂嘉定屬東井輿鬼分野。今州治峨山上。當井絡。故山頂有井絡泉。

次圖說者。舊志圖甚簡略。止標大概。亦無有說。自淸光緒十一年。奏列祀典。遂徧探山勢。而爲圖說。今欲廣傳。篇幅多則難於流通。故于圖只取其總而去其別。悉存其說。庶閱者仍得其詳。原書序跋。悉錄如下。

峨眉山志圖說序●凡志。首重圖說。而山志爲最。蓋郡縣志。計里開方。紀其廣輪。縮方隅。繡錯。詳其山川險要。道路津梁。俾守土者展卷瞭如。備寇則阨要設防。捕盜則刻期立至。此其大略也。而山志則疊嶂層巒。橫峯側嶺。峭壁撐空。激湍截地。緜亙數百里。或足迹不能到。亦目力不能窮。倘以意揣。則差之毫釐。後有識者。徒滋訾笑。峨爲蜀名山。而不列祀典。光緒乙酉。總督丁公。疏請春秋致祭。奉旨兪允。明年。護理總督游公。乃遣候補道黃君綬芙。有事於峨。至則壇場寺庵。皆奉佛像。而山神之廟闕然。搜求舊志。則缺略惟多。於是游公籌款建廟於山麓。并製祭器。以供望祀。而黃君毅然以纂修山志爲己任。譚君晴峯。工繪事。以圖委之。廖君笙堂。俾輯說。又明年。而黃君卒。圖未及半。說亦未成。何志事之難耶。於是游公憫有志之未成也。復使譚窮其圖。緫巖梯嶮。足跰叢山者累月。凡爲圖六十有四。補舊志所未及者十之七八。廖仍爲之說。按新圖。稽舊聞。亦數月而竣事。而游公尤虞其未善也。謂余分巡建南。峨爲屬境。緫修之責無可辭。噫。其難也。蓋其愼矣。余於是披圖索瘢。詳加考證。删訂其說。衷諸一是。不敢自以爲功。特不方游公之命而已。既刻。而使余爲之序。余惟山祀始於丁公。而游公爲之廟。山志始於黃君。而游公落其成。圖則譚之勞。說亦廖之績。余何力之有焉。然余竊喜圖說成。而願往者可爲先導。未至者可當臥遊。既往者如逢故境。豈非一大快事哉。余故樂爲之序。光緒十四年戊子十月。善化黃錫燾書於建昌道署。

此序作於建南，因游公書來，謂譚圖廖說，勤勞莫沒，故序幷及之。余旋省後，同鄉諸君皆謂說本黃君綬芙原稿，廖特修飾之耳。序言失實，是則游公之故也。茲識於序後，以補余過，且免後來作刊謬，多著議論也。十五年二月初吉錫肅又識。

峨眉山圖記●峨眉山者，西蜀之雄鎮，高百餘里，相傳爲普賢菩薩道場。梵林如櫛，最著者爲伏虎、善覺、報國、萬年、靈巖、天門、仙峯諸寺。其他如大坪、洪椿、長老、太子、雷洞諸坪。清音閣、華嚴頂、洗象池、沈香塔、銅、鐵、錫、金、祖諸殿，莫不稱大觀焉。其間峯巒層疊，若玉女，若寶掌，若鸞鷟，若獅駝，若筍，若蓮，若鑪，若鉢，備極崢嶸。石有亮光、太子、大峨、天門、魚兒、蓮華、聖鐘、法船、飛劍、象鼻、牛心、仙人、羅漢、太湖等名，形似物者不可指數。橋有雙飛、仙女、七天、涼風、無懷、鐵索、木棧、石粱，凡橫流斷壑，皆藉以通。水有黑白雙溪、龍門、倒峽、瀑布、飛崖諸噴泉。險有鵓鴿鑽天、猴子坡、蛇倒退、長壽坡、放光坡、壽星坡、羅漢坡，陡曲而滑。洞有九老、三仙、雄黃、鬼谷、伏羲、女媧、左慈、龍門、豬肝、爛柯、紫芝、桂花、三魈及無名號者，凡千百。草木有桫欏樹、浮圖松、菩薩藤、木芙蓉、木涼傘、及一切奇花異草，多莫能名。禽有二迦陵異鳥，飛翔上下，佛光現時，始鳴曰佛現了。獸有人熊，虎狼質頗小者，其鳴陀佛，人以比邱字之。蟲有蛙，鳴聲如琴。有大蟒圍可三尺，長十丈許，鱗甲晶瑩，稱之曰龍居士。有蜥蜴，方首五爪，藏水石間，目爲龍子。氣候，則陰晴不定，變幻萬千。即如雪有千年積，雷有掃殿期。雷洞坪有人聲，烈風暴雨冰雹即至者，良可怪也。其中古迹，若軒轅訪道處，涪翁習靜處，蒲氏老人村，東坡摩崖字，右軍河南碑，皆不足奇。所異者，金頂祖殿，懸巖絕壁處，朝夕雲海霧氣，忽聚忽散。每至未刻，兜羅綿雲布滿巖下，現圓光一團，邊分五色，七層閒暈，爲佛光，如鏡。覩者自見其形，雖並立之人，絕不能見，爲攝身光。遠者爲水盆光。有氣如虹，橫亙數里，兩端紫雲捧之，爲金橋，奇觀哉。夜有燈光燐燐，飛滿崖壑，爲萬盞神燈，朝普賢，此更不可思議，眞福境也。余攀躋越半載，索險探幽，身歷神會。尤見瓦屋、青城、天竺、雪嶺、玉壘、岷江，若礪若帶，數萬里奔來眼底者，竊歎此山形勝甲天下耳。遂竭耳目心思，摹其圖，而並爲之記。衡山譚鍾嶽晴峯圖并識。

一峨眉山總圖說●此峨山總圖也。世傳大峨、爲黃帝問道於廣成子處。佛經稱普賢道場。歷建大小七十餘廟、皆奉普賢。故雖天下名山、未列祀典。攬勝遊蹤、爰稽志乘、而闕略維多。茲繪總圖、較加詳愼、然亦發其大凡。至窮原竟委、備悉分圖、可按而索也。自峨眉縣出南門、至正頂、計程百二十里。凡山路、水道、寺字、峯巒、古蹟、一一縷載、燦若列眉、餘詳散圖。顧復初書、譚鍾嶽繪。

二峨眉縣至迴龍寺圖說●峨眉縣治、漢南安縣、後周平羌縣地。隋開皇初、爲峨眉縣。元和志曰、枕峨眉山東麓、故名。開皇十三年、置屬眉郡。唐宋屬嘉州。元屬嘉定路。明屬嘉定州。至清雍正十三年、改州爲府、縣屬焉。東北各一門、西門二、南門二。遊山者出大南門、門曰勝峯、諸峯相對、蒼翠環照、過石橋曰儒林、古化龍橋、亦名勝峯、儒林街、人家數十。南行至迴龍寺、小而幽、比丘尼居之。前臨澗水、碧玉縈迴、古樹數株。西坡古剎、在其間、唐武德六年建、舊名壽聖西坡寺、今就圮。

三迴龍寺至峨神廟圖說●山神舊無廟祀、至清光緒十有一年、四川總督丁文誠公寶楨、以峨爲山鎭、水旱癘疫、禱求輒應、有功德於民。奏請春秋致祭、部議奉旨兪允其明年護理總督游廉訪智開捐建峨神廟於縣南城外學堂山並製祭器歲遣官望祀咸於斯廟門外有泮池故址井研胡世安登峨道里紀云聖宮外合三流爲泮澄波千頃鼇樂蓮香亦多雅致卽茲地矣前瞻古塔後倚崇山嘉樹叢篁映帶左右遊人至此遠觀近矚蒼翠紛來飄飄然不啻置身兜羅緜雲表也

四峨神廟至什方院圖說●由峨神廟上行過古石坊右爲川主宮正殿祀李二郎神前有劇臺後鄰什方院院外歧路中蜿蜷樛結有涼亭一夏秋時淸風徐來遊人多憩於此

五什方院至壁山廟圖說●出什方院道途平坦經薛家店至壁山廟廟古樸中祀風雲雷雨之神一路榕木森森蔭周數畝堪避暑雨

六壁山廟至菩提庵圖說●由壁山廟西南行二里許有菩提庵在路左門對四峨如玉屏前立出庵左行百餘步茅屋數椽古致歷落連畦蠟樹葱蘢居民賴以爲利

七菩提庵至興聖寺圖說●過菩提庵沿茅屋行百餘步茂林修竹中左爲興聖寺

寺宇兩層，佛像尊嚴。山門外路嵌韡石，以形似呼之。遙望金頂，及衆山最高處，歷歷可數。按舊志，興聖庵近聖積寺，疑此卽古興聖也。

八興聖寺至聖積寺圖說●由興聖寺順行，有石坊，淸乾隆乙丑年，住持性琳建。路左卽聖積寺，爲古慈福院。明萬曆壬午，川南道參議高重題篆字碑，豎寺外。相傳爲軒轅問道處。正德三年，內江王公重修之。萬曆丁酉，四川巡撫萬任，布政使楊國明，重建接引殿。康熙十一年，御史董明命，重建大雄寶殿。殿內銅鑄普賢騎象像，金身丈六，象伏地，長亦如之。兩旁銅佛頗多。殿外左懸八卦銅鐘，高九尺，徑八尺，重二萬五千斤。右峙銅塔，高二丈許，十有四層，鑄佛四千七百尊，旁鐫華嚴經全部，永川萬華軒施製。前有樓，曰眞境，一名老寶。訛呼了鵮，乃慧寶禪師建，額題峨峯眞境四大字，宋魏了翁華甫鶴山書也。相傳范蜀公書有簡板一幅，云半天開佛閣，平地見人家，今佚。

九聖積寺至文昌廟圖說●由聖積寺大道行，過普安橋，一名普庵橋，又曰普賢橋。

水出銅河、卽余大師坐化處。昔人稱有普賢殿、普安院、今俱廢。右上爲文昌廟。廟後有八卦井、今廢、惟源泉混混、灌注田疇、農無旱魃之患、出廟左行、經石坊、有瓦店一家、卽往保寧寺之坦途也。

十文昌廟至保寧寺圖說● 由瓦店平行二里許、卽保寧寺、古卓錫庵。明嘉靖四十四年、僧德統建。萬曆辛卯、僧德佐重建。清康熙五十年、僧峨雲復修葺之、因易今名。歷經雍正三年、連碧禪師、嘉慶十三年、仁寬禪師、隨廢隨舉、代有經營、增其壯麗。潆洄水抱、平遠山環、不亞聖積眞境。

十一保寧寺至子龍廟圖說● 由保寧寺上走兩河口、過石橋、卽蕭店子、茅屋數十家。再上里許、至子龍廟。廟外順河、下爲萬行莊、古海會堂、右通冠峨場、後卽光明壩。

十二子龍廟至報國寺圖說● 由子龍廟沿河而上、漸入山徑里許繞古樹林進報國寺。古會宗堂、一名問宗堂、又曰會宗坊道人明光開建。有碑記、立伏虎寺。堂原在伏虎寺右山麓、虎頭山之陽。嗣遷至此、初仍舊額、後易今名。按明光、著有心經楞嚴經解、八識規矩註、會心錄、禪林功課、大乘百法註、峨眉傳等書行世。寺左往龍門洞捷徑也。

十三報國寺至善覺寺圖說● 出報國寺、仍由大路上行、有木坊、榜善覺寺三字。登其峯、有二坪、前爲善覺寺、卽古降龍寺。明萬曆時、道德禪師建。淸康熙間、賜元亨禪師龍廂善覺寺匾額、因以爲名。幷賜玉印一顆、其文曰普賢願王法寶。御書玉音一章、至今珍藏之。寺後宋皇坪、乃天皇授道於軒轅處。寺左山麓、宋紹興間、虎狼爲患、人不敢至。士性禪師建尊勝幢以鎭之、患遂絕。

十四善覺寺至伏虎寺圖說● 由善覺寺下行、不數里、卽合大路。路右關帝廟。廟右響水橋、爲下報國寺直道也。由路左順上、過木坊、榜曰伏虎寺。經興隆橋、土地廟、玉皇樓、再前虎溪橋。橋下石子細潤如玉。屈曲上行、路左有龍神廟、渡發隆橋、經觀音堂、卽伏虎寺。行僧心安開建。明末燬於兵燹。淸初僧貫之、率徒可聞結茅爲虎溪精舍。順治十八年、川省大僚、捐廉興建、經營十餘載、始告成功。前後左右凡十有三層崇隆廣大爲入峨第一大觀也光緒十年僧靜安重新之右後爲龍鳳輝室康熙壬子蔣虎臣太史超自稱華陽山人寓此改名羅峯庵藏頒賜御書法寶匾額由伏虎寺左過木橋卽無量殿殿後太湖石煎湯服之可療心氣上高洞口過涼風橋橋爲清初四川巡撫羅公命僧可聞修古有涼風亭石壁峭削中有空洞風颼颼自口出曰涼風洞因以名亭谷口舊有震旦第一山坊今圮

十五伏虎寺至雷音寺圖說● 由涼風橋上行半里許至馬家溝昔有茶庵今廢渡解脫橋水聲潺潺聽而忘倦謂入此解脫塵凡出此解脫險阻耳直上竹林陡窄滑澾木磴層層約高百餘丈爲解脫坡左卽古解脫庵又名觀音堂光緒十年改爲雷音寺寺下有仙人會舊傳一池入山者必沐浴而後登今其址亦不存矣

十六雷音寺至華嚴寺圖說● 由雷音寺直上爲華嚴寺一名會福爲唐福昌達道禪師道場僖宗時僧慧通易名歸雲閣宋紹興三年僧士性重修節梲旋螺制極奇古又名雲篆殿爲白牛長老住持明洪武時僧廣圓奉勅重修掘地得宋碣鐫華嚴

堠。左刻至縣十五里。右刻至頂七十里。寺後有雲卷石山。頂卽古心坪。因昔古心禪師建有靜室得名。寺左過青竹橋。有玉女池。仰望尖秀插空者。爲玉女峯。相傳池爲天女浴器。深廣四尺。歲旱不涸。宋邛州刺史馮楫。結茅峯下。日誦華嚴經不輟。天女感而饋食爲池。畔有飛龍庵。每大風雨。聞石中龍吟。一夕雷劈石開。龍飛去。故名。又有鳳嶺庵。今俱廢。路右有古枏一株。大圍十餘尺。孤挺數尋。始敷枝葉。青青如圓蓋。可覆畝許。俗呼木枏繖。古名木涼繖。

十七華嚴寺至純陽殿圖說（圖）由木涼繖左上。過木坊。不數十武。進純陽殿。殿宇歷級而升。重樓瑰瑋。爲明初御史郝衞陽所造。崇禎六年。巡按劉宗祥。率峨眉令朱國柱捐金增修。益稱完美。殿後雲霧縹緲間。有坪曰華嚴。古稱赤城山。相傳爲赤城子隱居舊址。向有香煙。羅漢。白雲等寺。今一片荆榛。無迹可尋。殿左行里許。忽逼窄異常。不容輿馬。明初蜀獻王遊峨。至此下輦。行五十三步。後人重其步。因以名其地。

十八純陽殿至會燈寺圖說（圖）由五十三步度凹平。行里許。卽會燈寺。寺右荒煙蔓草中有天台庵故址。寺前陡下，過小石梁，爲太平橋。前望二山中凹，稱馬鞍山。茅屋數椽，呼袁店子。

十九會燈寺至大峨寺圖說●從袁店下坡，過正心橋，再過萬定橋，古萬福橋，又稱萬佛橋。路右巨石壁立，大峨石三字，呂純陽書。靈陵太妙之天六字，明督學郭子章書。路左神水池，卽玉液泉。隋智者禪師知此水發源西域。後卓錫荊門，龍女爲引神水，並浮所寄中峯寺鉢杖，自玉泉流出。舊有神水通楚碑，紀其事。又有巨石，刻陳圖南草書福壽字。蘇東坡雲外流春字。上有神水閣，一名聖水閣，明巡撫安慶吳用先建。高僧化機隱此。由閣右進大峨寺，古福壽庵，明僧性天開建。後圮。淸初僧智行重建，名大峨庵。康熙間峨邊參將李楨增廣之，易庵爲寺。光緒十一年，僧圓明重修。向有九曲渠，流杯池，靈文閣，勝峯，立禪，彌陀等庵。今俱廢。惟寺後古松一株，老幹龍鱗，爲千百年物。上有中和石。再上有歸子石，一名魚兒石。石有二孔，水常溢不涸。山頂爲黃帽山，後爲寶掌峯。寺外往左轉右，卽呵呼庵故址。有鳳嘴石，俗呼雞公石。刻歌鳳臺三字相傳爲楚狂陸通隱居舊廬明弘治間督學王敕改今名前卽歌鳳橋古百福橋俗名響水橋往來聽之四山皆響如洪濤巨浪挾風雨而來昔人稱爲山潮以之驗雨晴占豐歉爲不爽云

二十大峨寺至中峯寺圖說　由歌鳳橋順上渡結緣橋行二里許卽中峯寺一名集雲在晉爲乾明觀資州明果禪師除蟒患始改爲寺隋茂眞尊者重修之相傳有孫王宋三眞人羽化於此宋黃涪翁曾習靜其中卽隋智者禪師寄鉢杖處也寺倚白雲峯一名白巖左卽呼應峯原有呼應庵爲智者禪師道場下有茂眞尊者庵孫思邈眞人隱峨眉時與禪師尊者集弈於茲常相呼應山後有三仙洞洞外有棋盤石方廣丈餘至今猶存右有雄黃石歷傳唐玄宗幸蜀夢眞人乞武都雄黃石上遺使齎送至此煙雲相隔使者呼應因得造焉見一叟幅巾被褐危坐手指石曰致藥於此上有表錄上皇帝中使顧石有朱書百餘字就錄一行則行滅呼應之名或曰卽此眉人程堂登峨見菩薩竹有結花於節外枝者茸密如球卽寫於寺壁宛有生

趣。今佚。

二十一中峯寺至觀音寺圖說　由中峯寺左上三望坡。以路險峻。行者三望乃至。或云。昔軒轅帝訪道天皇眞人時。曾於此三舉望祭。故名。前有石橋一道。亦名三望。舊有茶庵。今廢。層級而登。進觀音寺。寺內一石蹲峙。呼雞母。以形似也。出寺往左上絲網坡。向有怪異傷人。自修寺後。怪頓息。

二十二觀音寺至龍昇岡圖說　從絲網坡。策杖攀藤。盤旋里許。躋龍昇岡。以岡名寺。此地稍寬衍。梵宇幽敞。迴望山後。一峯獨峙。圓轉自如。名香鑪峯。以形肖也。

二十三龍昇岡至廣福寺圖說　從龍昇岡下坡。山境幽深。野屋一間。茅茨不翦。平步徐行。望煙雲舒卷中。翠竹離離。卽廣福寺。一名慈雲寺。乃前牛心別院也。寺後綠陰簇擁。抱蔽虧天日。爲牛心嶺。往石船子下龍門洞。則從寺右小徑去矣。

二十四廣福寺至淸音閣圖說　由廣福寺左一路順下。石磴粼粼。苔蒼蘚碧。水聲湍激。殷殷如雷。俯視雙流。飛注門捷。若不相下。有橋翼然。稱雙飛橋。相傳左橋建自軒轅遊勝峯時、水從黑龍潭、繞白水寺而來。右橋則自古至今、幾經舉廢、水從九老洞、繞洪椿坪、黑水寺而來。出橋數十步、兩水會合、一石蹲峙、爲牛心石。遊山者從右橋行數十武、有瓦亭一、頗軒敞、爲遊人小憩之所。再過小亭、內有明御史馬如蛟碑記。又數十步、由左進淸音閣。閣陵空高聳、兩水環抱。閣右一徑、通金剛坡、往大坪。閣左則仍轉兩亭、過左橋、往白龍洞。

二十五淸音閣至金龍寺圖說● 從左橋緣磴道北上、過接御亭故址、路右即古德林。綠雲蔽天、空翠欲滴、爲明時洪濟和尚手植桐樹、即高僧會宗法號別傳也。相傳當日種一樹、誦法華經一字、一禮拜、按字計株、植六萬九千七百七株。天時地利、手到春生、今存十餘株、皆本長丈餘、始枝葉分起、如兩手捧佛、眞不啻檀林祇樹。從路左進白龍洞、洞久淹、毗盧僧建寺於其上、仍舊名。順上斑犖紛披、猿鳥相逐、刹竿隱隱出靑靄間者、爲金龍寺。

二十六金龍寺至萬年寺圖說● 由金龍寺右上、靈官樓、古大峨樓、云是公輸子所造。明末燬於兵火、清康熙間、川督蔡毓榮鼎新之、乃易今名。經四會亭、有銅鑄接引佛像。亭前向有普同總塔、中大小數十塔、別傳和尚塔在焉。今廢。直上又一亭、豎第一山碑、進聖壽萬年寺。在晉爲普賢寺、唐僧慧通改白水寺、卽僧廣濬彈琴處、宋爲白水普賢寺。明萬曆間、勅改今名。寺殿七層、天王、金剛、七佛、大佛四殿燬。前毗盧、中甎砌旋螺、銅鑄普賢丈六騎象像。象高長各丈許、足蹋三尺蓮華、徧體爲朝山者摩損。光緒十三年、署成緜龍茂道黃沛翘、捐金修補、並砌石欄以護之。宋太宗、眞宗、仁宗俱有御賜寶供。康熙壬午、有御賜經書。後爲新殿。殿右山邊、有明月池、又號白水池。從四會亭左、過山王廟、往慈聖庵。明萬曆癸巳、無窮禪師建。藏慈聖太后御賜經典、袈裟、供器、今尚有銅鐘一。由庵左上海會堂、卽佛牙殿。原有御賜紫衣及丁雲鵬畫歷代祖師像八十八軸、今俱毀。惟佛牙尚在、重十三斤、長尺二、寬八寸、厚三寸。堂左數里、有白衣庵故址。再里許、爲淨水溪、有淨水廟、古淨業堂、黃冠居之。萬年寺左、古枏一株、橫圍二丈三尺五寸。左上觀音閣、後爲正龍山、前平地突起如盂、呼鉢盂峯。

二十七萬年寺至觀心庵圖說●從觀音閣右上里許，道左有石，高丈餘，中有人形，頭面手足俱備，無斧鑿痕，相傳爲太子石。右旋數折，路左有羅漢洞，上有山王廟。橫過白果樹數株，均十數圍，境頗清幽。稍坦處，明時空安禪師，開建觀心庵，清乾隆間燬於火，洪湛禪師重新之。出庵右徑陡絕，輿馬不通。上爲頂心坡，又名觀心坡，俗名點心坡，以左右懸巖攢仰，至頂六十里，登者蹋足，膝輒點心云。

二十八觀心庵至息心所圖說●循坡直上，仰望怪石嶙嶙，如排牙礪齒，劍峙森嚴，勢欲飛走者，爲鬼門關。石嘴長拖，形如象鼻，稱象鼻巖。又上石脊眠亙，左右懸巖，稱大小鵝嶺，以形似鵝頸名之。過關，空空洞洞，石梁數尺，天然鞏固，名仙女橋。橋東北隅，昔古智禪師，建有萬松庵，今廢。渡橋直上，結一剎，名息心所，上覆木板，以蔽風雨。右山有地藏庵故址。從左路平行，往石碑岡。岡下數百步外，一片荆榛，爲慶雲庵故址。

二十九息心所至長老坪圖說●下石碑岡沿山行過峽道右巨石矗立呼觀音巖朝山者皆焚香禮拜前有石梁呼觀音橋左右懸空爲雲壑雲煙常布幽深莫測所特藤蘿古木叢茸遮蔽不欲示人以險者然僧云下有綠映沱水甘美再下有石洞風從內出呼風洞過橋上坡甚陡峻名放光坡相傳爲普賢現瑞之所上卽長老坪寺頗宏敞爲淸康熙二年峨澈禪師移建於茲額仍長老坪者示不忘本也寺後萬箇千竿爲翠竹峯峯左爲蒲公結廬處下爲蒲氏村由寺左而上有萬壽坡坡下宋紹興間懷古禪師創修正殿三楹奉古佛蒲公像明正德初宗寶禪師重修額曰萬壽堂命徒會賢理之於坪側元寶山別建淨室尋改永明萬壽禪林今廢故址尙存再上山肩爲駱駝嶺以形名也

三十長老坪至初殿圖說●下駱駝嶺行半里許路稍坦又斜上轉至初殿昔漢時蒲公採藥見鹿迹現蓮華因開建此山故額曰初殿其山形若鷲鷲亦名鷲殿又名簇店蓋原祇板屋一間僧煑湯以俟遊客蒸炊後改店爲殿卽雲窩也明時續恩禪

師、鑄銅佛、彌勒、諸天像、大小三十餘尊。崇禎時、鑄有鐵鐘。清乾隆間被火焚、南舟禪師重修之。出殿右上、即古石碑。按殿門外、有琉璃牌坊、古石碑側、有木坊、爲弘川禪師建、道光時圮。

三十一　初殿至華嚴頂圖說●由古石碑直上、危磴高懸、爲上天梯。歷級而升、進玉皇亭。古刹雲深、殿宇孤聳、額華嚴頂。頂後巖隅、泉甘如醴、名九龍井。相傳建寺時患無水、老僧夢神指示、即其處鑿之、水隨杖涌、汪洋浩瀚、至今仰汲。頂前巖下、有桂華洞、西練方橫、一枝獨占、平泉莊裏、鮮此天香。出亭右順下、路稍坦。復上古樹一株、雪枝霄幹、老氣橫秋、呼老僧樹。右望山峽、一片瓦礫、爲九龍院故址。

三十二　華嚴頂至蓮華石圖說●由老僧樹歷數坡、道平衍。左通遇仙寺、橫過山骨珠圓、雲根玉立、孱顏似芙蓉墜粉、細蕊層蕚、天然錯理、中結以庵、院額曰蓮華石。原名蓮華社、社原在山頂、左右靜室、精工絕倫、今僅存其名矣。庵右爲九嶺岡、岡下舊有永延寺、明周藩建、今圮。從庵中穿過、平步里許、亂峯壁立、如臨絕地、橫行數武、復陡上危棧齒齒若登天然俗呼鵓鴿鑽天彷彿似之。

三十三蓮華石至洗象池圖說● 由鑽天坡轉左逆右歷石磴陡上過月臺見寺宇軒豁額曰洗象池。原名初喜亭自白水至此遊蹤稍適因名其地曰初歡喜。以前去尙多險徑又曰錯歡喜。寺近無泉由弓背山架木引水入寺汲飲便之。寺左有石砌六方小池深廣丈餘卽古洗象池。相傳普賢乘象過此必浴其象而後升。今涸亂葉覆之。旁一石高闊二尺爲升象石。石上小井不涸亦不溢。池下石巖刻有巖谷靈光四大字。巖下大小深壑終古雲封莫知底蘊。稍上有磐陀石再上有左慈洞。寺後羅漢坡有石罅數尺呼羅漢洞。寺右巖壁層立爲獅子巖。

三十四洗象池至大乘寺圖說● 由洗象池左直上數里橫過柏林卽滑石溝。溝上有井泉清前卽大乘寺。殿舍原覆木皮古稱木皮殿今用木板矣。寺右數百步有化城寺故址。相傳昆明施紹高太和王藎台來此遇白猿獻果啖之仙去舊有碣紀其事今失。寺左行里許直上閻王扁。昔有胡僧縛木架石以引行者爲胡僧梯一名陵雲梯。又有秦人劉海英，趙光明，募設木柵闌干，攀援而上，今廢。右爲梅子坡，疏影橫斜，往來遊人望以止渴焉。

三十五大乘寺至白雲寺圖說●過陵雲梯，下坡轉左，行半里許，路稍平。白雲冉冉，彌漫山谷，素濤銀海，變幻無端，中有古剎，爲白雲寺，又名雲壇殿。三層覆以叢篁翠篠。寺右爲弓背山，山勢長拖。下有分水嶺，左水出雅河，右水經虎谿橋，會洗象池，黑水寺各水，合雙飛橋水，繞迴龍山石船子，龍門洞，至峨眉縣北門，出銅河。山產桐花鳳，五色俱備，每桐花放時卽來，花落不知所之。唐李德裕有畫桐花鳳扇賦，詳藝文。

三十六白雲寺至雷洞坪圖說●由白雲寺左，陡上二里許，荒烟岑樾中，爲雷洞坪寺舊基。再上有古廟一座，爲雷神殿，鐵像十餘尊，明萬曆年鑄。瀕巖豎鐵碑，禁人語，否則迅雷驚電，風雨暴作。相傳龍雷會居其下，凡七十二洞。歲旱禱於第三洞，初投香幣不應，則投死彘及婦人衣履之類，往往雷雨交作。又上三坪，進寺，額曰雷洞坪。自漢時開建，至清康熙四十一年，賜御書靈覺二大字，金剛經一部，乾隆四十一年，僧聞奇聞剛重新之道光二十三年僧心量移基重建同治甲子年僧覺圓又遷建於此此地空濛暗黑長無天日寺右懸巖絕壁間有飛來劍一名仙人劍歷傳女媧於此煉石伏羲於此悟道鬼谷於此著珞琭子三洞沈黑人迹罕到寺左峭阪險峻盤迴紆折而上名爲八十四盤

三十七雷洞坪至接引殿圖說●從盤路曲折而上右爲接引殿清初順治庚子年河間府僧年八十見佛像臥荒叢中乃誓餓七日募修時大雪已露餓六日適蜀人趙翊凰登山見而憫之歸白督臺李公捐金五百命僧聞達重修之殿右瀕巖爲金剛嘴巖下有石形似鐘名聖鐘對岸一石屹立十餘丈呼仙人石望之儼然

三十八接引殿至太子坪圖說●由接引殿盤旋而上道左一石壁立高二丈餘苔蘚平鋪現第一山字字畫色赤高寬二尺許年年必現現未必全若全現則年占大有復屈曲仰登凡數百丈名三倒拐一曰三倒角前有巨石橫亙當途爲觀音巖原有觀音殿又三濟禪師建有迴龍庵今俱廢傍巖斜上進太子坪以坪名寺層樓高

殿內供太子因名一名萬行庵古智禪師開建聞達禪師重修之基址屢易從此至頂喜無險徑昔建有大歡喜亭今廢寺前巖下石形如象呼象王石自大乘寺以上徧山皆桫欏花宋子京贊曰眾葩共房葉附花外根不可徙見偉茲世昔賢遊記指大歡喜亭八十四盤上有桫欏坪蔣超辨之實在千佛頂後與獅子羅漢等坪同列詳舊志凡例

三十九太子坪至天門寺圖說● 由太子坪左斜上道左有永慶寺原名盤龍由寺橫過至祖師殿殿左里許有大覺寺故址殿右上沈香塔以塔名寺明通天和尚奉勅開建神宗賜額護國草庵慈聖太后賜有珍珠織御書佛號金繡長旛幷九層沈香塔高丈許覆以層樓雕鏤金彩工極天然通天和尚法身在焉萬曆間賜住持本炯勅書一道塔左古有空樹老僧入定其中枯榦復榮今亡按老僧即普遠公禪師弟慧持也塔右直上天門寺明瑞峯禪師建寺右兩石對立劃然中分入其門如登閶闔名天門石

四十天門寺至七天橋圖說●從天門石，凡三折，始達山徑，境極幽峭，過亭，進七天橋，以橋名寺。古文殊庵，亦名金剛寺，被焚。後光緒十年，大峨寺僧圓明重建，寺左古七天橋，俗傳爲九天仙女降會處，而道書註峨山爲第七洞天也。舊有爲天一柱坊，今圮。渡橋，上和尙塔，塔藏法身趺坐，原額誤題普賢塔。譚鍾嶽以爲和尙法身，不當冒普賢之名，改題和尙塔。

四十一七天橋至金殿圖說●由和尙塔左上，渡天仙橋，旁有仙女庵故址，進金殿，明僧妙峯建，僧惟密嗣修。清初，總兵郝三昇，捐修鐵瓦大殿以覆之。金殿之瓦柱門櫺窗壁，皆銅爲之，而滲金。高二丈五尺，廣一丈四尺四寸，深一丈三尺五寸。中設普賢菩薩像，旁列萬佛。門陰刻全蜀山川程途，明瀋王捐造。後以大殿火，隨之而燬。光緒十二年，僧心啓，改砌磚殿。惟王毓宗集王羲之書，傅光宅集褚遂良書，兩銅碑，巋然完善，光澤可鑑。頂後懸巖，下臨無地，巖左祖殿，亦修磚殿，以護佛像。有覩光臺，居其中，佛光每現於巳午。先布兜羅緜雲，平如玉地，名銀色世界。上有圓光，外暈數重，五色斑斕虛明若鏡觀者各自見形名攝身光雲散復出大圓光映物絢蒨不可正視名清現又有紫雲捧虹者名金橋白色無紅暈者名水光形如箕則曰辟支光如鐃鈸則曰童子光光止一光變態而名異當光欲現時二小鳥飛鳴其語曰佛現佛現明巡撫廖大亨有佛現鳥賦詳藝文至夜佛燈始見數點若螢火飛明漸至數千百萬儼若燈光冉冉而來落雪上有聲以手覆之浮光四迸不可掩殿前鐵闌干十餘丈殿左鐵塔矗立塔左有石屹然曰金剛石又曰金剛嘴嘴下萬石嵯峨名七寶臺又名獨尊臺臺下峭削六稜多石室石樞刻有鬱儀引日精結璘致月神得道處字頂左銅塔銅碑銅鐘鼎峙藏經觀音兩閣圮金殿前有瑞星石橫過卽錫瓦殿殿右過楞嚴閣故址卽光相寺往臥雲庵庵爲僧性天建明末圮總制哈瞻令僧可聞重修康熙壬午賜僧照玉御書經典右有磐陀石石下爲光明巖絕頂無水惟此庵下有井絡泉日飲千人因汙穢涸寺僧誦經泉復出金殿左下新鑿龍泉再下古白龍池深廣二丈水清多蜥蜴色白微黃長數寸四足兩頷豎角有花文性馴而靈相

傳爲龍子、遇旱禱雨輒應。有碣刻明巡按馬如蛟七絕一首云、龍向深山學化龍、涓涓泉水自從容、聞經想已能冥契、好去乘時惠九農。池左淨土庵、明萬曆時、僧大智建、內豎遺願碑。大佛坪、方廣里許、銅瓦殿、僧別傳建。前有捫參歷井坊、以分野應參井也、今俱圮。千佛、萬佛兩頂並峙、各建庵於其下。再下、明月、華藏、兩庵、皆結茅以奉香火焉。山後昔有七二古德名庵坊、今圮。

四十二蓮華石至遇仙寺圖說●由蓮華石下、分路、望東北隅、下遇仙寺。據高臨下、寥曠欲騖、其坡名長壽坡。坡左尖石屹立、低昂不一、稱石筍峯。坡足石梁橫亙、爲長壽橋。橋右高巖瀑布飛射、水出橋下、順山麓屈曲而行。有觀音橋、直跨山澗、右望百尺危巖、跳珠噴雪、如驚濤怒湍、聲震山谷者、呼觀音巖。古苔如亂髮鬖鬖、纏挂枯木頑石下、垂十餘丈、縷縷不絕、名普賢綫、方物略稱仙人條、贊曰、附陽而生、垂若文條。大概苔類、土石所交。煎湯服之、治氣痛、有效、亦山靈變幻之奇也。

四十三遇仙寺至仙峯寺圖說●由觀音橋、依山順行、渡仙峯橋。上有兩石對屹若劈、中通一路、名仙峯石、亦呼天門石。不數十武、即仙峯寺、梵宇頗敞。寺右過坡、即往九老洞路也。寺前瀕巖、古樹一幹、而葉分四種、即椰瓢樹。前望大小尖峯、逼肖芙蕖、遂名蓮華峯。屈曲而下、呼九十九倒拐、一名壽星坡。有壽星橋、橫亙山澗。順巖而上、復平行數十步、爲扁擔巖。下視溪水盈盈、爲龍居溪。昔有瘋僧百餘歲、至此遇蟒當途、默祝而去、至今山旁草木、人不敢樵採。按九老洞在九嶺岡、初殿上、黃帝訪天皇眞人、至此遇一叟、問有侶乎、答以九人、故名。洞深窈莫測、昔有然炬入者、行三十餘里、聞雞犬鼓樂之聲。蝙蝠如鴉、撲炬乃出。中有觀音水一勺、可資掬飲。巖下即卜應泉也。

四十四仙峯寺至洪椿坪圖說● 從龍居溪、沿巖而下、路右即洪椿坪、以坪名寺、古千佛庵。伏牛山楚山禪師開建、一云寶掌禪師建。明德心禪師重修、法嗣銳峯接踵、歷二十餘年落成、殿宇樓閣、結構精工。淸初峨雲圓滿禪師復鼎新之。康乾間、御賜經典字幅。寺後山頂、有天成石池、因名天池。峯右爲呪詛泉、相傳當日大衆千人苦之水源、老僧持呪引水、故名、亦名錫杖水。從寺左下行經木坊、渡積善橋、一名萬渡。向有上中下三道、橋右小徑、乃下雙飛橋路也。

四十五洪椿坪至大坪圖說

● 由積善橋、陡上危坡、俗呼蛇倒退。其地昔多虎患、因建山王廟鎭之、患乃止。道左有仙姬池、池內蛙鳴、聲韻悠揚、儼然一部鼓吹、人呼仙姬彈琴。穿過茂林、重歷月臺、始達禪院、舊名淨土、今榜大坪、以地名也。相傳後殿初建時、掘地得一圓石、中空、水一盂、金魚二尾、生機潑潑。廟右敞坪、有千年古松、虯姿鶴骨、鬱鬱森森。昔開山老僧跏趺其下、每見龍虎當前、勢欲攫人、輒默祝馴服。至今虎夜巡更、蛇不傷人、亦異矣。

四十六大坪至會佛寺圖說

● 由大坪、轉山王廟、下坡、左瀕危壁、迹絕人鳥。相傳有猴王洞、坡呼猴子坡。路在山脊、陡甚、行者股栗、進會佛寺。寺爲洪椿坪住持僧創建。右爲象鼻巖、昔有靜室、今圮。左爲石筍溝、水出黑龍潭。寺前陡下、有坪、差堪駐足、稱牛心坪。旁爲杉樹岡、卽下牛心寺要道也。

四十七會佛寺至牛心寺圖說● 牛心寺。一名延福。唐慧通禪師。以山多回祿。改爲臥雲。乃孫眞人思邈修煉處。所遺鐵臼銅罐。質樸色古。今隨婁吏去矣。藥鑪丹竈在峯頂石洞中。洞爲藥王洞。巖石碎裂。無草木。說者以爲丹氣熏蒸所致。方士多取煑服。以爲能助精養神。洞外一石。可以箕踞宴坐。名玩丹石。寺壁。相傳有張僧繇畫羅漢像。筆迹超妙。眉目栩栩欲活。頗著靈異。一云吳道子畫。今毀。寺爲宋繼業三藏重興。淳祐間。僧紹才重修。明洪武時。廣濟禪師住持。溫井涸。涼井水甘洌。合寺仰汲。寺內有卜應泉。久晴將雨。久雨將晴。前一日取供炊。白粲必赤。爲雨暘之應。故名。寺右有青蓮峯。峯下有黑龍江。再下石罅丈許。爲祖師洞。由寺左行。仍轉雙飛橋去矣。

四十八牛心寺至黑水寺圖說● 由牛心寺轉萬年淨水廟。左旋過鐵索橋。兩道一虎跳橋。唐僖宗時。僧慧通至此。水泛不得渡。見一虎蹲伏其旁。跨之而濟。因以名橋。後蜀人張鳳狃等七人遊此。又題其橋曰七笑。一無懷橋。以巖龕爲無懷洞。名之。路右八音池。又曰樂池。遊人鼓掌。一蛙大鳴。羣蛙次第相和。其數八。將終。一蛙復大鳴。

羣蛙頓止，作止翕然，一律，如玉振金聲。池邊一石，可以小憩。上有雞公石，因作祟，被雷擊之，改呼雷打石。一路曲折紆轉，呼十二盤。循石磴而上，進黑水寺，古名華藏，創自晉肇公。唐僧慧通，率其妹慧續尼駐錫，道聞朝廷，賜有無縫衣，玉環供器，今無存。寺宇屢經舉廢。至清乾隆四十四年，僧明仙重修之。寺後對月峯，原有祖師堂，慧通肉身在焉。寺前原有慧續尼院，即續入定處，相傳有黑虎巡廊之異。今堂院瓦解，僅存其名矣。出寺仍轉雷打石，往白袍殿，殿小而新，比丘居之。寺後絕頂產茶，味佳而色一年白，二年綠，地氣所鍾，隨時變異。

四十九黑水寺至石船子圖說● 由黑水寺，仍轉雙飛橋，廣福寺下，迴龍山。山勢崔巍，周圍五里，自牛心石俯瞰，衆流匯歸成渠，甫有歸宿，源來淼淼，瀉去潺潺，則迴龍實爲砥柱矣。由茲屈曲而下，爲五顯岡，小店零星，參綜錯伍。再下瀕河逆行百餘步，見長石橫臥溪中，類艅艎，若浮水面，稱石船子，俗號普賢船。迫視之，微肖，紋理縱橫，亦異他石，豈慈航寶筏，於此示相耶。道左昔建有藏舟於壑山房，今廢。沿河順下，有鐵索橋一道、長二十餘丈、橫亙溪中。渡橋、即往峨眉縣之山徑也。

五十石船子至龍門洞圖說　由鐵索橋左、沿河竭蹶而下、見澗流自兩山石門中噴出、爲龍門峽。峽之中、兩岸巖壁千尋、色如碧玉、光潤照人。有兩瀑布、各出一巖頂、相對飛下。巖根有磐石承之、激而濺沫跳珠、常見籜葉隨出。相傳即呂純陽劍畫十字洞旁、叢篁遺墜也。越數丈、巖半有圓龕、即龍門洞。去水可二丈、遊人乘槎至洞口、萬壑千巖、競來邀盼。入尺許、另透天光一綫、豁然開朗。左壁刻龍門二大字、爲宋蘇東坡書、一云富春孫公雙鉤。石凸凹作鱗爪、名以龍脉龍枕。遊人援梯而上、俯臨深潭、紺碧無底、非復人寰。宋范成大云、聞峨眉雙溪、不減廬山三峽。及至龍門、則雙溪又在下風。蓋天下峽泉之勝、當以龍門爲第一觀。

五十一龍門洞至新開寺圖說　由龍門洞右、繞蕭店、伏虎寺、至解脫橋。左上陡甚、度凹。即旺相臺、橫下新開寺。明萬曆三年、僧大用建。後左爲滴水巖。右爲尖峯嶺、大松一株、輪囷古致、酷似獰龍。前左對岸、桂樹二株、半去皮膚而生、趣益然。當門小坡、名以木魚形相似也。按寺近舊有蟠龍寺・爲唐慧覺禪師建。又有羅漢寺・初建日梵僧赴齋・齋畢不見。西北隅・有佛到寺・因開山日得石佛・故名。又傳尊者曾到其間・留有佛迹焉。而孤峯絕壁・鳥道紆縈・人迹所不能到也・故又稱不到寺・今俱廢。

五十二新開寺至靈巖寺圖說●由新開寺下坡經青龍場野店二十餘家・過高橋・進接引殿。再渡觀音橋・平疇沃衍・桑麻映道・上古石梯・即靈巖寺。寺爲寶掌禪師結廬舊址・歷朝增葺。宋紹興五年・太尉王陵・漢州知州王陟・施資重修・易名護國光林・元季燬。明洪永間・僧弘義・圓道重建之。仍曰靈巖・景泰間・僧寶峯・增修三世佛殿。殿前爲明王樓・東爲伽藍堂・西爲祖師堂・凡禪堂・齋堂・靜室・香積・客廳・以次告成・規模廣大。天順庚辰・頒賜藏經。成化乙酉・寶峯詣闕・請額・賜名會福。弘正間・僧本印重修。寺宇昔有四十八重・今存五之一。僧衆昔以千計・今寥寥矣。佛光時現・寺後有覩佛臺。按寶掌生於周威烈王十二年丁卯・至唐高宗顯慶二年丁巳卒・住世一千七十一年・詳舊志。

五十三靈巖寺至二峨三峨圖說●二峨即中峨古綏山一名覆篷方輿記云綏山廢縣在峨眉縣西四十里高半大峨形如覆釜雄據南方上有天池葛由洞下有豬肝洞魚洞舊志云天池與李仙洞相對葛仙洞在白巖溪上爲周成王時羌人葛由騎木羊處白巖溪旁有玉蟾洞洞壁石室如雲母仿彿見肩背衣條傳爲白玉蟾尸解處豬肝洞一名紫芝明督學王敕過洞前知有異物掘地得石碣刻紫芝洞三字旁註一山五口道人書今猶豎道左上一里有爛柯洞洞口刻爛柯二字魚洞下冷水河河畔乾洞元和志謂洞穴纔容一人行數里漸寛平蝙蝠大如箕人不敢復進昔陰長生製黃表寫丹經四通其一通以黃金之簡書而刻之封以白銀之函置之綏山即玆地矣山產桃諺曰得綏山一桃雖不得仙亦足以豪三峨即小峨一名鏵刃山海經所謂西皇山是也在縣東西六十里距二峨九里高半之兩山耕作約數千人其間草木茶菜荳芋蕃膴豐熟足當田疇十分之五桃華白而實紅土人呼曰蟠桃味甘香惟較二峨產者頗小耳由大峨靈巖寺經青龍場渡孝心鐵索橋上紫

芝廟·遞上淸虛樓。樓後望三峨·如在目前·餘詳圖中不贅。三峨·在縣東西六十里·東西二字·疑誤。但多處皆然·祇好仍之。

五十四三峨至四峨圖說●四峨一名華山·其形棱瓣如華·因以爲名·在大峨之直北·距峨眉縣二十里。酈道元水經注云·峨山東北有武陽龍尾山·仙者羽化之所·殆卽此與昔印宗禪師·止錫四峨·每跏趺時·祥雲結蓋。遇旱延禱·甘霖立沛。有龍王受戒·猛獸調伏之異·詳舊志高僧。山有圓通寺·由紫芝廟轉青龍場·至其處·計程三十里而遙。按二峨·三峨·四峨·均以大峨得名·大峨高峻。俯瞰羣山·兼有三峨之勝。緜亙岌翠·環峙於前·愈顯大峨雄偉·上接穹蒼·爲名山之祖也。

峨山十景

金頂祥光 卽絕頂·金殿祖殿後·爲覩光臺。以下各詩·晴峯譚鍾嶽撰。

一抹祥光晝不成。峨山形勢極崢嶸。琳宮紺宇塵緣絕·直似須彌頂上行。

靈巖疊翠 卽靈巖寺

危巖固是夙鍾靈·風雨飄零常翠青。疑是爲吾標奇迹·心香一瓣薦芳馨。

聖寺晚鐘即聖積寺。樓有巨鐘。

晚鐘忽撞一聲聲。古寺猶傳聖積名。縱令凡情蔽塞極。也應入耳覺心清。

象池夜月即洗象池

普賢騎象杳何之。勝迹空留洗象池。一月映池池貯月。月池感應妙難思。

白水秋風即萬年寺。有白水池。

曾聞白水出眞人。此水由茲不染塵。何遽西風吹木落。歸根誰不悟玄因。

洪椿曉雨即洪椿坪。此處多雨。

萬壑千巖勢不平。攀蘿捫葛力難勝。蒼茫山雨天將曙。既到不憂犯夜行。

雙橋清音即雙飛橋。有清音閣。黑白二水。牛心石。

傑然高閣出清音。彷彿仙人下撫琴。試向雙橋一傾耳。無情兩水漱牛心。

九老仙府即仙峯寺。有九老古洞。

圖成九老記香山。九老緣何到此間。料是箇中丹訣妙。致令九老遠追攀。

大坪霽雪淨土寺。卽大坪。

禪院清涼別有天。偶來淨土識眞禪。晴光晃映雪光朗。心目空明照大千。

羅峯晴雲卽伏虎寺。有羅峯庵。蔣虎臣舊隱處。

境幽正好學無餘。太史虎臣曾結廬。佛聖來迎蹤已渺。長空萬里日光舒。

附峨山圖說

明 胡世安 井研大學士

西南屹然摩漢。首記峨眉。襟岷嶓而帶江涪。遠窮天竺。近矚蜀都。陰壑陽巖。雲谿風洞。朝暮而冬夏。降陟而晦明。花卉別鍾。禽蟲畸類。琳宮玄觀。錯飾其間。逸客騷人。迭相盟主。洵坤輿鉅望也。意接口得而宣之。有遺音矣。目涉手得而繪之。有遺形矣。神契手與口得而億中焉。翻有出人意表者。則天機離合之因也。余既集衆言以測厥蘊。先茲圖以表厥儀。三百餘里。郛廓直欲尺寸規之。以引游緒。可謂操約而願奢矣。世有崇域外觀者。小中見大。略處稽詳。則普賢願王法界可決。皆納之矣。又何必策筇造極。置身兜羅緜雲表也。

附圖頌

明　李尊美雲間

二儀分位、流峙標奇、鍾彼峨兮。上應鶉首、下帶龍藪、睇岷嶓兮。權輿南戒、游蹤罕屆、仙隱藹兮。相霙封山、如躡啓闗、侯透迤兮。緜雲冠椒、環霞映嶸、態刹那兮。莫雨匪嵐、莫唄匪庵、歷寥嵯兮。耳而目之、久而倏之、引與酡兮。吮毫圖畫、聊以意逆、絓漏多兮。

峨眉圖跋

無名氏

宇內名山、有名殊而實班者、峨眉之於岷崙是也。如以名、潯之德安、泉之永春、以及肅衞、且有三岷崙矣。若夫平南天門、汀之歸化、邵武泰寧、粵西太平、汝之郟、黔思城南之山、莫不竊號峨眉、裒然著郡志、不僅如覆篷鏵刃、溟涬雁行、依光近附也。雖擬倫不類、有目共昭。徒按圖以索驥、拔幅於拘墟、凡有一體與具體而微者、咸得以貸靈甲秀、而目眯糠粃者、又比比是。使峨竟不克以圖自表矣、故正名莫要於核實。

峨眉山志卷一終

峨眉山志卷二

第二菩薩聖迹分六（一釋名　二修證　三德相　四法要　五利行　六應化）

以普賢視峨眉、不啻滄海之一滴。而峨眉有普賢、則如芥子納須彌。所以雖僻處西陲、而名高五嶽。與補怛清涼、同爲朝野所崇奉者、以有大士應化故也。但徒瞻仰金容、拜伏於象王足下。而不知大士聖德神功、巍巍無上、殊負大士度世之心。因略引經文、顯揚大士本迹。故志聖迹。

一　釋名

普賢菩薩、證窮法界、久成正覺。（見如來不思議境界經）爲輔弼釋迦、度脫眾生、隱本垂迹、現菩薩身。其德無量無邊不可思議、名號亦無量無邊不可思議。（如華嚴經如來名號品所說）今且約普賢二字、以示其概。梵語邲輸䟦陀、或作三曼多䟦陀羅。嘉祥法華疏云、三曼多此云普。䟦陀羅此云賢。華嚴大疏云、體性周徧曰普、隨緣成德曰賢。此約自體。又曲齊無遺曰普、鄰極亞聖曰賢。此約諸位普賢。又德周法界曰普、至順調善曰賢。此約當位普賢。又果無不窮曰普。不捨因門曰賢。此約佛後普賢。當位普賢。悲智雙運。佛後普賢。智海已滿。而運卽智之悲。寂而常用。窮未來際。又一卽一切曰普。一切卽一曰賢。此約融攝。又或譯爲徧吉。徧卽普義。賢從理體立名。吉從事相立名也。此菩薩與文殊。爲釋迦佛左右二輔。文殊表智。普賢表行。又普賢表理。文殊表智。又文殊表根本智。普賢表差別智。理智合一。行解相應。寂照同時。卽毗盧遮那法身。故華嚴一經所明。全歸於此一佛二菩薩之法門。故稱爲華嚴三聖。大日經疏云。普賢菩薩者。普是徧一切處。賢是最妙善義。謂從菩提心所起願行。及身口意三業。皆徧一切處。純一妙善。備具衆德。故以爲名。蓋此菩薩。從根本智發廣大願。以萬善莊嚴。一一周徧法界。所謂全性起修。全修在性。圓滿菩提。歸無所得。故名普賢也。

二　修證

菩薩久證法身。不離寂光。垂形法界。本地修證。其何能測。卽迹門示現。無量劫來所修所證種種行願功德。以至修無可修。證無可證之聖迹。亦劫海難宣。今略引二則。

以見端倪。悲華經云、往昔過恆河沙等阿僧祇劫、有世界名删提嵐、劫名善持、有佛號寶藏如來。時有轉輪聖王、名無諍念。（即阿彌陀佛）王有千子、第一太子名不眴、（即觀世音菩薩）第二王子名尼摩、（即大勢至菩薩）第三王子名王衆、（即文殊菩薩）第八王子名泯圖、（即普賢菩薩）轉輪聖王、及諸王子、於寶藏佛前、次第發願、佛一一授記。（以上敘事係節略）第八王子泯圖白佛言、世尊、我今所願、要當於是不淨世界、修菩薩道。復當修治莊嚴十千不淨世界、令其嚴淨、如青香光明無垢世界。亦當教化無量菩薩、令心清淨、無有垢穢、皆趣大乘。悉使充滿我之世界、然後我當成阿耨多羅三藐三菩提。世尊、願我修行菩薩道時、要當勝於餘諸菩薩。世尊、我已於七歲之中、端坐思惟諸佛菩薩清淨功德、及種種莊嚴佛土功德。是時卽得悉見種種莊嚴三昧等萬一千菩薩三昧、增進修行。世尊、若未來世諸菩薩等、行菩薩道時、亦願悉得如是三昧。世尊、願我得出離三世勝幢三昧。以三昧力故、悉見十方無量無邊諸佛世界、在在處處、現在諸佛、出離三世、爲諸衆生說於正法。世尊、願我得不退三昧。以三昧力故、於一念中悉見如微塵等諸佛菩薩及諸聲聞恭敬圍繞。願我於此一一佛所得無依止三昧。以三昧力故作變化身。一時徧至如一佛世界微塵數等諸如來所供養禮拜。願我一一身以種種無上珍寶華香塗香末香妙勝技樂種種莊嚴供養一一諸佛世尊。願我一一身於一一佛所如大海水渧等劫行菩薩道。願我得一切身變化三昧。以三昧力故於一念中在一一佛前知如一佛土微塵數等諸佛世界世尊。願我得功德力三昧。以三昧力故於一一佛前徧到如一佛土微塵數等諸佛世尊所以微妙讚歎讚歎諸佛世尊。願我得不眴三昧。以三昧力故於一念中悉見諸佛徧滿十方無量無邊世界之中世尊。願我得無諍三昧。以三昧力故於一念中悉見過去未來現在諸佛所有淨妙世界。世尊。願我得首楞嚴三昧。以三昧力故化作地獄之身入地獄中與地獄衆生說微妙法勸令發阿耨多羅三藐三菩提心。彼諸衆生聞是法已尋發無上菩提之心。卽便命終生於人中。隨所生處常得值佛。隨所值佛而得聽法。聽受法已卽得住於不退轉地。乾闥婆。阿修羅。迦樓羅。緊那羅。摩睺羅伽。人非人等。天龍鬼神夜叉。

羅刹・毗舍遮・富單那・迦吒富單那・屠殺魁膾・商賈淫女・畜生餓鬼・如是等衆・亦復如是・皆令發阿耨多羅三藐三菩提心。有諸衆生・隨所生處得諸色像我分之身。如業所作・隨受苦樂及諸工巧。願我變化作如是身・隨其所作・而教化之。世尊・若有衆生・各各異音・願我隨其種種音聲・而爲說法・各令歡喜。因其歡喜勸發安止令其不退於阿耨多羅三藐三菩提。世尊・我要當教十千佛土所有衆生・令心淸淨・無有行業煩惱諸毒。乃至不令一人屬於四魔・何況多也。若我莊嚴十千佛土・如是淸淨・如光明無垢尊香王佛・靑香光明無垢世界・所有種種微妙莊嚴。然後我身及諸眷屬乃當如彼師子香菩薩之所願也。世尊・若我所願成就得己利者・當令十千諸佛世界所有衆生・斷諸苦惱・得柔輭心・得調伏心。各各自於四天下界見佛世尊現在說法。一切衆生・自然而得種種珍寶・華香末香・及以塗香・種種衣服・種種幢旛・各各以用供養於佛。供養佛已・悉發無上菩提之心。世尊・願我今者以悉得見種種莊嚴三昧力故・皆得遙見如是諸事。作是語已・尋如所願・悉得見之。爾時世尊・讚阿彌具言善哉善哉。善男子，汝今世界周帀四面一萬佛土清淨莊嚴。於未來世，復當教化無量衆生，令心清淨。復當供養無量無邊諸佛世尊。善男子，以是因緣故，今改汝字，號爲普賢。於未來世過一恆河沙等阿僧祇劫。入第二恆河沙等阿僧祇劫末後分中，於北方界，去此世界過六十恆河沙等佛土，有世界名知水善淨功德。汝當於中成阿耨多羅三藐三菩提，號智剛吼自在相王如來。節錄悲華經大施品，及諸菩薩本受記品。

楞嚴經云，普賢菩薩，卽從座起，頂禮佛足，而白佛言，我已曾與恆沙如來，爲法王子。十方如來，教其弟子菩薩根者，修普賢行，從我立名。世尊，我用心聞，分別衆生所有知見。若於他方恆沙界外，有一衆生，心中發明普賢行者。我於爾時乘六牙象，分身百千，皆至其處。縱彼障深未得見我，我與其人暗中摩頂，擁護安慰，令其成就。佛問圓通，我說本因心聞，發明分別，自在斯爲第一。

三　德相

菩薩德不可思議，由德所現之相，亦不可思議，若欲備知，非佛莫由。凡夫二乘，能欽仰德相而修持之終必有親證菩薩德相之一日華嚴經普賢三昧品云爾時普賢菩薩摩訶薩於如來前坐蓮華藏師子之座承佛神力入于三昧此三昧名一切諸佛毗盧遮那如來藏身普入一切佛平等性能於法界示衆影像廣大無礙同於虛空法界海漩靡不隨入出生一切諸三昧法普能包納十方法界三世諸佛智光明海皆從此生十方所有諸安立海悉能示現含藏一切佛力解脫諸菩薩智能令一切國土微塵普能容受無邊法界成就一切佛功德海顯示如來諸大願海一切諸佛所有法輪流通護持使無斷絕如此世界中普賢菩薩於世尊前入此三昧如是盡法界虛空界十方三世微細無礙廣大光明佛眼所見佛力能到佛身所現一切國土及此國土所有微塵一一塵中有世界海微塵數佛刹一一刹中有世界海微塵數諸佛一一佛前有世界海微塵數普賢菩薩皆亦入此一切諸佛毗盧遮那如來藏身三昧爾時一一普賢菩薩皆有十方一切諸佛而現其前彼諸如來同聲讚言善哉善哉善男子汝能入此一切諸佛毗盧遮那如來藏身菩薩三昧佛子此是

十方一切諸佛共加於汝。以毗盧遮那如來本願力故。亦以汝修一切諸佛行願力故。所謂能轉一切佛法輪故。開顯一切如來智慧海故。普照十方諸安立海悉無餘故。令一切衆生淨治雜染得清淨故。普攝一切諸大國土無所著故。深入一切諸佛境界無障礙故。普示一切佛功德故。能入一切諸法實相增智慧故。觀察一切諸法門故。了知一切衆生根故。能持一切諸佛如來教文海故。爾時十方一切諸佛。卽與普賢菩薩摩訶薩。能入一切智性力智。與入法界無邊量智。與成就一切佛境界智。與知一切世界海成壞智。與知一切衆生界廣大智。與住諸佛甚深解脫無差別諸三昧智。與入一切菩薩諸根海智。與知一切衆生語言海轉法輪辭辯智。與普入法界一切世界海身智。與得一切佛音聲智。如此世界中如來前普賢菩薩。蒙諸佛與如是智。如是一切世界海。及彼世界海一一塵中所有普賢。悉亦如是。何以故。證彼三昧法如是故。一切如來諸毛孔中咸放光明。於光明中而說頌言。

普賢徧住於諸剎。　坐寶蓮華衆所觀。　一切神通靡不現。　無量三昧皆能入。

普賢恆以種種身，法界周流悉充滿。三昧神通方便力，圓音廣說皆無礙。
一切剎中諸佛所，種種三昧現神通。一一神通悉周徧，十方國土無遺者。
如一切剎如來所，彼剎塵中悉亦然。所現三昧神通事，毗盧遮那之願力。
普賢身相如虛空，依眞而住非國土。隨諸衆生心所欲，示現普身等一切。
普賢安住諸大願，獲此無量神通力。一切佛身所有剎，悉現其形而詣彼。
一切衆海無有邊，分身住彼亦無量。所現國土皆嚴淨，一剎那中見多劫。
普賢安住一切剎，所現神通勝無比。震動十方靡不周，令其觀者悉得見。
一切佛智功德力，種種大法皆成滿。以諸三昧方便門，示已往昔菩提行。
如是自在不思議，十方國土皆示現。爲顯普入諸三昧，佛光雲中讚功德。
爾時一切菩薩衆，皆向普賢合掌瞻仰。承佛神力，同聲讚言。
從諸佛法而出生，亦因如來願力起。眞如平等虛空藏，汝已嚴淨此法身。
一切佛剎衆會中，普賢徧住於其所。功德智海光明者，等照十方無不見。

普賢廣大功德海．偏往十方親近佛。一切塵中所有剎．悉能詣彼而明現。佛子我曹常見汝．諸如來所悉親近。住於三昧實境中．一切國土微塵劫。佛子能以普偏身．悉詣十方諸國土。衆生大海咸濟度．法界微塵無不入。入於法界一切塵．其身無盡無差別。譬如虛空悉周偏．演說如來廣大法。一切功德光明者．如雲廣大力殊勝。衆生海中皆往詣．說佛所行無等法。爲度衆生於劫海．普賢勝行皆修習。演一切法如大雲．其音廣大靡不聞。國土云何得成立．諸佛云何而出現。及以一切衆生海．願隨其義如實說。此中無量大衆海．悉在尊前恭敬住。爲轉清淨妙法輪．一切諸佛皆隨喜。

阿僧祇品偈云。

以此諸塵數諸剎．一塵十方不可說。爾劫稱讚一普賢．無能盡其功德量。

十定品云爾時普眼菩薩摩訶薩承佛神力從座而起偏袒右肩右膝著地合掌白佛言．世尊。我於如來應正等覺．欲有所問．願垂哀許。佛言．普眼恣汝所問當爲汝說．

令汝心喜。普眼菩薩言、世尊、普賢菩薩、及住普賢所有行願諸菩薩衆、成就幾何三昧解脫、而於菩薩諸大三昧、或入或出、或時安住、以於菩薩不可思議廣大三昧善入出故。能於一切三昧自在、神通變化、無有休息。佛言、善哉、普眼、汝爲利益去來現在諸菩薩衆而問斯義。普眼、普賢菩薩今現在此、已能成就不可思議自在神通、出過一切諸菩薩上、難可値遇。從於無量菩薩行生。菩薩大願、悉已淸淨。所行之行、皆無退轉。無量波羅蜜門、無礙陀羅尼門、無盡辯才門、皆悉已得淸淨無礙。大悲利益一切衆生。以本願力、盡未來際而無厭倦。汝應請彼、彼當爲汝說其三昧自在解脫。爾時會中諸菩薩衆、聞普賢名、卽時獲得不可思議無量三昧、其心無礙、寂然不動。智慧廣大、難可測量。境界甚深、無能與等。現前悉見無數諸佛、得如來力、同如來性。去來現在、靡不明照。所有福德、不可窮盡。一切神通、皆已具足。其諸菩薩、於普賢所、心生尊重、渴仰欲見、悉於衆會周徧觀察、而竟不覩、亦不見其所坐之座。此由如來威力所持、亦是普賢神通自在使其然耳。

爾時普眼菩薩白佛言，世尊，普賢菩薩，今何所在。佛言，普眼，普賢菩薩，今現在此道
場衆會，親近我住，初無動移。是時普眼及諸菩薩，復更觀察道場衆會，周徧求覓。白
佛言，世尊，我等今者猶未得見普賢菩薩其身及座。佛言，如是。善男子，汝等何故而
不得見。善男子，普賢菩薩住處甚深，不可說故。普賢菩薩獲無邊智慧門，入師子奮
迅定，得無上自在用，入淸淨無礙際，生如來十種力，以法界藏爲身，一切如來共所
護念。於一念頃悉能證入三世諸佛無差別智。是故汝等不能見耳。

爾時普眼菩薩，聞如來說普賢菩薩淸淨功德，得十千阿僧祇三昧，以三昧力，復徧
觀察，渴仰欲見普賢菩薩，亦不能覩。其餘一切諸菩薩衆，俱亦不見。時普眼菩薩，從
三昧起，白佛言，世尊，我已入十千阿僧祇三昧，求見普賢，而竟不得。不見其身及身
業，語及語業，意及意業，座及住處，悉皆不見。佛言，如是如是。善男子，當知皆以普賢
菩薩住不思議解脫之力。普眼，於汝意云何。頗有人能說幻術文字中種種幻相所
住處不。答言，不也。佛言，普眼，幻中幻相，尚不可說。何況普賢菩薩祕密身境界，祕密

語境界，祕密意境界，而於其中能入能見。何以故，普賢菩薩境界甚深，不可思議。無有量，已過量。舉要言之，普賢菩薩，以金剛慧普入法界。於一切世界無所行，無所住。知一切衆生身，皆卽非身。無去無來。得無斷盡無差別自在神通。無依無作，無有動轉。至於法界究竟邊際。善男子，若有得見普賢菩薩，若得承事，若得聞名，若有思惟，若有憶念，若生信解，若勤觀察，若始趣向，若正求覓，若興誓願相續不絕。皆獲利益，無空過者。爾時普眼，及一切菩薩衆，於普賢菩薩，心生渴仰，願得瞻覲。作如是言，南無一切諸佛，南無普賢菩薩。如是三稱，頭頂禮敬。爾時佛告普眼菩薩，及諸衆會言。諸佛子，汝等宜更禮敬普賢，殷勤求請，又應專至觀察十方，想普賢身現在其前。如是思惟，周徧法界。深心信解，厭離一切。誓與普賢同一行願。入於不二眞實之法。其身普現一切世間，悉知衆生諸根差別，徧一切處集普賢道。若能發起如是大願，則當得見普賢菩薩。是時普眼聞佛此語，與諸菩薩俱時頂禮，求請得見普賢菩薩。

爾時普賢菩薩，卽以解脫神通之力，如其所應，爲現色身。令彼一切諸菩薩衆，皆見普賢親近如來。於此一切菩薩衆中。坐蓮華座。亦見於餘一切世界一切佛所。從彼次第相續而來。亦見在彼一切佛所。演說一切諸菩薩行。開示一切智智之道。闡明一切菩薩神通。分別一切菩薩威德。示現一切三世諸佛。是時普眼菩薩。及一切菩薩衆。見此神變。其心踊躍。生大歡喜。莫不頂禮普賢菩薩。心生尊重。如見十方一切諸佛。是時以佛大威神力。及諸菩薩信解之力。普賢菩薩本願力故。自然而雨十千種雲。所謂種種華雲。種種鬘雲。種種香雲。種種末香雲。種種蓋雲。種種衣雲。種種嚴具雲。種種珍寶雲。種種燒香雲。種種繒綵雲。不可說世界六種震動。奏天音樂。其聲遠聞不可說世界。放大光明。其光普照不可說世界。令三惡趣悉得除滅。嚴淨不可說世界。令不可說菩薩入普賢行。不可說菩薩成普賢行。不可說菩薩於普賢行願悉得圓滿。成阿耨多羅三藐三菩提。

爾時普眼菩薩白佛言。世尊。普賢菩薩。是住大威德者。住無等者。住無過者。住不退者。住平等者。住不壞者。住一切差別法者。住一切無差別法者。住一切衆生善巧心所住者住一切法自在解脫三昧者。佛言。如是如是。普眼。如汝所說。普賢菩薩有阿僧祇清淨功德。所謂無等莊嚴功德。無量寶功德。不思議海功德。無量相功德。無邊雲功德。無邊際不可稱讚功德。無盡法功德。不可說功德。一切佛功德。稱揚讚歎不可盡功德。

四　法要

菩薩所說之法。無不契理契機。徹上徹下。俾上根衆生。不離當念。親證法身。卽中下根人。亦令種成佛之善因。漸次修習。畢竟皆得成就無上覺道之妙果耳。華嚴經世界成就品。普賢菩薩說世界海十種事。華藏世界品。普賢菩薩說世界海中一切世界及佛名號。毗盧遮那品。普賢菩薩說往古大威光太子本行。十定品。佛敕普賢說十大三昧。十通品。十忍品。如來十身相海品。皆普賢菩薩所說。普賢行品。普賢菩薩警告大衆極陳瞋心障道。應勤修十法。能具十種清淨。如來出現品。由妙德菩薩請問大法。佛口放光明。普照十方。入普賢口。因答妙德之問。離世間品。普慧菩薩致二百問、普賢菩薩酬二千答。以上具如經文、不能廣引。而普賢行願品、實華嚴之歸宿、大藏之綱要、十方三世一切諸佛、上成佛道、下化衆生、成始成終之總持法門。無論上聖下凡、同須依之而修。故將全卷經文、悉具錄之、以期見聞同生淨信。則超凡入聖、了生脫死、卽於現生得其實益矣。

大方廣佛華嚴經普賢菩薩行願品

唐罽賓國三藏般若奉詔譯

爾時普賢菩薩摩訶薩、稱歎如來勝功德已、告諸菩薩及善財言。善男子、如來功德、假使十方一切諸佛、經不可說不可說佛刹極微塵數劫、相續演說、不可窮盡。若欲成就此功德門、應修十種廣大行願。何等爲十、一者禮敬諸佛、二者稱讚如來、三者廣修供養、四者懺悔業障、五者隨喜功德、六者請轉法輪、七者請佛住世、八者常隨佛學、九者恆順衆生、十者普皆迴向。善財白言、大聖、云何禮敬、乃至迴向。

普賢菩薩告善財言、善男子、言禮敬諸佛者、所有盡法界虛空界、十方三世一切佛剎極微塵數諸佛世尊，我以普賢行願力故，深心信解，如對目前，悉以清淨身語意業，常修禮敬。一一佛所，皆現不可說不可說佛剎極微塵數身。一一身，徧禮不可說不可說佛剎極微塵數佛。虛空界盡，我禮乃盡，以虛空界不可盡故，我此禮敬無有窮盡。如是乃至衆生界盡，衆生業盡，衆生煩惱盡，我禮乃盡。而衆生界乃至煩惱無有盡故，我此禮敬無有窮盡。念念相續，無有間斷。身語意業，無有疲厭。

復次善男子，言稱讚如來者，所有盡法界虛空界十方三世一切剎土，所有極微一一塵中，皆有一切世間極微塵數佛。一一佛所，皆有菩薩海會圍繞。我當悉以甚深勝解現前知見，各以出過辯才天女微妙舌根，一一舌根，出無盡音聲海。一一音聲，出一切言辭海。稱揚讚歎一切如來諸功德海。窮未來際，相續不斷。盡於法界，無不周偏。如是虛空界盡，衆生界盡，衆生業盡，衆生煩惱盡，我讚乃盡，而虛空界乃至煩惱無有盡故，我此讚歎無有窮盡。念念相續，無有間斷。身語意業，無有疲厭。

復次善男子，言廣修供養者，所有盡法界虛空界十方三世一切佛剎極微塵中，一一各有一切世界極微塵數佛。一一佛所。種種菩薩海會圍繞。我以普賢行願力故。起深信解現前知見。悉以上妙諸供養具而爲供養。所謂華雲。鬘雲。天音樂雲。天傘蓋雲。天衣服雲。天種種香。塗香燒香末香。如是等雲。一一量如須彌山王。然種種燈。酥燈油燈。諸香油燈。一一燈炷如須彌山。一一燈油如大海水。以如是等諸供養具。常爲供養。善男子。諸供養中。法供養最。所謂如說修行供養。利益衆生供養。攝受衆生供養。代衆生苦供養。勤修善根供養。不捨菩薩業供養。不離菩提心供養。善男子。如前供養無量功德。比法供養一念功德。百分不及一。千分不及一。百千俱胝那由他分。迦羅分。算分。數分。喻分。優波尼沙陀分。亦不及一。何以故。以諸如來尊重法故。以如說行出生諸佛故。若諸菩薩行法供養。則得成就供養如來。如是修行。是眞供養故。此廣大最勝供養。虛空界盡。衆生界盡。衆生業盡。衆生煩惱盡。我供乃盡。而虛空界乃至煩惱不可盡故。我此供養亦無有盡。念念相續。無有閒斷。身語意業。無有疲厭。

復次善男子。言懺悔業障者。菩薩自念。我於過去無始劫中。由貪瞋癡。發身口意。作諸惡業。無量無邊。若此惡業有體相者。盡虛空界不能容受。我今悉以清淨三業。徧於法界極微塵剎。一切諸佛菩薩衆前。誠心懺悔。後不復造。恆住淨戒一切功德。如是虛空界盡。衆生界盡。衆生業盡。衆生煩惱盡。我懺乃盡。而虛空界乃至衆生煩惱不可盡故。我此懺悔無有窮盡。念念相續。無有閒斷。身語意業。無有疲厭。

復次善男子。言隨喜功德者。所有盡法界虛空界十方三世一切佛剎極微塵數諸佛如來。從初發心。爲一切智。勤修福聚。不惜身命。經不可說不可說佛剎極微塵數劫。一一劫中。捨不可說不可說佛剎極微塵數頭目手足。如是一切難行苦行。圓滿種種波羅蜜門。證入種種菩薩智地。成就諸佛無上菩提。及般涅槃。分布舍利。所有善根。我皆隨喜。及彼十方一切世界六趣四生一切種類所有功德。乃至一塵。我皆隨喜。十方三世一切聲聞及辟支佛有學無學所有功德。我皆隨喜。一切菩薩所修無量難行苦行。志求無上正等菩提廣大功德。我皆隨喜。如是虛空界盡。衆生界盡。

衆生業盡．衆生煩惱盡．我此隨喜無有窮盡。念念相續．無有間斷。身語意業．無有疲厭。

復次善男子．言請轉法輪者．所有盡法界虛空界．十方三世一切佛刹極微塵中．一一各有不可說不可說佛刹極微塵數廣大佛刹。一一刹中念念有不可說不可說佛刹極微塵數一切諸佛成等正覺．一切菩薩海會圍繞。而我悉以身口意業種種方便．殷勤勸請轉妙法輪。如是虛空界盡．衆生界盡．衆生業盡．衆生煩惱盡．我常勸請一切諸佛轉正法輪．無有窮盡。念念相續．無有間斷。身語意業．無有疲厭。

復次善男子．言請佛住世者．所有盡法界虛空界．十方三世一切佛刹極微塵數諸佛如來．將欲示現般涅槃者。及諸菩薩聲聞緣覺有學無學．乃至一切諸善知識．我悉勸請莫入涅槃。經於一切佛刹極微塵數劫．爲欲利樂一切衆生。如是虛空界盡．衆生界盡．衆生業盡．衆生煩惱盡．我此勸請無有窮盡。念念相續．無有間斷。身語意業．無有疲厭。

復次善男子。言常隨佛學者。如此娑婆世界毗盧遮那如來。從初發心。精進不退。以不可說不可說身命而爲布施。剝皮爲紙。析骨爲筆。刺血爲墨。書寫經典。積如須彌。爲重法故。不惜身命。何況王位。城邑聚落。宮殿園林。一切所有。及餘種種難行苦行。乃至樹下成大菩提。示種種神通。起種種變化。現種種佛身。處種種衆會。或處一切諸大菩薩衆會道場。或處聲聞及辟支佛衆會道場。或處轉輪聖王小王眷屬衆會道場。或處刹利及婆羅門長者居士衆會道場。乃至或處天龍八部人非人等衆會道場。處於如是種種衆會。以圓滿音。如大雷震。隨其樂欲。成熟衆生。乃至示現入於涅槃。如是一切我皆隨學。如今世尊毗盧遮那。如是盡法界虛空界十方三世一切佛刹所有塵中一切如來。皆亦如是。於念念中。我皆隨學。如是虛空界盡。衆生界盡。衆生業盡。衆生煩惱盡。我此隨學無有窮盡。念念相續。無有間斷。身語意業無有疲厭。

復次善男子。言恆順衆生者。謂盡法界虛空界。十方刹海所有衆生。種種差別。所謂卵生胎生溼生化生．或有依於地水火風而生住者．或有依空及諸卉木而生住者．種種生類．種種色身．種種形狀．種種相貌．種種壽量．種種族類．種種名號．種種心性．種種知見．種種欲樂．種種意行．種種威儀．種種衣服．種種飲食．處於種種村營聚落城邑宮殿。乃至一切天龍八部人非人等。無足二足四足多足．有色無色．有想無想．非有想非無想．如是等類．我皆於彼隨順而轉。種種承事．種種供養．如敬父母．如奉師長．及阿羅漢．乃至如來．等無有異。於諸病苦．爲作良醫．於失道者．示其正路。於闇夜中．爲作光明。於貧窮者．令得伏藏。菩薩如是平等饒益一切衆生。何以故．菩薩若能隨順衆生．則爲隨順供養諸佛。若於衆生尊重承事．則爲尊重承事如來。若令衆生生歡喜者．則令一切如來歡喜。何以故．諸佛如來以大悲心而爲體故。因於衆生而起大悲．因於大悲生菩提心．因菩提心成等正覺。譬如曠野沙磧之中．有大樹王．若根得水．枝葉華果悉皆繁茂。生死曠野．菩提樹王．亦復如是。一切衆生而爲樹根．諸佛菩薩而爲華果。以大悲水饒益衆生．則能成就諸佛菩薩智慧華果。何以故．若諸菩薩以大悲水饒益衆生，則能成就阿耨多羅三藐三菩提。故是故菩提，屬於衆生。若無衆生，一切菩薩終不能成無上正覺。善男子，汝於此義，應如是解。以於衆生心平等故，則能成就圓滿大悲。以大悲心隨衆生故，則能成就供養如來。菩薩如是隨順衆生，虛空界盡，衆生界盡，衆生業盡，衆生煩惱盡，我此隨順無有窮盡。念念相續，無有間斷。身語意業，無有疲厭。

復次善男子，言普皆迴向者，從初禮拜，乃至隨順，所有功德，皆悉迴向盡法界虛空界一切衆生。願令衆生常得安樂，無諸病苦。欲行惡法，皆悉不成。所修善業，皆速成就。關閉一切諸惡趣門，開示人天涅槃正路。若諸衆生因其積集諸惡業故，所感一切極重苦果，我皆代受。令彼衆生悉得解脫，究竟成就無上菩提。菩薩如是所修迴向，虛空界盡，衆生界盡，衆生業盡，衆生煩惱盡，我此迴向無有窮盡。念念相續，無有間斷。身語意業，無有疲厭。

善男子，是爲菩薩摩訶薩十種大願具足圓滿。若諸菩薩於此大願隨順趣入，則能成熟一切衆生。則能隨順阿耨多羅三藐三菩提。則能成滿普賢菩薩諸行願海。是故善男子。汝於此義。應如是知。若有善男子善女人。以滿十方無量無邊不可說不可說佛刹極微塵數一切世界上妙七寶。及諸人天最勝安樂。布施爾所一切世界所有衆生。供養爾所一切世界諸佛菩薩。經爾所佛刹極微塵數劫相續不斷。所得功德。若復有人。聞此願王。一經於耳。所有功德。比前功德。百分不及一。千分不及一。乃至優波尼沙陀分亦不及一。或復有人。以深信心。於此大願受持讀誦。乃至書寫一四句偈。速能除滅五無間業。所有世間身心等病。種種苦惱。乃至佛刹極微塵數一切惡業。皆得消除。一切魔軍。夜叉羅刹。若鳩槃茶。若毗舍闍。若部多等。飲血啗肉諸惡鬼神。皆悉遠離。或時發心親近守護。是故若人誦此願者。行於世間。無有障礙。如空中月出於雲翳。諸佛菩薩之所稱讚。一切人天皆應禮敬。一切衆生悉應供養。此善男子。善得人身。圓滿普賢所有功德。不久當如普賢菩薩。速得成就微妙色身。具三十二大丈夫相。若生人天。所在之處。常居勝族。悉能破壞一切惡趣。悉能遠離一切惡友、悉能制伏一切外道、悉能解脫一切煩惱。如師子王、摧伏羣獸。堪受一切衆生供養。又復是人臨命終時、最後刹那、一切諸根悉皆散壞、一切親屬悉皆捨離、一切威勢悉皆退失。輔相大臣、宮城內外、象馬車乘、珍寶伏藏、如是一切無復相隨。唯此願王、不相捨離、於一切時引導其前。一剎那中、卽得往生極樂世界。到已卽見阿彌陀佛、文殊師利菩薩、普賢菩薩、觀自在菩薩、彌勒菩薩等。此諸菩薩、色相端嚴、功德具足、所共圍繞。其人自見生蓮華中、蒙佛授記。得授記已、經於無數百千萬億那由他劫、普於十方不可說不可說世界、以智慧力、隨衆生心而爲利益。不久當坐菩提道場、降伏魔軍、成等正覺、轉妙法輪。能令佛剎極微塵數世界衆生、發菩提心。隨其根性、敎化成熟、乃至盡於未來劫海、廣能利益一切衆生。善男子、彼諸衆生、若聞若信此大願王、受持讀誦、廣爲人說、所有功德、除佛世尊、餘無知者。是故汝等聞此願王、莫生疑念。應當諦受。受已能讀、讀已能誦、誦已能持、乃至書寫、廣爲人說。是諸人等、於一念中、所有行願、皆得成就。所獲福聚、無量無邊。能於煩惱大苦海中、拔濟衆生，令其出離，皆得往生阿彌陀佛極樂世界。爾時普賢菩薩摩訶薩，欲重宣此義，普觀十方而說偈言。

所有十方世界中，三世一切人師子，我以淸淨身語意，一切徧禮盡無餘。
普賢行願威神力，普現一切如來前，一身復現刹塵身，一一徧禮刹塵佛。
於一塵中塵數佛，各處菩薩衆會中，無盡法界塵亦然，深信諸佛皆充滿。
各以一切音聲海，普出無盡妙言辭，盡於未來一切劫，讚佛甚深功德海。
以諸最勝妙華鬘，伎樂塗香及傘蓋，如是最勝莊嚴具，我以供養諸如來。
最勝衣服最勝香，末香燒香與燈燭，一一皆如妙高聚，我悉供養諸如來。
我以廣大勝解心，深信一切三世佛，悉以普賢行願力，普徧供養諸如來。
我昔所造諸惡業，皆由無始貪瞋癡，從身語意之所生，一切我今皆懺悔。
十方一切諸衆生，二乘有學及無學，一切如來與菩薩，所有功德皆隨喜。
十方所有世間燈，最初成就菩提者，我今一切皆勸請，轉於無上妙法輪。

諸佛若欲示涅槃，我悉至誠而勸請，唯願久住刹塵劫，利樂一切諸衆生。
所有禮讚供養福，請佛住世轉法輪，隨喜懺悔諸善根，迴向衆生及佛道。
我隨一切如來學，修習普賢圓滿行，供養過去諸如來，及與現在十方佛。
未來一切天人師，一切意樂皆圓滿，我願普隨三世學，速得成就大菩提。
所有十方一切刹，廣大淸淨妙莊嚴，衆會圍繞諸如來，悉在菩提樹王下。
十方所有諸衆生，願離憂患常安樂，獲得甚深正法利，滅除煩惱盡無餘。
我爲菩提修行時，一切趣中成宿命，常得出家修淨戒，無垢無破無穿漏。
天龍夜叉鳩槃茶，乃至人與非人等，所有一切衆生語，悉以諸音而說法。
勤修淸淨波羅蜜，恆不忘失菩提心，滅除障垢無有餘，一切妙行皆成就。
於諸惑業及魔境，世間道中得解脫，猶如蓮華不著水，亦如日月不住空。
悉除一切惡道苦，等與一切羣生樂，如是經於刹塵劫，十方利益恆無盡。
我常隨順諸衆生，盡於未來一切劫，恆修普賢廣大行，圓滿無上大菩提。

所有與我同行者。於一切處同集會。身口意業皆同等。一切行願同修學。
所有益我善知識。爲我顯示普賢行。常願與我同集會。於我常生歡喜心。
願常面見諸如來。及諸佛子衆圍繞。於彼皆興廣大供。盡未來劫無疲厭。
願持諸佛微妙法。光顯一切菩提行。究竟清淨普賢道。盡未來劫常修習。
我於一切諸有中。所修福智恆無盡。定慧方便及解脫。獲諸無盡功德藏。
一塵中有塵數刹。一一刹有難思佛。一一佛處衆會中。我見恆演菩提行。
普盡十方諸刹海。一一毛端三世海。佛海及與國土海。我徧修行經劫海。
一切如來語清淨。一言具衆音聲海。隨諸衆生意樂音。一一流佛辯才海。
三世一切諸如來。於彼無盡語言海。恆轉理趣妙法輪。我深智力普能入。
我能深入於未來。盡一切劫爲一念。三世所有一切劫。爲一念際我皆入。
我於一念見三世。所有一切人師子。亦常入佛境界中。如幻解脫及威力。
於一毛端極微中。出現三世莊嚴刹。十方塵刹諸毛端。我皆深入而嚴淨。

所有未來照世燈・成道轉法悟羣有・究竟佛事示涅槃・我皆往詣而親近。
速疾周徧神通力・普門徧入大乘力・智行普修功德力・威神普覆大慈力。
徧淨莊嚴勝福力・無著無依智慧力・定慧方便威神力・普能積集菩提力。
淸淨一切善業力・摧滅一切煩惱力・降伏一切諸魔力・圓滿普賢諸行力。
普能嚴淨諸刹海・解脫一切衆生海・善能分別諸法海・能甚深入智慧海。
普能淸淨諸行海・圓滿一切諸願海・親近供養諸佛海・修行無倦經劫海。
三世一切諸如來・最勝菩提諸行願・我皆供養圓滿修・以普賢行悟菩提。
一切如來有長子・彼名號曰普賢尊・我今迴向諸善根・願諸智行悉同彼。
願身口意恆淸淨・諸行刹土亦復然・如是智慧號普賢・願我與彼皆同等。
我爲徧淨普賢行・文殊師利諸大願・滿彼事業盡無餘・未來際劫恆無倦。
我所修行無有量・獲得無量諸功德・安住無量諸行中・了達一切神通力。
文殊師利勇猛智・普賢慧行亦復然・我今迴向諸善根・隨彼一切常修學。

三世諸佛所稱歎。如是最勝諸大願。我今迴向諸善根。爲得普賢殊勝行。
願我臨欲命終時。盡除一切諸障礙。面見彼佛阿彌陀。即得往生安樂刹。
我既往生彼國已。現前成就此大願。一切圓滿盡無餘。利樂一切衆生界。
彼佛衆會咸清淨。我時於勝蓮華生。親覩如來無量光。現前授我菩提記。
蒙彼如來授記已。化身無數百俱胝。智力廣大徧十方。普利一切衆生界。
乃至虛空世界盡。衆生及業煩惱盡。如是一切無盡時。我願究竟恆無盡。
十方所有無邊刹。莊嚴衆寶供如來。最勝安樂施天人。經一切刹微塵劫。
若人於此勝願王。一經於耳能生信。求勝菩提心渴仰。獲勝功德過於彼。
即常遠離惡知識。永離一切諸惡道。速見如來無量光。具此普賢最勝願。
此人善得勝壽命。此人善來人中生。此人不久當成就。如彼普賢菩薩行。
往昔由無智慧力。所造極惡五無間。誦此普賢大願王。一念速疾皆消滅。
族姓種類及容色。相好智慧咸圓滿。諸魔外道不能摧。堪爲三界所應供。

速詣菩提大樹王。　坐已降伏諸魔衆。　成等正覺轉法輪。　普利一切諸含識。
若人於此普賢願。　讀誦受持及演說。　果報唯佛能證知。　決定獲勝菩提道。
若人誦此普賢願。　我說少分之善根。　一念一切悉皆圓。　成就衆生淸淨願。
我此普賢殊勝行。　無邊勝福皆迴向。　普願沈溺諸衆生。　速往無量光佛刹。

爾時普賢菩薩摩訶薩。於如來前。說此普賢廣大願王淸淨偈已。善財童子。踊躍無量。一切菩薩。皆大歡喜。如來讚言。善哉善哉。爾時世尊。與諸聖者菩薩摩訶薩。演說如是不可思議解脫境界勝法門時。文殊師利菩薩而爲上首。諸大菩薩。及所成熟六千比丘。彌勒菩薩而爲上首。賢劫一切諸大菩薩。無垢普賢菩薩而爲上首。一生補處住灌頂位。諸大菩薩。及餘十方種種世界。普來集會。一切刹海極微塵數諸菩薩摩訶薩衆。大智舍利弗。摩訶目犍連等而爲上首。諸大聲聞。并諸人天一切世主。天龍夜叉。乾闥婆。阿修羅。迦樓羅。緊那羅。摩睺羅伽。人非人等一切大衆。聞佛所說。皆大歡喜。信受奉行。

大方廣佛華嚴經普賢菩薩行願品終（行願品已完·此後另起。）

大方廣如來不思議境界經云·爾時世尊爲令諸菩薩·及一切衆生·了知諸佛深密禪定威神之力·入於三昧·名如來不思議境界。德藏菩薩·問普賢菩薩·三昧名字及云何得·云何於十方世界自在示現種種佛事。普賢答已。爾時德藏菩薩·爲欲利益諸衆生故·復問普賢菩薩言·其有欲證此三昧者·修何福德·施·戒·智慧。時普賢菩薩·徧於十方一切淨刹·現成正覺·化衆生者·告德藏菩薩言。佛子·若欲證得此三昧者·先應修福·集諸善根。謂常供養佛法僧衆·及以父母·所有一切貧窮苦惱·無救無歸可悲愍者·攝取不捨·乃至身肉·無所悋惜。何以故·供養佛者·得大福德·速成阿耨多羅三藐三菩提·令諸衆生·皆獲安樂。供養法者·增長智慧·證法自在·能正了知諸法實性。供養僧者·增長無量福智資糧·致成佛道。供養父母和尚尊師及世間中曾致饒益·賴其恩者·應念倍增報恩供養。何以故·以知恩者·雖在生死·不壞善根·不知恩者·善根斷滅·作諸惡業。故諸如來·稱讚知恩·毀背恩者。又常愍濟諸苦衆生。菩薩由此．廣大善根．永不退失。若人有能勤修福德．常念報恩．悲愍衆生．則爲菩提已在其手。應知佛說能隨供養此三種田．一一成就無量善根。德藏當知菩薩次應植廣大種．由是故生此三昧芽．成菩提果。云何植種．謂持種種微妙華鬘．塗香．末香．及衆伎樂．恭敬供養現在諸佛．或佛形像。作是思惟．如上所說徧於虛空毛端量處．及微塵內無量刹中．一一所見諸佛威力．及菩薩衆。我悉於彼諸佛會中．一心正念．普皆供養。如所供養一佛法性．卽是一切諸佛法性。若我供養一如來者．卽爲供養一切如來。隨彼一一諸佛神力．能以幾劫入於一念．亦爾所劫供養如來。若有衆生信解此法．種植大種．卽能得是如來不思議境界廣大三昧。故善男子．應以此法日日供養。由是下至於諸佛所．但一敬禮．亦能令此種子增長三昧芽生。又應常以布施持戒．大願智慧而漑灌之。又復菩薩爲灌三昧．修行施時．不簡福田．怨親善惡．持戒破戒．富貴貧窮。又復思惟施於富者．雖無所用．然我自應修習施行。菩薩又應清淨持戒．見毀禁者．起大悲愍．不應於彼生嫌恚心。又應深發大菩提願．我當決定念念普於徧滿虛空毛端量處。乃至一切佛剎塵中無量世界成等正覺。轉妙法輪。度諸衆生。如今世尊毗盧遮那等無有異。不起功用。攝無量劫入於一念。卽於如是一一剎中。各現佛剎微塵等諸佛威儀。一一威儀。各度恆河沙等衆生。皆令離苦。乃至虛空衆生界盡。常無休息。佛子。修智慧者。若善男子。善女人。爲求無上菩提。發心欲證此三昧者。是人要須先修智慧。以此三昧。由慧得故。修智慧者。應當遠離妄語綺語及諸散亂無益之事。詣精舍中。覩佛形像。金色莊嚴。或純金成。身相具足。無量化佛在圓光中。次第而坐。卽於像前。頭面禮足。作是思惟。我聞十方無量諸佛。今現在世。所謂一切義成佛。阿彌陀佛。寶幢佛。阿閦佛。毗盧遮那佛。寶月佛。寶光佛等。於彼諸佛。隨心所樂。尊重之處。生大淨信。想佛形像。作彼如來眞實之身。恭敬尊重。如現前見。上下諦觀。一心不亂。往空閑處。端坐思惟。如佛現前。一手量許。心常繫念。不令忘失。若暫忘失。復應往觀。如是觀時。生極尊重恭敬之心。如佛眞身。現在其前。了了明見。不復於彼作形像解。見已。卽應於彼佛所。以妙華鬘。末香塗香。恭敬右繞。種種供養。彼應如是一心繫念，常如世尊現其前住。然佛世尊，一切見者，一切聞者，一切知者，悉知我心。如是審，復想見成已，還詣空處，繫念在前，不令忘失。一心勤修滿三七日，若福德者，卽見如來現在其前。其有先世造惡業障，不得見者，若能一心精勤不退，更無異想，還得速見。何以故，若有爲求無上菩提，於一事中，專心修習，無不成辦。譬如有人，於大海中，飲一掬水，卽爲已飲閻浮提中一切河水。菩薩若能修習此菩提海，則爲已修一切三昧諸忍諸地諸陀羅尼。是故常應勤修匪懈，離於放逸，繫念一心，要令自得現前見佛。如是修習，初見佛時，作是思惟，爲眞佛耶，爲形像耶。知所見像，隨想生故。乃至虛空毛端量處，一切眞佛，皆亦如是。猶如虛空平等無異。自心作佛，離心無佛。乃至三世一切諸佛，亦復如是，皆無所有，唯依自心。菩薩若能了知諸佛，及一切法，皆唯心量，得隨順忍，或入初地，捨身速生妙喜世界，或生極樂淨佛土中，常見如來，親承供養。按此段經文，與觀無量壽佛經相發。修淨業者，其毋忽也。

五　利行

修道之人。于將得未得之時。每有宿世怨家。現强輭境界。以圖破壞。故菩薩於法華及觀普賢行法經中。示其保護之相。果能志心歸命。決定不被魔嬈。自得圓證眞如。妙法蓮華經普賢菩薩勸發品云。爾時普賢菩薩。以自在神通力。威德名聞。與大菩薩無量無邊不可稱數。從東方來。所經諸國。普皆震動。雨寶蓮華。作無量百千萬億種種伎樂。又與無數諸天。龍。夜叉。乾達婆。阿修羅。迦樓羅。緊那羅。摩睺羅伽。人非人等大衆圍繞。各現威德神通之力。到娑婆世界耆闍崛山中。頭面禮釋迦牟尼佛。右繞七帀。白佛言。世尊。我於寶威德上王佛國。遙聞此娑婆世界說法華經。與無量無邊百千萬億諸菩薩衆。共來聽受。惟願世尊當爲說之。若善男子善女人。於如來滅後。云何能得是法華經。佛告普賢菩薩。若善男子善女人。成就四法。於如來滅後。當得是法華經。一者爲諸佛護念。二者植衆德本。三者入正定聚。四者發救一切衆生之心。善男子善女人。如是成就四法。於如來滅後。必得是經。爾時普賢菩薩。白佛言。世尊。於後五百歲濁惡世中。其有受持是經典者。我當守護。除其衰患。令得安隱。使無伺求得其便者。若魔、若魔子、若魔女、若魔民、若爲魔所著者、若夜叉、若羅刹、若鳩槃茶、若毗舍闍、若吉蔗、若富單那、若韋陀羅等諸惱人者、皆不得便。是人若行若立、讀誦此經。我爾時乘六牙白象王、與大菩薩衆、俱詣其所。而自現身、供養守護、安慰其心。亦爲供養法華經故。是人若坐、思惟此經。爾時我復乘白象王、現其人前。其人若於法華經、有所忘失一句一偈、我當教之、與共讀誦、還令通利。爾時受持讀誦法華經者、得見我身、甚大歡喜、轉復精進。以見我故、卽得三昧、及陀羅尼。名爲旋陀羅尼、百千萬億旋陀羅尼、法音方便陀羅尼。得如是等陀羅尼。世尊、若後世後五百歲濁惡世中、比丘比丘尼、優婆塞、優婆夷、求索者、受持者、讀誦者、書寫者、欲修習是法華經、於三七日中、應一心精進。滿三七日已、我當乘六牙白象、與無量菩薩、而自圍繞。以一切衆生所喜見身、現其人前、而爲說法、示教利喜、亦復與其陀羅尼呪。得是陀羅尼、故無有非人能破壞者、亦不爲女人之所惑亂。我身亦自常護是人。惟願世尊、聽我說此陀羅尼呪。卽於佛前而說呪曰。

阿檀地一　檀陀婆地二　檀陀婆帝三　檀陀鳩舍隸四　檀陀修陀隸五　修陀隸六　修陀羅婆底七　佛馱波羶禰八　薩婆陀羅尼阿婆多尼九　薩婆婆沙阿婆多尼十　修阿婆多尼十一　僧伽婆履叉尼十二　僧伽涅伽陀尼十三　阿僧祇十四　僧伽婆伽地十五　帝隸阿惰僧伽兜略盧遮切　阿羅帝波羅帝十六　薩婆僧伽地三摩地伽蘭地十七　薩婆達磨修波利刹帝十八　薩婆薩埵樓馱憍舍略阿㝹伽地十九　辛阿毗吉利地帝二十

世尊，若有菩薩，得聞是陀羅尼者，當知普賢神通之力。若法華經行閻浮提，有受持者，應作此念，皆是普賢威神之力。若有受持讀誦，正憶念，解其義趣，如說修行，當知是人行普賢行。於無量無邊諸佛所，深種善根。爲諸如來手摩其頭。若但書寫，是人命終，當生忉利天上。是時八萬四千天女，作衆伎樂而來迎之。其人即著七寶冠，於婇女中娛樂快樂。何況受持讀誦，正憶念，解其義趣，如說修行。若有人受持讀誦，解其義趣。是人命終，爲千佛授手，令不恐怖，不墮惡趣，即往兜率天上彌勒菩薩所，彌勒菩薩有三十二相，大菩薩衆所共圍繞。有百千萬億天女眷屬，而於中生。有如是等功德利益。是故智者，應當一心自書，若使人書，受持讀誦，正憶念，如說修行。世尊，我今以神通力故，守護是經。於如來滅後，閻浮提內廣令流布，使不斷絕。

觀普賢菩薩行法經云，爾時普賢菩薩，復放眉間大人相光，入行者心。既入心已，行者自憶過去無數百千佛所，受持讀誦大乘經典。自見故身，了了分明，如宿命通，等無有異。豁然大悟，得旋陀羅尼，百千萬億諸陀羅尼門。從三昧起，面見一切分身諸佛，衆寶樹下，坐師子座。復見瑠璃地，妙蓮華叢，從下方空中涌出。一一華間，有微塵數菩薩結跏趺坐。亦見普賢分身菩薩在彼衆中，讚說大乘。時諸菩薩，異口同音教於行者，淸淨六根。或說汝當念佛。或說汝當念法，或說汝當念僧，或說汝當念戒，或說汝當念施。或說汝當念天。如此六法，是菩提心，生菩薩法。汝今應當於諸佛前，發露先罪，至誠懺悔。於無量世，眼根因緣，貪著諸色，以著色故，貪愛諸塵，以愛塵故，受女人身，世世生處，惑著諸色。色壞汝眼，爲恩愛奴。故色使汝經歷三界，爲此弊使，盲無所見。今誦大乘方等經典。此經中說，十方諸佛色身不滅。汝今得見，審實爾不。眼根不善·傷害汝多。隨順我語·歸向諸佛。釋迦牟尼佛·說汝眼根所有罪咎。諸佛菩薩慧眼法水·願與洗除·令得清淨。作是語已·徧禮十方佛。向釋迦牟尼佛·大乘經典·復作是言。我今所懺眼根重罪·障蔽穢濁·盲無所見。願佛大慈哀愍覆護·普賢菩薩乘大法船·普度一切十方無量諸菩薩伴。唯願慈哀·聽我悔過眼根不善惡業障法。如是三說·五體投地。正念大乘·心不忘捨。是名懺悔眼根罪法。稱諸佛名·燒香散華。發大乘意·懸繒旛蓋。說眼過患·懺悔罪者。此人現世見釋迦牟尼佛·及見分身無量諸佛。阿僧祇劫不墮惡道。大乘力故·大乘願故·恆與一切陀羅尼菩薩·共爲眷屬。作是念者·是爲正念。若他念者·名爲邪念。是名眼根初境界相。淨眼根已。復更誦讀大乘經典·晝夜六時·胡跪懺悔。而作是言。我今云何但見釋迦牟尼佛分身諸佛。不見多寶佛塔全身舍利。多寶佛塔·恆在不滅。我濁惡眼·是故不見。作是語已·復更懺悔過七日已·多寶佛塔·從地涌出。釋迦牟尼佛·卽以右手開其塔戶。見多寶佛·入普現色身三昧。一一毛孔·流出恆河沙微塵數光明。一一光明·有百千萬億化佛。此相現時·

行者歡喜偈讚，繞塔，滿七帀已。多寶如來，出大音聲，讚言，法子，汝今眞實能行大乘，隨順普賢眼根懺悔。以是因緣，我至汝所，爲汝證明。說是語已，讚言善哉善哉，釋迦牟尼佛，能說大法，雨大法雨，成就濁惡諸衆生等。是時行者，見多寶佛塔已，復至普賢菩薩所，合掌敬禮。白言，大師，教我懺悔。普賢復言，汝於多劫，耳根因緣，隨逐外聲。聞妙音時，心生惑著。聞惡聲時，起百八種煩惱賊害。如此惡耳，報得惡事，恆聞惡聲。生諸攀緣，顚倒聽故，當墮惡道，邊地邪見，不聞法處。汝於今日，誦持大乘功德海藏，以是因緣，見十方佛，多寶佛塔，現爲汝證。汝應自當說已過惡，懺悔諸罪。是時行者聞是語已，復更合掌，五體投地，而作是言。正偏知世尊，現爲我證。方等經典，爲慈悲主。唯願愍我，聽我所說。我從多劫，乃至今身，耳根因緣，聞聲惑著，如膠著草。聞惡聲時，起煩惱毒，處處惑著，無暫停時。坐此竅聲，勞我神識，墜墮三塗。今始覺知，向諸世尊，發露懺悔。既懺悔已，見多寶佛，放大光明。其光金色，偏照東方，及十方界。無量諸佛，身眞金色。東方空中，作是唱言，此佛世尊，號曰善德。亦有無數分身諸佛，坐寶樹下師子座上結跏趺坐是諸世尊一切皆入普現色身三昧皆作是言善哉善哉善男子汝今讀誦大乘經典汝所誦者是佛境界說是語已普賢菩薩復更爲說懺悔之法汝於前世無量劫中以貪香故分別諸識處處貪著墮落生死汝今應當觀大乘因大乘因者諸法實相聞是語已五體投地復更懺悔既懺悔已當作是語南無釋迦牟尼佛南無多寶佛塔南無十方釋迦牟尼分身諸佛作是語已徧禮十方佛南無東方善德佛及分身諸佛如眼所見一一心禮香華供養供養畢已胡跪合掌以種種偈讚歎諸佛既讚歎已說十惡業懺悔諸罪既懺悔已而作是言我於先世無量劫時貪香味觸造作衆惡以是因緣無量世來恆受地獄餓鬼畜生邊地邪見諸不善身如此惡業今日發露歸向諸佛正法之王說罪懺悔既懺悔已身心不懈復更讀誦大乘經典大乘力故空中有聲告言法子汝今應當向十方佛讚說大乘於諸佛前自說己過諸佛如來是汝慈父汝自當說舌根所作不善惡業此舌根者動惡業相妄言綺語惡口兩舌誹謗妄語讚歎邪見說無益語如是衆多諸雜惡業

鬭構壞亂、法說非法。如是衆罪、今悉懺悔。諸世雄前、作是語已、五體投地、徧禮十方佛。合掌長跪、當作是語、此舌過患、無量無邊、諸惡業刺、從舌根出、斷正法輪、從此舌起。如此惡舌、斷功德種、於非義中、多端强說、讚歎邪見、如火益薪、猶如猛火、傷害衆生。如飲毒者、無瘡疣死。如此罪報、惡邪不善、當墮惡道、百劫千劫。以妄語故、墮大地獄。我今歸向南無諸佛、發露黑惡。作是念時、空中有聲、南方有佛、名栴檀德、彼佛亦有無量分身、一切諸佛、皆說大乘、除滅罪惡。如此衆罪、今向十方無量諸佛大悲世尊、發露黑惡、誠心懺悔。說是語已、五體投地、復禮諸佛。是時諸佛、復放光明、照行者身、令其身心、自然歡喜、發大慈悲、普念一切。爾時諸佛、廣爲行者、說大慈悲及喜捨法。亦教愛語、修六和敬。爾時行者、聞此教勅、心大歡喜、復更誦習、終不懈息。空中復有微妙音聲、作如是言。汝今應當身心懺悔。身者殺盜淫。心者念諸不善、造十惡業、及五無間。猶如猨猴、亦如黐膠、處處貪著、徧至一切六情根中。此六根業、枝條華葉、悉滿三界二十五有。一切生處、亦能增長無明老死十二苦事、八邪八難、無不經歷。

汝今應當懺悔如是惡不善業。爾時行者聞此語已。問空中聲。我今何處行懺悔法。時空中聲。卽說是語。釋迦牟尼名毗盧遮那。徧一切處。其佛住處名常寂光。常波羅蜜所攝成處。我波羅蜜所安立處。樂波羅蜜滅受想處。淨波羅蜜不住身心相處。不見有無諸法相處。如寂解脫。乃至般若波羅蜜。是色常住法故。如是應當觀十方佛。時十方佛。各伸右手摩行者頭。作如是言。善哉善哉。善男子。汝今讀誦大乘經故。十方諸佛說懺悔法。菩薩所行。不斷結使。不住使海。觀心無心。從顚倒想起。如此想心。從妄想起。如空中風。無依止處。如是法相。不生不沒。何者是罪。何者是福。我心自空。罪福無主。一切諸法。皆亦如是。無住無壞。如是懺悔。觀心無心。法不住法。諸法解脫。滅諦寂靜。如是想者。名大懺悔。名莊嚴懺悔。名無罪相懺悔。名破壞心識懺悔。行此懺悔者。身心清淨。不住法中。猶如流水。念念之中。得見普賢菩薩。及十方佛。時諸世尊。以大悲光明。爲於行者。說無相法。行者聞說第一義空。行者聞已。心不驚怖。應時卽入菩薩正位。佛告阿難。如是行者。名爲懺悔。此懺悔者。十方諸佛。諸大菩薩。所行悔法。佛告阿難．佛滅度後．佛諸弟子．若有懺悔惡不善業．但當讀誦大乘經典。此方等經．是諸佛眼．諸佛因是得具五眼。佛三種身．從方等生。是大法印．般涅槃海如此海中能生三種佛清淨身。此三種身．人天福田．應供中最。其有讀誦大方等典．當知此人具佛功德。諸惡永滅．從佛慧生。爾時世尊．而說偈言。

若有眼根惡．業障眼不淨。但當誦大乘．思念第一義。是名懺悔眼．盡諸不善業。
耳根聞亂聲．壞亂和合義。由是起狂亂．猶如癡猨猴。但當誦大乘．觀法空無相。
永盡一切惡．天耳聞十方。鼻根著諸香．隨染起諸觸。如此狂惑鼻．隨染生諸塵。
若誦大乘經．觀法如實際。永離諸惡業．後世不復生。舌根起五種．惡口不善業。
若欲自調順．應勤修慈心。思法眞寂義．無諸分別相。心想如猨猴．無有暫停時。
若欲折伏者．當勤誦大乘。念佛大覺身．力無畏所成。身爲機關主．如塵隨風轉。
六賊遊戲中．自在無罣礙。若欲滅此惡．永離諸塵勞。常處涅槃城．安樂心憺怕。
當誦大乘經．念諸菩薩母。無量勝方便．從思實相得。如此等六法．名爲六情根。

一切業障海、皆從妄想生。若欲懺悔者、端坐念實相。衆罪如霜露、慧日能消除。
是故應至心。懺悔六情根。
說是偈已、佛告阿難、汝今持是懺悔六根、觀普賢菩薩法、普爲十方諸天世人廣分別說。佛滅度後、佛諸弟子、若有受持讀誦解說方等經典。應於靜處、若在冢間、若林樹下、若阿練若處。讀誦方等、思大乘義。念力强故、得見我身、及多寶佛塔、十方分身無量諸佛。普賢菩薩、文殊師利菩薩、藥王菩薩、藥上菩薩、恭敬法故、持諸妙華、住立空中、讚歎恭敬行持法者。但誦大乘方等經故、諸佛菩薩、晝夜供養是持法者。佛告阿難、我與賢劫諸菩薩等、及十方諸佛。因思大乘眞實義故、除卻百萬億劫阿僧祇數生死之罪。因此勝妙懺悔法故、今於十方各得爲佛。若欲疾成阿耨多羅三藐三菩提者、若欲現身見十方佛、及普賢菩薩。當淨澡浴、著淨潔衣、燒衆名香、在空閒處、應當讀誦大乘經典。思大乘義。佛告阿難、若有衆生、欲觀普賢菩薩者、當作是觀、作是觀者、是名正觀。若他觀者、名爲邪觀。佛滅度後、佛諸弟子、隨順佛語、行懺悔者、當知是人行普賢行。行普賢行者・不見惡相・及惡業報。其有衆生・晝夜六時・禮十方佛・誦大乘經・思第一義甚深空法。一彈指頃・除卻百萬億阿僧祇劫生死之罪。行此行者・眞是佛子・從諸佛生。十方諸佛・及諸菩薩・爲其和尙・是名具足菩薩戒者。不須羯磨・自然成就。應受一切人天供養。爾時行者・若欲具足菩薩戒者・應當合掌在空閒處・徧禮十方佛・懺悔諸罪・自說己過。然後靜處白十方佛・而作是言・諸佛世尊・常住在世・我業障故・雖信方等・見佛不了。今歸依佛・唯願釋迦牟尼正徧知世尊・爲我和尙・文殊師利具大慧者・願以智慧・授我清淨諸菩薩法・彌勒菩薩・勝大慈日・憐愍我故・亦應聽我受菩薩法。十方諸佛・現爲我證。諸大菩薩・各稱其名・是勝大士・覆護衆生・助護我等。今日受持方等經典・乃至失命・設墮地獄・受無量苦・終不毀謗諸佛正法。以是因緣功德力故・今釋迦牟尼佛・爲我和尙。文殊師利・爲我阿闍黎。當來彌勒・願授我法。十方諸佛・願證知我。大德諸菩薩・願爲我伴。我今依大乘經甚深妙義・歸依佛・歸依法・歸依僧。如是三說。歸依三寶已・次當自誓受六重法。受六重法已・次當勤修無礙梵行。發曠濟心。受八重法。立此誓已。於空閒處。燒衆名香。散華供養一切諸佛及諸菩薩大乘方等。而作是言。我於今日發菩提心。以此功德普度一切。作是語已。復更頂禮一切諸佛及諸菩薩。思方等義。一日乃至三七日。若出家在家不須和尚。不用諸師。不白羯磨。受持讀誦大乘經典力故。普賢菩薩勸發行故。是十方諸佛正法眼目。因由是法。自然成就五分法身。戒定慧解脫解脫知見。諸佛如來從此法生。於大乘經得受記莂。是故智者若聲聞人。毀破三歸五戒及八戒比丘戒比丘尼戒沙彌戒沙彌尼戒式叉摩那戒。及諸威儀。愚癡不善惡邪心故。多犯諸戒及威儀法。若欲除滅令無過患。還爲比丘具沙門法者。當勤修讀方等經典。思第一義甚深空法。令此空慧與心相應。當知此人於一念頃一切罪垢永盡無餘。是名具足沙門法式。具諸威儀。應受人天一切供養。若優婆塞犯諸威儀。作不善事。不善事者。所謂論說佛法過惡。論說四衆所犯惡事。偷盜淫泆。無有慚愧。若欲懺悔滅諸罪者。當勤讀誦方等經典。思第一義。若王者大臣婆羅門居士長者宰官。是諸人等貪求無厭。作五逆罪、謗方等經、具十惡業。是大惡報、應墮惡道、過於暴雨、必定當墮阿鼻地獄。若欲除滅此業障者、應生慚愧懺悔諸罪。云何名爲刹利居士懺悔罪法、懺悔法者、但當正心、不謗三寶、不障出家、不爲梵行人作惡留難、應當繫念修六念法、亦當供給供養持大乘者。不必禮拜、應當憶念甚深經法第一義空。思是法者、是名刹利居士修第一懺悔。第二懺悔者、孝養父母、恭敬師長、是名修第二懺悔。第三懺悔者、正法治國、不邪枉人民、是名修第三懺悔。第四懺悔者、於六齋日、勅諸境內、力所及處、令行不殺、修如此法、是名修第四懺悔。第五懺悔者、但當深信因果、信一實道、知佛不滅、是名修第五懺悔。佛告阿難、於未來世、若有修習如此懺悔法、當知此人、著慚愧服、諸佛護助、不久當成阿耨多羅三藐三菩提。

六　應化

菩薩俯應羣機、如一月當空、普印衆水。舉凡江海溝渠、一勺一滴、皆現圓月。月何容心哉、以其高而明故也。菩薩無心、以衆生之心爲心、故得隨其誠之大小而爲應化攝受。爲華嚴清涼疏云。普賢身不可思議。略有三類。一隨類身。隨人天等見不同故。二漸勝身。乘六牙象相莊嚴故。三窮盡法界身。帝網重重無有盡故。蓋第三卽普賢法身。如華嚴阿僧祇品偈言。於一微細毛端處。有不可說諸普賢。一切毛端悉亦爾。如是乃至徧法界。又行願品偈言。一身復現剎塵身。一一徧禮剎塵佛是也。第二卽普賢報身。如觀普賢行法經言。普賢菩薩生東方淨妙國土。身量無邊。色相無邊。又華嚴經壽量品言。最後勝蓮華世界。賢勝佛剎。普賢菩薩。及諸同行大菩薩等。充滿其中。又行願品言。往生極樂世界。卽見阿彌陀佛。文殊師利菩薩。普賢菩薩等。色相端嚴。功德具足是也。第一卽普賢化身。如法華楞嚴二經言。乘六牙象。以衆生喜見身。現其人前。又行願品言。我爲菩提修行時。一切趣中成宿命。天龍夜叉鳩槃茶乃至人與非人等。所有一切衆生語。悉以諸音而說法是也。末法衆生垢深障重。得一瞻大士化身。已屬大善根福德因緣。何敢望見法報二身。故大士隱勝顯劣。而峨山卽爲應化之場。舊志稱峨山應化。始於漢明帝時。里人蒲公採藥。見麋迹似蓮華。詢諸千歲寶掌菩薩。掌令往洛陽問摩騰法蘭二尊者、蘭曰、華嚴經菩薩住處品有文、西南方有處名光明山、從昔已來、諸菩薩衆、於中止住。現有菩薩名曰賢勝、與其眷屬三千人俱、常在其中而演說法。所謂賢勝卽普賢也。蒲歸乃建普光殿、供願王菩薩像、菩薩示現始於此。○按菩薩住處品乃佛在摩竭提國阿蘭若菩提道場所說。其西南方、自不在震旦。又菩薩名爲覺勝、而非普賢。引經爲證、豈可改易經文。故此說頗啓後人之疑、而不少辨論。但普賢菩薩既以法界藏身、無往不在。又恆順衆生之願、無感不應。峨眉從漢以來二千年、大小寺宇、莫不崇奉普賢菩薩。四方信士、禮敬普賢者、亦莫不指歸峨眉。則此山爲大士應化之地、更復何疑、正不必有經文作證也。況大士隨緣赴感、如月印千江、一勺一渧、無不見月。似春來大地、一草一木、莫不逢春、縱有經文指菩薩住處在峨眉、豈其應化卽局於峨眉。試觀歷史所記大士應化事迹、不限方所。故有降中興以慰宋后、劉宋路昭太后大明四年、造普賢菩薩乘白象像、供於中興寺、因設講于寺。其年十月八日、齋畢解座、會僧二百人。于時寺宇始構、帝甚留心、輦蹕臨幸，旬必數四，僧徒勤整，禁衛嚴肅。爾日僧名有定，就席久之，忽有一僧，預于座次，風貌秀舉，合堂驚矚。齋主與語，往還百餘言，忽不復見。列筵同覩，識爲菩薩降臨。來天安以應道溫。劉宋大明中，有寺統法師，名道溫，居秣陵縣。見皇太后，叡鑑沖明，聖符幽洽，滌思淨場，研襟至境。固以聲藻震中，事靈梵表。乃創思鎔斲，抽寫神華，模造普賢聖像。寶傾宙珍，妙盡天飾。所設講齋，訖其月八日，儭會有限，名簿素定，引次就席，數無盈減。轉經將半，景及昆吾，忽覩異僧，預于座內。容止端嚴，氣貌秀發，舉衆矚目，莫有識者。齋主問曰，上人何名。答曰慧明。問住何寺。答云來自天安。言對之間，倏然不見。合堂驚愧，徧筵肅心，以爲明祥所賁，幽應斯闡云。乘馬入道冏之堂　劉宋沙門釋道冏，扶風好時人，姓馬。學業淳粹，弱齡有聲。元嘉二年九月，在洛陽爲人作普賢齋，道俗四十許人，已經七日，正就中食，忽有一人，袴褶乘馬入至堂前，下馬禮佛。冏謂常人，不加禮異。此人登馬揮鞭，忽失所在。便見赤光赫然竟天，良久而滅。後三年十二月，在白衣家復作普賢齋。將竟之日，有二沙門，容服如凡，直來禮佛。衆謂庸僧，不甚尊仰，聊問何居。答曰，住在前村。時有白衣張道，覺其有異，至心禮拜。沙門出門，行數十步，忽有飛塵直上衝天，追目此僧，不復知所。冏以七年，與同學來遊京師，時司空何尚之始構南澗精舍，冏寓居焉。夜中忽見四人，乘一新車，從四人，傳教來在屋內，呼與共載。道冏驚其夜至，疑而未言，因閉眼，不覺昇車。俄而至郡後沈橋，見一貴人，著帢被箋布單衣，坐牀，纛繖形似華蓋。鹵簿從衛可數百人，悉服黃衣。見冏驚曰，行般舟道人，精心遠詣，祇欲知其處耳，何故將來。卽遣人引送。冏還至精舍門外，失所送人，門閉如故。呼喚久之，寺內諸僧咸驚，相報告，開門納之。視所住房戶，猶故關之。

駕象降普明之室。劉宋上定林寺，釋普明，姓張，臨渭人。少出家，禀性清純，蔬食布衣，以懺誦爲業，誦法華維摩二經，凡諷誦時，有別衣別座，未嘗穢雜。每至勸發品，輒見普賢乘象，立在其前。誦維摩經，則聞空中唱樂。又善神呪，所救皆瘉。鄉人王道眞妻病，請明來呪。明入門，婦便悶絕，俄見一物如貍，長數尺許，從狗竇出，因此而瘉。明嘗行水傍祠，巫覡云神見之皆奔走。以宋孝建中卒，春秋八十有五。上四則見法苑珠林，卷十七，普賢部。

化女子而求宿顯曇翼之眞修。晉曇翼，餘杭人，初入廬山依遠公，後往關中見羅什。東還會稽，入秦望山。誦法華經十二年，感普賢大士化女子，身披綵服，攜筠籠，一白豕大蒜兩根，至翼處求宿。曰，妾遠往探親，值天大雪，迷失道路。現日將暮，不知所往，豺狼縱橫，歸無生理，聽託一宿。師卻之力。女復哀求不已。遂令居草牀上。夜半。號呼腹痛。告求按摩。翼辭以持戒不應手觸。女號呼愈甚。翼乃以布裹錫杖。遙爲按之。痛減而已。次晨女謝而出。涌身虛空。現普賢相。釆服化祥雲。豕變白象。蒜化雙蓮。垂手摩翼頂。爲其授記而滅。郡太守孟顗聞於朝。勅建法華寺。卽今天衣寺也。本舊志志餘

爲拾得以驅牛示亡僧之破戒。唐天台國淸寺作務僧拾得。普賢化身。異迹甚多。一日牧牛。値寺僧布薩。拾得驅牛至大笑曰。悠悠者聚頭。時持律首座呵曰。風人何以喧礙說戒。拾得曰。我不牧牛也。此羣牛多是此寺知僧事人也。乃呼各亡僧法號。牛各應聲而過。舉衆驚愕。感思改往修來。感菩薩垂迹度脫。高僧傳三集

入蓮華之勝會。二聖書名。宋長蘆宗賾。宗教雙通。悟證深遠。遵廬山之規。建蓮華勝會。一夕。夢一烏巾白衣。風貌淸美。可三十許。揖謂賾曰。欲入蓮華會。求書一名。賾乃取會錄。問曰。何姓名。答曰。普慧。書已。白衣又云。家兄亦求書一名。曰。令兄何名。答曰。普賢。言訖遂隱。旣覺。詢諸耆宿。曰。華嚴經離世間品。有普賢普慧二菩薩。助揚佛法。吾今建會。共期西方。感二大士幽贊。乃以二大士爲會首。於是遠近嚮化焉。淨土聖賢錄

授淨梵之羯磨。圓音嘉獎。宋佛護。字淨梵。主姑蘇大慈。講三大部。兼禮法華懺。至第三會。感普賢授羯磨法。

稱淨梵比丘者三洪音如撞巨鐘三昧將圓有二僧來作禮曰春至天台石梁禮聖迹忽見空中飛華異香非常有一僧曰姑蘇梵法主散華至此語畢卽不見某因來禮座。高僧傳新四集

道潛禮懺停象駕於三門。五代吳越錢塘永明寺釋道潛禮阿育王佛舍利塔見舍利在懸鐘之外繞行。悲喜交集因禮普賢懺三七日忽見普賢乘象在塔寺三門停止象鼻直枕懺室吳越國王請入府授菩薩戒造永明寺以居之。高僧傳三集

辨才戴經授華嚴之玄義唐僧辨才不知何許人幼事裕法師以華嚴爲業久而不悟乃別護淨造香函盛經頂戴行道凡經三載普賢指授玄義忽爾成誦煥若臨鏡。華嚴持驗記

則章親證三昧徑往蓮邦。宋則章與若愚友善同修淨業廣爲勸導後章既沒愚夢神人告曰汝同學則章得普賢行願三昧已生淨土彼方待汝覺而沐浴更衣命衆念佛誦經端坐默聽忽云淨土現前吾其往矣書偈而逝。高僧傳新四集

海雲應現五臺普利含識。唐海雲居清涼山南臺峭絕幽僻處其刻苦辦道儉而難遵後沒於其處昔傳載雲是普賢菩薩應化蓋菩薩無處不現身與文殊互爲主伴以度衆生也。高僧傳三集

說樂邦之勝異偕文殊同登蓮臺。唐法照禮五臺見異光值二童子引入化竹林寺金地寶樹以爲莊嚴登講堂

見文殊在西，普賢在東，各據獅子座，萬衆圍繞，而爲說法。照作禮問曰，末代凡夫，去聖時遙，知識隘劣，障垢尤深，佛性無由顯現。佛法浩瀚，未審修何法門，最爲其要。文殊告曰，汝今念佛，今正是時。諸修行門，無過念佛，供養三寶，福慧雙修，此之二門，最爲善要。我於過去劫中，因觀佛故，因念佛故，因供養故，得一切種智。是故一切諸法，般若波羅蜜，甚深禪定，乃至諸佛，皆從念佛而生。故知念佛，諸法之王。照問當云何念。文殊言，此世界西，有阿彌陀佛，彼佛願力，不可思議，汝當繼念，令無間斷，命終決定往生，永不退轉。語已，二大聖同舒金臂，摩照頂曰，汝以念佛故，不久證無上正等菩提。若善男女等，願疾成佛者，無過念佛，則能速證無上菩提。照歡喜作禮，辭而退。（淨土聖賢錄）

息地獄之苦輪，與地藏共居樹杪。吳門王建，死至冥，查係誤勾，命回生。見地獄黑燄蔽空，號叫如霆吼。三老僧趺坐大樹杪，每獄囚痛聲騰沸時，以淨水灑之，聲卽停息。詢之，則觀音、普賢、地藏三大士也。（現果隨錄）

證大行於普勝，塵數同名。華嚴經說普賢行品，十方剎塵菩薩，同名普賢，各從普勝世界來此作證。

住海島之牢山，威神亦著。華嚴經菩薩住處品云，震旦國有一住處，名那羅延窟，從昔以來，諸菩薩衆，於中止住。大疏云，那羅延，此云堅牢。昔云青州界東有牢山，現有古佛迹。此應是今之此山。靈迹顯著。不減清涼。時稱普賢所居。往往有覩。至于豎子現普賢之相。孕婦產徧吉之身。其慈悲濟度。尤爲不可思議。唐開元初。陝西同州界有數百家爲東西普賢邑社。造普賢菩薩像。每日設齋。東社邑家青衣以齋日生子於其齋次。名之曰普賢。年至十八。任爲愚豎厮役之事。後因設齋日此豎忽推普賢像而坐其處。邑老觀者咸怒詬罵。復加鞭撻。普賢笑曰。吾以汝志心。故生此中。今見眞普賢而不能加敬。何也。於是變其身爲普賢菩薩相。身黃金色。乘六牙象。飛騰空中。放大光明。天花綵雲。五色相映。少頃遂滅。邑老方悟。示現大生驚慚。又西社爲普賢邑齋者。僧徒方集。忽有孕婦臨產。直入菩薩堂內。人怒呵之。不能禁止。遂產一男於蓮座前。汙穢狼藉。人莫敢提挈。深加詬辱。忽失婦人所在。男孩變爲普賢菩薩。相好端嚴。光明照燭。所見汙穢。皆成香花。乘象騰空。漸漸隱滅。諸父老自恨愚暗。不識菩薩。刺目懺悔者十餘人。（太平廣記）由是觀之。菩薩變現。豈凡人所能識。於此足覘大士度生。本無方所。攀華嚴以證峨眉之住者。未免拘墟。而別峨眉於普賢之外者。更同夢囈也。

峨眉山志卷二終

附錄華嚴經依普賢願王得生極樂撮要并釋

行願品普賢菩薩於逝多林末會發十大願王。其一一願皆云。虛空界盡。衆生界盡。我此大願。無有窮盡。人臨命終時。最後刹那。一切諸根。悉皆散壞。一切威勢。悉皆退失。輔相大臣。宮城內外。象馬車乘。珍寶伏藏。無復相隨。唯此願王。不相捨離。於一切時。引導其前。一刹那中。卽得往生極樂世界。到已。卽見阿彌陀佛。其人自見生蓮華中。蒙佛授記。得授記已。經無數劫。普於十方不可說不可說世界。以智慧力。隨衆生心而爲利益。乃至能於煩惱大苦海中。拔濟衆生。令其出離。皆得往生極樂世界。又下偈云。願我臨欲命終時。盡除一切諸障礙。面見彼佛阿彌陀。卽得往生安樂刹。我既往生彼國已。現前成就此大願。一切圓滿盡無餘。利樂一切衆生界。○道純法師釋曰。問。普賢行願。是華嚴流通。何故於世界海中。偏指極樂。既信解圓宗。十方佛刹。皆可往生。結歸西方。必有深旨。答。普賢爲善財海衆說願王已。結歸西方者。蓋爲信解圓宗。人入文殊智。修普賢行。福慧事理。皆稱法界。此大心人。雖妙悟本明。頓同諸聖。然猶力用未充。未及如來出現普利衆生。所以暫依淨土。親近彌陀海衆。直至成佛。故經曰。親覩如來無量光。現前授我菩提記。蒙彼如來授記已。化身無數百俱胝。智力廣大徧十方。普利一切衆生界。卽斯意也。

峨眉山志卷三

第三全山形勝 附峯、巖、臺、石、岡、洞、坡、坪、溪、河、溝、池、泉、井、山道、水道。

形具特拔之象、勢標嚴峻之儀。其鍾靈毓秀、涵蹟蘊奧之致、誠足令住者遊者睹境明心、觸機悟道。況登峯造極、豪光見燈、曠觀宇宙之大、俯視天下之小者乎。故志形勝。

峨山高出西南、禹貢梁州之山、岷嶓蔡蒙。西山皆岷、北山皆嶓、南山皆蒙、峨眉之在禹貢、則蒙山之首也。任豫益州記云、峨眉在南安縣界、兩山相對、如蛾眉。張華博物志以爲牙門山。郡志因謂此山雲鬟凝翠、鬒黛遙妝、眞如螓首蛾眉、細而長、美而豔也。山有大峨、中峨、小峨。中峨卽二峨、古綏山、一名覆篷。方輿記云、綏山廢縣在峨眉縣西四十里、高半大峨、形如覆釜、雄據南方。上有天池、葛由洞。下有豬肝洞、魚洞。小峨卽三峨、一名鏵刃山、在縣東西六十里、距二峨九里、高半之。兩山耕作可得數千人。其間草木茶菜荳芋、蕃廡豐熟、足當田疇十分之五。又眉州山川志亦載峨眉在州城南二百里。五代時，眉州，即嘉州。及唐，析嘉州，別置眉州。宋明既因之，紀志者猶以峨山屬眉州，今實屬嘉定。而峨眉縣以山得名，亦舊名云。按名山記，峨眉周帀千里，高二百二十里，石龕一百十二，大洞十二，小洞二十有八，南北有臺。名勝記云，前之岷江，大出而尾小。背之瓦屋，上正而平。章遠之雪山，纖浮而汨沒。峨山志云，後有曬經、瓦屋、青城、天竺、雪山，屏峙環列。前即二峨三峨。然二山俱以大峨得名，大峨高峻既極，足以兼二山也。從光相寺佛殿西望，見三峯插天，皆積雪如銀，每日下峯頭，則殿中然燈。相傳此即西域崐崙山，即雪山也。每日月掩映，相爲晝夜。夏日從北峯西下，冬日從南峯下，惟春秋間從中峯下，不爽。云西域去此尚遠，恐目力難及。今省城西望，亦有雪山，晴明時可見，疊茂巍三百里。爾宋白詩云，不知立處高多少，但見星辰在下頭。宋田錫云，高二百里，作一盤，八十四盤，青雲端，豈以至高求至高耶。東坡亦云，峨眉山西雪千里。今峨眉當省城東南三百餘里，而城樓登望不及，則言八十里、六十里者近是。唐太宗詠秋日詩，有云，還似成都望，直見峨眉前。此語極盡山川形勝。太宗末至成都、但嘗遙領益州神相所矚耳。國憲家猷云、峨眉山在蜀、爲最高峻、蓋衆山盤礴而成。齊之泰岱、楚之武當、皆不及也。李太白所稱峨眉高出西極天、羅浮直與靑冥齊者、非妄。三峨云在縣東西六十里、恐東西二字、抑係東南、或西南二字之誤。舊志圖說形勝者作東西、故今亦仍之。

峨眉、後周所置青衣、平羌舊理。此按峨眉縣即古隋之綏山、唐之羅目二縣入爲縣西四十里、即綏山址、葛由賣木羊處。縣南三十里、即羅目址、本羅蒙山、訛爲羅目也。今之木羊鎭、羅目街是。　李膺益州記云、隋開皇九年、立峨眉縣、以山爲名。縣在南安之西、峨眉之東。唐乾元間、獠叛、移就峨眉觀東、今縣理是。

酈道元水經注、峨山東北有武陽龍尾山、并仙者羽化之所。於其處得遺詠、雖神栖白雲、屬想芳流、藉念泉鄉、覽其餘誦、匪直邈想遐蹤、愛其文韻可念、故端牘抽札以詮其詠。略曰、登武陽、觀樂藪、峨嶺千尋、洋湖口。命騑螭、駕白駒、臨天水、心踟躕、千載後、不知如。

凡游大峨者、自縣勝峯門出、至華嚴院十五里。前代于峨山創寺六所。惟光相居山絕頂爲游山之底極華嚴居山之前峯爲游山之嚮導而白水寺居其中自白水歷綫徑六十里至頂卽普賢示現處屋皆以板代瓦今庵寺數十倍於昔矣

峯（十三峯附四頂三山）

香鑪峯在龍昇岡轉身廻龍山羅漢寺東

寶掌峯在大峨石後

呼應峯在白雲峯左中峯寺後下有茂眞尊者庵庵前有溫涼泉三仙洞雄黃石

玉女峯在玉女橋上華嚴寺左峯上有池相傳爲天女浴器深廣四尺歲枯不涸宋邛州守馮楫結茅峯下諷誦華嚴天女饋食於此池畔有飛龍庵庵旁一石有龍蟄焉一夕雷神劈石石開龍飛去故名左又有鳳嶺庵今俱廢

白雲峯卽白巖峯在中峯寺後

十七峯在萬年寺前四圍環繞一云卽寶掌峯

鉢盂峯在萬年寺前平地突起如盂

石筍峯在萬年寺前雙飛橋石筍溝黑龍潭又名玉筍峯一云在長老坪左

翠竹峯在長老坪右

十二峯尖在九老峯上近後牛心寺

天池峯。在山頂下。卽洪椿坪。
齒牙峯。在山頂天啓庵下。
蓮華峯。在山頂呼應庵東。上有不到寺。木蓮華。四季俱開。一云卽青蓮峯。與大尖峯也。
蓮華頂。在初殿九嶺岡上。又華嚴寺上有古心坪。亦名華嚴頂。
千佛頂。在山頂。卽千佛巖下。多高人隱此。●牛心頂。在雙飛橋後。（頂亦峯類。故附於此。）
弓背山。卽木皮殿賓山。●馬鞍山。在五十三步下。太平橋前。
花山。卽四峨山。其形棱瓣如花。（以上山以形得名。故亦附峯後。）

巖（四巖）

象鼻巖。在後牛心寺。●觀音巖。有二。一在後牛心寺。進洪椿右手。一在八十四盤。大歡喜亭下。●光明巖。在天仙橋側。一云卽覩佛臺。

臺（六臺）

授道臺在純陽殿後，宋皇坪上。相傳軒轅訪道於天皇眞人，授九仙三一五牙經處。舊有道紀堂，幽館別室三百五十間。臺右有千人洞，名虛靈第七洞天。又有呂仙劍畫十字洞。

升仙臺在呂仙十字洞右。後漢安漢元年，爲瞿君武字鵲子，入峨眉，師事天皇眞人，得仙，乘白龍往來，每繫龍於彭山黃龍鎭灘上。龐籍詩，巢鳳閣邊勞遠夢，繫龍灘下認前題，是也。灘，卽寶磬洲，卽漢綏和五年，犍爲人得寶磬十六上獻處。

歌鳳臺在大峨石前，楚狂舊廬。明弘治間，督學王敕改今名。

覩佛臺在鐵瓦殿前，一名光相臺。● 小覩佛臺在山頂觀音閣前。

七寶臺在山頂金剛石下，一名獨尊臺。巖下有石臺石樞，刻有鬱儀引日精結璘致月神得道處。

石二十六石

太湖石，有二。一在無量殿左，此石煎湯服之，可療心氣疼痛。一在太湖庵下。

宛轉石、在黑水坪。●普賢石、在㭴木坪下、從純陽殿、望之可見。

大峨石、在神水側、有呂純陽書大峨石三字、陳圖南書福壽二字。●鳳嘴石、卽鷄公石、在歌鳳臺。

牛心石、在雙飛橋下、明瑩照人眉目。●雄黃石、●棋盤石、俱在呼應庵後。

太子石、在頂心坡中。●升象石、在洗象池側。●蓮華石、在初殿上。

善財石、在接引殿後、觀音閣巖下。●象王石、在太子坪下。

天門石、在山頂老僧樹旁。兩石如削、中通一綫、深二丈許、爲天然門戶。此處石壁、凡三折、始達山道、至七天橋。尋常圖畫、皆不能似。

瑞星石、在山頂通精泉下、錫瓦殿側。

金剛石、有二。一卽七寶臺下、有石室石樞、在覩佛臺巖左、峭削六棱、見者赫然。一在天柱峯、自此可至後牛心寺。●磐陀石、在七寶臺下。

石筍、●聖鐘、俱在九老洞下。

仙人面・●仙人手俱在山頂觀音巖絕壁・人不能到。

蓬萊三島石・直下有無縫塔。●飛雲霞・俱在千佛頂下・以雲射朝霞得名。

東坡石・卽龍門洞石壁題額處。

岡五岡

九嶺岡・在初殿上。●黑水岡・●白水岡・俱在本黑水白水寺前。

龍昇岡・在雙飛橋下・中峯寺上。

飛來岡・在縣北大廟後・有飛來殿。殿內有唐時家慶樓・呂純陽仙筆・詳古蹟。

洞二十二洞

風洞・有二。一在涼風橋。一在萬松山・大小深坑上。

十字洞・在宋皇觀右・呂純陽以劍劃之。此洞深廣叵測・水自龍門對山飛作瀑布・嘗見竹攣隨水流出。

白龍洞・有三。二在古德林・此處分上下二洞・上洞淹沒・下洞今塡築爲庵。一在雙飛橋北磴道上、白巖石刻白龍洞三字、不知所在。
丹砂洞、洞旁舊有祠、祠板羅漢、乃張僧繇畫、甚著靈異。
孫眞人洞、與丹砂洞、俱在後牛心寺左、孫思邈煉丹洞也。藥鑪丹竈現存、巖石皆碎裂、無草木、說者以爲丹氣薰蒸所致。方士多取此石賁服、以爲能助精養神云。張方平有詩載後。
無懷洞、在黑水寺前、惠續尼院旁。●三仙洞、在呼應庵後。
羅漢洞、在木皮殿下、僅石罅數尺。
九老洞、在九嶺岡初殿上、相傳有九仙叟居此、故名。洞深窈莫測、舊有入者、然炬行三十餘里、聞鷄犬鼓樂音。蝙蝠如鴉、撲炬乃出。中有觀音水、一勺可資掬飲。巖下即卜應泉也。
伏羲洞●女媧洞●鬼谷洞、俱在雷洞坪巖下。鬼谷於此著書、名珞琭子。
葛仙洞、在二峨山白巖溪上。周成王時、羌人葛由騎木羊處、詳神仙。上有天池、與李仙洞相對。

李仙洞。在二峨山。●玉蟾洞。在二峨山口。仰天窩下。白巖溪旁相傳白海瓊隱處。

龍門洞。離縣西十里。在石家壩。卽雙飛橋下。二水合流至此。兩山相對如合。水從中出。紺碧無底。兩巖卓立。色如碧玉。刻削光潤。入峽千餘尺。有兩瀑布各出一巖頂巖根。有磐石承之。激爲飛雨。濺沫人過。其前衣皆沾溼。絕壁有圓龕。去水可二丈。卽龍洞也。峽中石寒水清。非復人世境。人亦不能久留也。昔人云。聞峨眉雙飛。不減廬山三峽。及至龍門雙飛。又在下風。天下峽泉之勝。推龍門爲第一。有東坡大書龍門二字。遊者乘桴而入。援梯而上。道極險峻。壁上刻古今文人詞翰極多。

紫芝洞。一名豬肝洞。在羅目街對門。明督學王公敕過洞前。羅目街知有異物。掘地得石碣。上有紫芝洞三字。旁註一山五口道人書。今猶豎道左。

爛柯洞。在紫芝洞上一里。洞口刻爛柯二字。

魚洞。在縣南三十里。二峨山下。其水混混。夏涼冬溫。下卽冷水河。河畔有乾洞。元和志謂有穴初纔容一人行數里漸覺平坦有蝙蝠大如箕至此止而難進。

解脫坡在涼風橋上。三望坡在中峯側。金剛坡在雙飛橋洪椿坪大路。

坡六坡

象牙坡在白龍洞上。觀心坡在萬年寺上。梅子坡在木皮殿上。

坪十七坪

華嚴坪在純陽殿後相傳赤城隱士舊居一名赤城山有古心和尙開建靜室亦名古心坪。

宋皇坪孤峙於伏虎寺左乃天皇授道於軒轅處詳授道臺。

洪椿坪卽千佛庵在牛心寺後詳寺觀。

聖水坪有泉三冬不涸在響水𤄷一云在山頂學士堂後。

太子坪在三倒拐上卽萬行庵。大峨坪卽冷竹坪對門山。

九龍坪卽蓮華石對面。寶掌坪在洪椿坪右。黑水坪在黑水寺前。

大坪·在洪椿坪左。●長老坪·在大小深坑上。

雷洞坪·在梅子坡下。有雷龍居此·凡七十二洞。●輭草坪·在山頂思佛亭前。

大佛坪·在錫瓦殿門前下坡。

桫欏坪·在千佛頂後。每見前賢游山記·俱以八十四盤大歡喜亭上·爲桫欏坪。詢之山中耆舊·云坪在山後·非初登頂·即有此坪也。如以地有桫欏樹擬之·此樹徧滿山頂·無處不可名桫欏坪也。

羅漢坪·在山頂與桫欏坪相連·梵僧於此出沒。●獅子坪·近羅漢坪·景最幽雅。

溪十一溪·附一潭。

虎溪·在伏虎寺前。上通馬家溝·下通瑜伽河·溪內石子細潤。

梁渡溪·在雙飛橋後·此可至後牛心。

雙溪·有二。一即雙飛橋·舊名雙溪橋·二水從橋下出·溪中有五色石·白質青章·朝日射之·光彩煥發·名大士小現。一在青龍場·對門觀音庵上。

虎跳溪、一名虎溪橋。晉僧慧通禪師初游黑水、因水暴漲、良久、俄有虎伏於前、師因騎而渡。故名。

寶現溪、在牛心寺前。宋僧三藏師繼業、自天竺歸來、登峨眉、至此橋、見兩石鬪溪上、攬得其一、眉目宛然、以爲寶、故名。●洗腳溪、在山頂思佛亭、輭草坪上。

黑龍潭、在石筍溝上、九老洞下。●白巖溪、●銅官溪、俱在二峨山下。

黃沙溪、在高橋上、過橋卽靈巖寺。●種玉溪、在龍門洞下、怪石刻露如玉。

河（三河、附二水。）

羅目河、出峨眉山麓。右溪、自小天池以東。左溪、自黃毛坪以北、至羅目廢縣界、合二溪之委、爲江水、石甚奇怪。

峨眉山有濛水、卽大渡河也。水發濛漢東、西流與涐水合、徑汶江道。呂忱曰、涐水出蜀、許愼以爲涐水也、從水我聲。南至南安、入大渡水、大渡水又東入江。一云大渡河、出嶲州界、經羅目縣東南、入龍游界。

瑜伽河。在普庵橋前三一庵上。

彝惜水。在羅目縣東北五十里。源出嶲州界。中有嘉魚。長三尺。每年二月。隨水而下。八月。逆水而上。入穴。蜀都賦云。嘉魚出於丙穴。是也。

符文水。二水出大峨山北。曰白水。南曰黑水。或云此水即流至雙飛橋者。又二水俱東南流。成大河。故附河後。

溝 四溝

馬家溝。在伏虎寺後。●乾溪溝。在伏虎寺前。

母家溝。在痲子壩上。●石筍溝。在洪椿坪前。

池 十池。附溫涼二泉。

神水池。在大峨石旁。即玉液泉。相傳隋智者大師。住荆州玉泉。偶患病。有神女取此水供養故名。●玉女池。在華嚴寺左。詳玉女峯。

明月池。在萬年寺後。●洗象池。在歡喜亭。

溫涼二泉在後牛心寺隔溪卽呼應庵

八音池在黑水寺過虎跳橋遊人拍一掌則一蛙鳴餘蛙次第皆鳴數皆合八後一蛙復大鳴一聲衆蛙乃止●聖水池在十七峯下

天池有二一在大峨頂臥雲庵右名半月池又名觀音泉卽井絡泉也池上一窪曰飮千人人以汗穢觸之卽涸寺僧誦經懺謝泉始復舊故又名聖泉一在二峨山上葛由洞側

白龍池在大峨山頂近淨土庵水極甘美中有龍子僧以盤取示遊客甚馴旱時禱可致雨

龍池在縣西南四十里峨眉山下四山環抱一鏡中涵瀰漫十餘里籟靜波澄風生浪作水深黑無底其下有蛟龍居之每晴明時隱見大鯉四尾及水獸龍馬遊戲其間中多魚居民藉此爲利漢李膺記峨眉山下有龍池廣長十里卽此

泉井四泉

卜應泉在牛心寺。久雨將晴。炊米赤。久晴將雨。炊米亦赤。餘如常。●通精泉在錫瓦殿左。今塡沒。●紫蘭泉在二峨羅目街。對山豬肝洞下。有庵曰洞泉。●溫泉在棋盤寺。近高橋靈巖寺。

附山道

自峨眉縣出南門、過儒林橋街。爲馬寨山。舊學基。什方院。進五里。爲聖積寺。有眞境樓。乃高僧慧寶所建。人呼老寶樓。今訛爲了鵠。非也。又一里。爲普庵橋。卽余大師坐化處。昔人稱有普賢殿。慈福普庵二院。八卦井。今俱廢。惟楊家岡。向東南三里。爲白水莊。獨村店。瑜伽河。依山逆上二里。爲大光明山。乃舊呼地名。又一里。爲會宗堂。又一里。爲虎谿橋。左上爲龍神堂。此處多虎。宋僧士性建尊勝鐘壓之、虎患始息。又行。僧心庵建伏虎寺。兵火灰燼。清順治庚子。貫之大師率徒可聞禪師重建。規模宏敞。雲水湊集。入峨第一叢林也。沿溪行。有無量殿。淸巡撫羅公。託可聞重修。涼風橋。以上有風洞得名。未半里。至馬家溝。解脫橋。橋上行人。坐聽泉聲甚美。上卽解脫坡、有解脫庵。

再進二里，青竹橋，爲華嚴寺，寺卽歸雲閣是也。華嚴頂上有古心坪，因開建僧得名。下有玉女橋，左卽玉女峯，上爲木凉傘，傘乃大枏樹，偃覆甚廣。上卽枏木坪。上爲純陽殿，俯谿下有石如船，水出灌堰，卽呼菩薩神船也。（殿後華嚴坪，舊名赤城山。舊有香烟，羅漢，白雲寺，今廢。殿東北，卽宋皇觀舊址，名道紀堂。華嚴寺賓岑，伏虎寺青龍山也。觀在龍門洞南，近神船下。左有千人洞，授道臺，軒轅觀，虛靈第七洞天。右有呂仙劍劃十字洞，瞿眞仙人升仙石。非登頂大路，不贅。）進一里，爲五十三步，天慶庵，始伏虎寺行僧獨峯開建，延高僧瞿如師居之。又一里，爲太平橋，馬鞍山，昔有距那龍泉，天臺等庵，俱廢。山盡處爲萬福橋，約里許，爲大峨石，石傍有泉曰玉液，亦名神水泉，有宋陳圖南大書福壽二字，又有明督學郭公子章大書靈陵太妙之天六字，遒勁似顏魯公。此處有福壽庵，神水閣，其靈文閣，勝峯，立禪，彌陀等庵，俱廢。進此二里，曹溪閣，巋然靈光，有一僧守之。欲游洪椿者，飯此。過此爲歌鳳臺，乃楚狂接輿舊廬。臺前爲響水橋，四山皆響，但不見泉之來去，亦奇事也。昔人名此處爲山潮。過鳳嘴石，稍上爲中峯寺，寺倚白雲峯，（一名白巖）乃晉乾明觀，明果大師至，始改爲寺。出寺爲三望坡，行一里，爲龍昇岡，龍神殿，又三折過樟木。牛心。二嶺。至前牛心寺路口。下坡爲雙飛橋。橋有淸音閣。橋下有石狀如牛心。名牛心石。當二水交衝處。其光如鑑。照人眉目。此處景物最美。（從此灣內南入。左進爲廣福寺。乃寶現溪。由寺入石筍溝。寶珠溪。天柱峯。金剛石。凡數折。後牛心寺。又名臥雲。卽古延福院。有白雲。青蓮。二閣。乃孫眞人修道處。寺左丹砂洞。遙望大峨石左。中峯寺後。卽呼應峯。茂眞尊者。與眞人弈棋處。有呼應庵。溫涼池。後有三仙洞。雄黃石。由寺前下坡。舊路自觀音巖。兎廠。下至積善橋。亦可至洪椿坪。又有觀音洞。十二尖峯。白雲峽。淘米泉。曲行紆入。景物最佳美矣。）從雙飛橋而上。有接王亭。今廢。又五里爲古德林。別傳和尙手植。每種一樹。誦法華經一字。禮一拜。今延袤二里。枝葉扶疎。又一里爲白龍洞。象牙坡。又一里爲四會亭。大峨樓。元朝重修。明末燬於兵火。淸總督蔡公捐俸鼎新之。樓左爲慈聖庵。白衣庵。海會堂。直上爲萬年寺。唐僧惠通禪師建。卽白水普賢寺。明萬曆改今名。（西去十里爲虎跳橋。山壁峭立。屈曲十二盤而上。有八音池。黑水寺。卽唐勅修華藏寺。爲一山祖庭。）萬年寺上爲喜光堂。太子石。登頂心坡。（卽觀心坡也。）後有庵名妙觀。空庵禪堂。過此爲鬼門關。石碑岡。茅亭嘴。石子雷。大小鵝嶺。息心所。仙女橋。窄甚。又過大小深坑。上長老坪。約行里許爲鷲殿。一名初殿。自萬年至此。總有十五里。此處四時俱有筍。味勝常。下有蒲氏村。開山蒲公後也。殿後有峯羅漢殿。今廢。又上爲一盌水。昔有聖僧施茶於此。上九嶺岡。五里爲華嚴頂。地名蛇倒退。（從此而下五里。至九老洞。景物幽勝。但路峻險爲難。）山上茶庵。爲九老洞僧所設。行人至此稍息。從此上九龍坪。木龍拐。蓮華石。石既微甚。小如棋枰。大華劈孱顏。路似芙蓉耳。又行一里。危梯峭棧。名鶺鴒鑽天。上嶺爲初喜亭。（一名錯歡喜。）亭傍有小池。名洗象池。又上爲滑石溝。木皮殿。即古化城寺。西域阿婆多開建。自九嶺岡至此。凡三十里。（對門弓背山後。有觀音巖。）殿後爲梅子坡。一路傍巖設立木栅欄。行人扶之而上。乃秦人劉海英趙光明募施者。從此上胡孫梯。（一名陵雲梯。）至高處稍平。爲白雲殿。今廢。又上爲雷洞坪。此處有禁聲鐵碑。犯者常致風雷暴至。（下有伏羲女媧鬼谷三洞。蓋人迹罕到。）過雷神洞里許。爲接引殿。爲新殿。歷八十四盤。折盡爲朝陽閣。觀音巖。過三倒拐。爲太子坪。即萬行庵。庵基屢易。今特寬廣靚深。乃行僧聞達重建。旋至迴龍庵。（即戒壇。）圓覺庵。（即護國草庵禪寺。）明萬曆時通天和尚開建。內有九層沈香塔。（自此橫去。爲通天和尚肉身塔。學士堂。普賢庵。大覺庵。中靜室。）過老僧樹。躡天門石。石凡三折。天門寺。倚石爲門。徑極幽峭。左轉爲七天橋。天仙橋。又上爲錫瓦殿。銅瓦殿。其右爲鐵瓦殿．卽光相寺也。寺前爲覩佛臺．右有小金殿．錫瓦殿。前有泉名井絡．一寺仰汲．金殿之前爲藏經閣．卽永延寺。迤北爲楞嚴閣。從高橋峯下．有小剛石．覩佛臺．下有冷竹坪．蓮華峯．不到寺。臺左有山爲培風館。右橫爲臥雲庵．伏虎寺．可聞禪師重建。庵後爲觀音閣．今廢。閣下有飛來鐘。迤北爲天啓庵．庵下卽七天橋．文殊庵．上山來路。錫瓦殿。左首直下．爲白龍池．水極甘美．有龍子可掬起。隨喜池下爲淨土庵．乃大智和尚開建。庵左過嶺直下．爲華藏庵．東萍大師開建．今廢。錫瓦殿左．橫去爲飛雲霞．上頂爲賢首閣．千佛頂．乃伏牛僧無心所開．巖下蓬萊三島．右去爲羅漢．師子杪欏等坪。自此朝北而行．可至白龍池．大覺塔院．迴龍大路也。景物湊聚不能盡迹．人亦不能到也。登頂四望．瓦屋．曬經．及雪山．天竺．青城．一帶朗朗．如在眉睫。惟山多雲霧．不能久晴爲悵耳。

從雙飛橋至洪椿坪路。淸音閣．後牛心寺．溫涼二泉．石筍溝．牛心頂．觀音巖．象鼻巖。洪椿坪．卽千佛庵．乃明僧德心上人開建．銳峯重修。

從伏虎寺．至靈巖寺路。逝多林．虎溪．普同塔．乾溪．鞠家漕．白土岡．李家店．青龍場．西禪寺．高橋．此處可至不到寺．由黃沙溪．冷竹坪接引殿．靈巖寺。如從峨眉縣至靈巖．由聖積寺。青龍場以下．同前。

從峨眉縣。至龍門洞路。出南門。滑寶堂。石門坎。項家壩、羅家壩。龍洞。如從伏虎寺去。由龍門壩。至龍門洞。從此而上。有石船子。即普賢船也。

從峨眉縣。至二峨山路。聖積寺。埡子池。陳家河。白塔岡。羅目街。九里場。楊鎮。冷水河。查天岡。伏蘆溪。南村。茶土溪。茶土寺。天車坡。太平寺。至項上竹公坪。後出五渡溪。有金倉寺。

從峨眉縣至四峨山路。鐵橋河。紙錢街。飛來殿。粗石河。圓通寺。中關房。花山。即四峨山。明末沙門即宗大師建。大設戒壇。後傳衣鉢。鞠惟大師繼席。規繩至嚴。爲一代耆儀矣。

從四會亭至雷洞坪路。西過石板磴。虎跳橋。即虎溪十二盤。即黑水寺。寺峯巒爲峨山之最勝。但滄桑後。祖庭傾圮。有此地而不得其人。深可悲哉。凡有大沙門。此間最爲勝地。可居耳。

麻子壩。牟家嘴。分水嶺。由死屋山路一轉蕨坪。公館。弓背山。雷洞坪。即峨頂新路。坦平。可通車馬。

附水道

水經注。峨眉山有濛水。即大渡水也。水發濛漢。東南流。與涐水合。徑汶江道。許愼云。涐水南至南安入大渡水。又東合入江。則涐水之源不從江出。今就本山細考。亦有多派。一從峯頂井絡泉下聖水坪會合本山各澗水·及白龍池以下諸水·俱至弓背山分水嶺。其山以上衆水·由弓背右逆行而西。山以下衆水·由弓背左順行而東。逆行一支·至蕨坪下山·高洞子·火石溪·雪水沱·至洪雅縣之花溪出口·入雅河下流·皆向山後·不在本縣境內。其順行各支·一從弓背山後小魚洞·由魚洞內發源·其水深黑·洊數坡出爲黑水河。一從雷洞坪·至萬年寺雙飛橋左出。一從九老洞至洪椿坪·後牛心寺·雙飛橋右出。兩水交合牛心石出澗·至迴龍山與黑水合。一從大峨石·萬定橋下折落溪·反過中峯寺前·至迴龍山尾·與黑水衆水合同出龍門洞。直洞對山·一水自石巖中迸瀑·氣若白虹。相傳由洪雅連山而來·下龍門壩·至沈犀壩·繞縣左大佛寺·下流俱出本山之左。一從覲佛臺下·盤龍寺發源。一從黃茆岡發源·由佛到寺·棋盤寺·旋至捲腰石合流。一從七里岡發源·由角子底·苦竹岡而下。又前有進水洞·當漲時山溪衆流·皆能納入·不知底止。及水涸後·從洞內徐溢出·沿溪下折入地洑流。又數里許·有出水洞·洞口汩汩外噴·每歲初夏·率多異鱗·隨水而出·味極佳。此水直至靈巖寺、與捲腰石水合、同出高橋豬肝洞、楊鎮場、謝家渡口下流。一從山麓出、漸成大溪。又右一溪、自小天池以東。左一溪、自黃茆坪以北。至羅目廢縣之上、三溪合、而爲羅目江下流。一從歸化牛漩堡、至太平墩合平彝衆流、出中鎮銅山沫東下流。一從靈巖寺右、大魚洞、山魚洞內發源。其水冬溫夏涼、莫測遠近、中有魚鱗可羡、東流爲冷水河。一從新開寺、轉羅漢寺、至香巖寺、入程家河、下彭家港、左通虹溪橋。一從高洞內發源、由華嚴寺、解脫橋、涼風洞、伏虎寺、聖積寺、右通虹溪橋。二水合而下流、皆出本山右、及本山前、此內水之大較也。至內外衣帶如青衣水、發源瀘山徼外、繞青衣縣西流、徑南安境內。沫水、發源大渡河、東流徑蒙山至羅目東南、入游龍舊縣界、二水合流。又羅目東北五十里、彝惜水、源出嶲州界、中有嘉魚長三尺、每年二月隨水而下、八月逆水而上。又天津水在山之西南、出徼外、入沫水。又符文水、衍黑白水而成其名。至數大水中、更多支派、不勝疏紀、蕩蕩乎、馳九折之洪濤、迴五岏之巉嵯、總宗峨眉、爲谷王。蓋不獨山與岷嶓伯仲、而水亦與星宿幷源也。

峨眉山行紀

宋　范成大

峨眉有三山·爲一列·曰大峨·中峨·小峨。中峨小峨·昔傳有游者·今不復有路。惟大峨·其高摩霄·爲佛書所記普賢大士示現之所。自郡城出西門·濟燕渡·水洶湧甚險。此卽雅州江·其源自嶲（音髓·越嶲·郡名·越有嶲水·漢武帝元鼎間·始置郡。）州邛部·合大渡河·穿夷界千山以來。過渡·宿蘇稽鎮·過符文鎮·兩鎮市井頗遝。（音沓·雜遝。又迨遝·行相及也。迨音合。）符文出布·村婦聚觀於道·皆行而績麻·無素手者。民皆束艾蒿於門·然之發煙·意者熏祓（音拂）穢氣·以爲候迎之禮。至峨眉縣·宿癸巳·自縣出南門·登山·過慈福·普安二院·白水莊·獨村店·十二里龍神堂·伏虎寺·自是礀谷舂淙·林樾雄深·小憩華嚴院·過青竹橋·峨眉新觀路口·梅樹埡·兩龍堂·至中峯院。院有普賢閣·回環十數峯繞之·背倚白巖峯·右傍最高而峻挺者·曰呼應峯。下有茂貞尊者庵·孫思邈隱峨眉時·與茂貞常相呼應於此云。出院·過樟木·牛心二嶺·及牛心院路口·至雙溪橋·亂山如屏簇·有兩山相對·各有一溪出·並流至橋下。石塹深數十丈·窈然沉碧·飛湍噴雪·奔出橋外·則入岑蔚中·可數十步·

兩溪合、以投大壑淵。此下有闕文 萬年寺、亦名白水寺。有宋太祖、眞宗、仁宗、御書百餘軸。七寶冠、金珠瓔珞、袈裟、金銀瓶鉢、奩鑪、匙筯、果壘、銅鐘鼓鑼、磬蠟、茶塔、芝草之類。又有仁宗御賜紅羅紫繡袈裟、寶環上有御書發願文曰、佛法長興、法輪常轉、國泰民安、風調雨順、干戈永息。人民安樂、子孫昌熾、一切衆生、同登彼岸、又仁宗嘉祐七年、頒賜藏經。經紙俱碧硾紙、銷銀書之。卷首悉有銷金圖畫、各圖一卷之事。經縑織輪相鈴杵器物、及天下太平、皇帝萬歲等字、於繁花縟葉之中、今不能見此等織文矣。次至三千鐵佛殿、云普賢居此山、有三千徒衆共住、故作佛、鑄甚朴拙。是日禱於大士、丐三日好晴、以登山、乙未果大霽、遂登上峯。自此登峯頂光相寺、七寶巖、其高六十里、大略去縣中平地不下百里。又無復蹊磴、斫木作長梯、釘巖壁、緣之而上。意天下登山險峻、無此比者。余以健卒挾山轎強登、以山丁三十人曳大繩行前挽之。同行則用山中梯轎。出白水寺側門、便登點心坡、言峻甚、足膝點於胸云。過茅亭嘴、石子雷、大小深坑、駱駝嶺、簇店。凡言店者、當道板屋一間、將有登山客、則寺僧先遣人煑湯於店、以俟蒸炊。又過峯門羅漢店、大小扶舁、錯歡喜木皮殿、胡孫梯、雷洞坪。凡言坪者、差可以託足之處也。雷洞者、路左深巖萬仞、磴道缺處則下瞰、沈黑若洞然。相傳下有淵水、神龍所居、凡七十二洞。歲旱則禱於第三洞、初投香幣、不應則投死彘及婦人衣彝履之類、以振觸之、往往雷風暴發。峯頂光明巖上所謂兜羅緜雲、亦多出於此洞。過新店、八十四盤、桫欏坪。桫欏者、其木葉如海桐、又似楊梅、花紅白色、春夏間開、惟此山有之。初登山半、即見至此滿山皆是。大抵大峨之上、凡草木禽蟲、悉非世間所有。余來以季夏、數日前雪大降、木葉猶有雪漬爛斑之迹。草木之異、有如八仙而深紫、有如牽牛而大數倍、有如蓼而淺靑、聞春時異花猶多、但其時山寒、人鮮能識之。草葉之異者、亦不可勝數。山高多風、木不能長、枝悉下垂、古苔如亂髮鬖挂木上、垂至地長數丈。又有塔松、狀似杉而葉圓細、亦不能高、重重偃蹇如浮圖、至山頂猶多。又斷無鳥雀、蓋山高飛不能上。自桫欏坪過思佛亭、軟草坪、洗腳溪、遂極峯頂光相寺、亦板屋、無人居。中有普賢小殿。以卯初登山、至此未申後、初衣暑綌、漸高漸寒，到八十四盤，則最寒，比及山頂，亟挾纊兩重，又加毳衲駝茸之裘，盡衣笥中所藏，繫重巾，躡氈靴，猶凜慄不自持，則熾炭擁鑪危坐。山頂有泉，煑米不成飯，俱碎如砂粒，萬古冰霜之汁，不能熟物，余前知之，自山下攜水一缶，至才自足也。移頓冒寒登天仙橋，至光明巖，炷香小殿。止木皮蓋之，王瞻叔參政嘗易以瓦，爲雪霜所薄，一年輒碎，後復以木皮易之，番可支二三年。人云，佛現悉以午，今已申後，逡巡，忽雲出巖下傍谷，即中雷洞山也。雲行勃勃如隊仗，既當巖，則少駐，雲頭現大圓光，雜色之暈數重，倚立相對，中有水墨影，若大聖跨象者。茶頃光沒，而其傍復現一光如前。有頃亦沒，雲中復有金光兩道，橫射巖腹，人亦謂之小現。日暮，雲霧皆散，四山寂然。及夜，燈出巖下，徧滿彌望以千百計，夜寒甚，不可久立。丙申，復登巖眺望，巖後岷山萬重。少北則瓦屋山，在雅州，少南則大瓦屋，近南詔，形狀宛然瓦屋一間也。小瓦屋亦有光，相謂之辟支佛現。此諸山之後，即西域雪山，崔嵬刻削，凡數十百峯，初日照之，雪色洞明，如爛銀晃耀曙光中。此雪自古至今，未嘗消也。山縣亙入天竺諸番，相去不知幾千里、望之俱如在几案間、瑰奇勝絕之觀、直冠平生矣。復詣巖致禱、俄氛霧四起、混然一白、僧云銀色世界也。有頃大雨傾注、氛霧辟易、僧云洗巖雨也。佛將大現、兜羅緜雲、復布巖下、紛郁而上、將至巖數丈、輒止。雲平如玉地、時雨點猶餘飛、俯覩巖腹、有大圓光偃臥平雲之上、外暈三重、每重有素黃紅紫之色。光之正中、虛明凝湛、觀者各自見其形現於虛明之處、毫釐無隱、一如對鏡、舉手動足、影皆隨形、而不見傍人、僧云攝身光也。此光既沒、前山風起雲馳、風雲之間、復出大圓相光、橫亙諸山、盡諸異色、合集成采、峯巒草木、皆鮮妍絢蒨、不可正視。雲霧既散、而此光獨明、人謂之清現。凡佛光欲現、必先布雲、所謂兜羅緜世界、光相依雲而出、其不依雲、則謂之清現、最難得。食頃、光漸移過山而西、左顧雷洞山、復出一光、如前而差小、須臾亦飛行過山外、至平野間轉徙、得與巖正相直、色狀俱變、遂為金橋、大略如吳江垂虹、而兩圯各有紫雲捧之。凡自午至未、雲物淨、謂之收巖、獨金橋現至酉後始沒。丁酉下山。始登山時、雖躋攀艱難、有繩曳其前、猶嶮而不危。下山時、雖復以繩縋輿後梯下、輿夫難著腳、既嶮且危、下山漸覺暑氣、以次減去綿衲。午至白水寺、則絡絺如故。聞昨暮寺中大雷雨、峯頂夕陽快晴、元不知也。食後遊黑水、過虎溪橋、奔流急湍、大略似雙溪而小不及。始開山僧自白水尋勝至此、溪漲不可渡、有虎蹲伏其傍、因遂跨之、亂流而濟、故以名溪。黑白二水、皆以石色得名。黑水前對月峯、棟宇淸潔、宿寺中東閣。秋七月戊戌朔、離黑水、復過白水寺。前渡雙溪橋、入牛心寺、而後斷路、白雲峽水方漲、碧流白石、照人肺肝、如層冰積雪中。籃輿下行峽淺處以入寺、飛濤濺沫、襟裾皆濡、境過淸、毛髮盡竦。寺對靑蓮峯、有白雲靑蓮二閣最佳。牛心本孫思邈隱居、相傳時出諸山寺中、人數見之。小說亦載招僧誦經、施與金錢、正此山故事。有孫仙鍊丹竈在峯頂。又淘米泉在白雲峽最深處、去寺數里、水深不可涉。獨訪丹竈、傍多奇石、祠堂後一石尤佳、可以箕踞宴坐、名玩丹石。寺有唐畫羅漢一板、筆迹超妙、眉目津津欲與人語。成都古畫浮屠像最多、以余所見皆出此下。蜀畫胡僧、惟盧楞伽之筆第一、今見此板、乃知楞伽源流所自。餘十五板亡之矣。此寺即繼業三藏所作。業姓王氏，耀州人，隸東京天壽院。乾德二年，詔沙門三百人，入天竺求舍利，及貝多葉書。業與遺中至開寶九年始歸，業詣闕進所得梵夾舍利等，詔擇名山修習。登峨眉北望牛心，衆峯環翊，遂作庵居，已而爲寺。業年八十四而終。出牛心復過東峯之前，入新峨眉觀。自觀前山開新路，極峻陡下，冒雨以遊龍門，竭蹶數里，欵至一處，澗溪自兩山石門中湧出，是爲龍門峽。以一葉舟櫂入石門，兩岸千丈巖壁，色如碧玉，刻削光潤。入峽十餘丈，有兩瀑布各出一巖頂，相對飛下。嵌根有磐石承之，激爲飛雨濺沫，峽舟過其前，衣皆沾溼。越數丈，半巖有圓龕，去水可二丈，以木梯升之，即龍洞也。峽中紺碧無底，石寒水清，非復人世。舟行數十步，石壁益峻，水益湍急，回櫂。舟人云，前去更奇，以雨大作，加飛瀑沾濡，暑肌起粟，骨驚神懾，凜乎其不可以久留也。昔嘗聞峨眉雙溪，不減廬山三峽。前日過之，眞奇觀。及至龍門，則雙溪又在下風。蓋天下峽泉之勝，當以龍門爲第一。然其路嶮絕，亂石當道，將至峽，必捨輿蹋草履，絕磴傾步於嵯岈兀嵲中，方至峽口。蓋大峨峯頂天下絕觀，蜀人固有罕遊。

而龍門又勝絕於山間。遊峨眉者亦罕能到。非好奇喜事忘勞苦而不憚疾病者不能至焉。復尋大路出山。初夜始至縣中。已亥發峨眉。晚至嘉州。

登峨山道里紀

明　胡世安大學士井研

峨眉縣治南出郭。即古勝峯橋。今名儒林橋。稍前。轉儒學街。隔右澗。有西坡古刹溪水縈折。檉柳帶綠。過聖宮前。合三山流爲泮。澄波千頃。鶖樂蓮香。亦多雅致。右行對後嶺洪範庵。沿本山迂行度凹。則十方院。又里許。華嚴樓。接大悲庵。再前與聖庵。梵舍歷落。皆延憩遊客邸。又四里許。聖積寺。門對古慈福院。中衢傑然一閣。志載了鵠樓。以鵠淫鳥。況僧至此了絕淫念。俗又叫老寶。謂老僧慧寶所掛額。顏峨峯眞境。魏了翁書。自樓而西。有普賢殿。又前普安橋。舊有普安院。八卦井。今廢。過橋西折而上。經楊家岡。平疇沃衍。嘉樹陰濃。自此沿澗紆行。寒玉淙琤。名瑜伽河。有三一庵。前則白水莊。獨村店。依山逆行。上有石碑處。舊名大光明山。又前坊曰會宗。近改問宗。庵在山腰。原風道人募建。今就蕪。二里。龍神堂。堂外豎石幢。名尊勝塔。再上古柏森森。

飾徑高峙，隔虎溪，即伏虎寺。踞山之口，沿溪而入，一徑紆回，因虎肆虐，行僧建塔鎮之，患遂息焉，故名。左有西域和尚靜室，其和尚年九十七，康健甚，言西域事頗悉。右室龍鳳庵，以地形稱也，此皆引睞賓岑者。再進爲無量殿，至涼風橋，其右峭壁有洞，風颼颼自口出，爲涼風洞，橋以此名。谷口舊有震旦第一山坊。經茶庵稍進，過解脫橋，危磴直上，約高百丈，名解脫坡。坡上有觀音堂，下有仙人會。舊傳有一池，入山者於此沐浴，今廢。左行跨山蹊，依兩壁左右之旋行，凡十數折，層級而上，過小橋，延不數尺，名玉女。再上華嚴寺，今名歸雲，節梲盤螺，轑蓋佛座，名雲篆殿。制甚古，大蝠託廬，按碑，宋紹興間建。嘗掘地得一小碣，鐫華嚴堠，左刻至縣十五里，右刻至嶺七十里，今豎寺中。由寺左行，爲青竹橋，橋上左望秀出者玉女峯。頂上有石池，深廣四尺，歲旱不涸，相傳天女浴盤。僧云，宋邛州刺史馮楫，結庵於此，日諷華嚴經，感天女饋食之異，即此處。前有鳳嶺庵，今廢。右有飛龍庵。轉西，由青竹橋折北行，爲枏木坪，樹假蓋，堪避暑雨，俗呼木涼傘坡。昔陡滑，今修成路，旁建一庵。自庵前左上，爲呂仙祠，祠前重樓瑰瑋奉大士於上彌勒居中嗣又增修新殿及靜室香廚以棲僧衆於是仙佛同宗祠後爲華嚴坪相傳卽赤城隱士舊居古名赤城山昔有香煙羅漢白雲三寺今廢自祠東北望爲宋皇觀舊址古有道紀堂幽館別室合三百五十間左有千人洞授道臺虛靈第七洞天之蹟卽黃帝訪天眞皇人授九仙三一五牙經處右有十字洞相傳呂仙遊此以劍劃石成此洞延袤廣丈許深不可測人以石擊鏗然有聲水自龍門對山飛作瀑布常見竹葉籜隨出卽洞旁叢篁遺墜也又右升仙臺昔有瞿武一云瞿君武或稱皇人弟子或稱後漢安漢時人能騎龍乘雲上下遊彭山犍爲間至今二處有繫龍遺迹按莊子瞿君字鵲子長梧子之弟子也又周人未知孰是由祠左里許望山下溪中一石類艅艎順浮水中名石船子俗號普賢船舊有藏舟於甕坊豎道左又里許沿巖行人呼五十三步上有天慶庵由庵稍下過太平橋上馬鞍山又稍上距那庵路左上有龍泉庵順路過小石橋右爲天台庵下坡爲萬定橋古名萬福橋橋頭一大石方廣當途卽大峨石界左方一石蹲小池間體

側，上刻陳希夷草書福壽字，呂純陽書大峨字，又先達神水字，俱鐫石上。石後隔尺許，又一石扆之，上刻浴衷字，又神水通楚小碑，豎其上。中間止容一人，下觀水穴中，聲汩汩，自上春下，透前大石底而出。池中沙水晶瑩，內貯圓石一塊，形若磨軸，脈理旋轉，宛然圖中太極分兩儀象。池水前溢，終歲不竭，纔數武，便滲去，從無潤路，莫知所之。池左上新栅一坊，題水竹居。又上小亭，題竹月松風。正面方亭，題宗漏字。池右在昔渠九曲，資遊人汎觴，今廢。止豎小亭，題一卷一勺。池後有小石塔，塔後有聖水閣，又進爲福壽庵。庵前一海棠，大數圍，高數丈，幹直上二尋餘，始敷枝葉，春夏交紅英爛放，甚可愛也。此間去西南山遙，聞有聲淜湃，疑挾風雨而來，移時乃息。及履其地，全無水蹤，土人名曰山潮。久晴必雨，久雨必晴，此其驗也。至潮之遲暫大小，又以卜歲入盈縮，亦異矣。登靈文閣，望別墅深處，有勝峯，彌陀，立禪，諸庵。曹溪閣，諸峯錯落，如螺髻，前咫尺，竹林蓊蔚，爲神水庵。再進，則歌鳳臺，楚狂遯迹所。側湧一泉，四時不涸。又前過百福橋，俗名響水，以聲潺湲，故水中石光碧映帶游裾，又前鳳嘴石，西上爲中峯寺、今名集雲、明果大師道場。昔有孫王宋三眞人、羽化於此。在宋有乾明觀、黃魯直習靜其中。登普賢閣、羣峯周遭、茲獨中峙、故得勝名。左行爲三望橋、又上茶庵、庵前卽三望坡。以路險峻、行者三望乃至。或云軒轅帝曾三舉望祭於斯。上有龍神殿、亦古蹟。坡下若春聲、杳入深谷。又三折下、過樟木、牛心二嶺、至前牛心寺。路口下坡、則雙飛橋。周望丈人兒孫、垣靄競秀。有兩巒對出、牛心嶺自中亙垂、如貫珠。左一水、從雷洞坪繞白水寺而來。右一水、從九老洞繞洪椿坪而來。至此路界、作雙虹跨澗。僧云、左橋始軒轅游勝峯時。右則自漢至宋、不知幾重修。當兩橋間、有清音閣、其上小阜、一亭舊名接王亭。俯帶傍溪、有同佩委。始望碧涓、馴逝於斯。峽深勢束、褊急性成。偶逼風磯、輒恣豗奮。環岸樹木、斜抱僂生。上突乳峯、高臨兩水、建有白衣觀音樓。兩水迸出、互望逐爭、雄怒搏、意不相能。賴石丈人爲魯連誘之、一氣漸就平衍。僧指盤渦尖銳有微瓣者、牛心石也。石左右各有石、如雞冠馬鬣、碧膩漣漪。亭於合溪之上、曰瑠璃水亭。後數武、捌一大樓、名洗心臺。白衣閣左少進灣內、爲廣福寺、乃前牛心別院。溪名寶現，即宋三藏師繼業得鬬石處。由廣福左入數里，石筍溝有寶珠庵。溪上一峯名天柱，聳立閣後。上有小庵，名異華。峯右由閣緣巖而上，遇缺陷，棧以木皮，踰金石。凡數折至後牛心寺，繼業所栖，今名臥雲，即古延福院。孫眞人思邈修鍊於此，所遺鐵臼銅罐，質朴色古，今隨婪吏去矣。寺左丹砂洞，洞旁舊有祠，寺壁相傳有張僧繇畫羅漢一板，甚著靈異，壁今毀。自寺遙望大峨石，左中峯寺後尖秀插空者，名呼應峯。下有茂眞尊者庵，相傳茂眞與孫眞人集寺後弈棋於此，呼應有棋盤石，方廣丈餘，有庵名呼應。庵前左右有溫涼二池，今廢。庵後有三仙洞及雄黃石。相傳唐玄宗幸蜀，夢眞人乞武都雄黃，後遣使齎送至此，煙雲相隔，使者呼應，因得造焉。見一叟幅巾被褐，危坐手指磐石曰，致藥於此。上有表錄上皇帝中使顧石有朱書百餘字，就錄一行，則其行滅去，呼應之名又或以此。由寺前下坡舊路自觀音巖上瓦廠新路，順溪至積善橋，皆可達洪椿坪。此路多熊狒猿虎之類。由牛心寺，越雙飛橋，北遵磴道而上，爲白巖，石色皜潔，刻有白龍洞字，不知洞所。又前一望濃翠蔽嶺、別傳和尚手植栟也、株與法華經字數相等、今號古德林、樵蘇不敢輕犯。再進象牙坡、以山石形得名。小庵二所、俗呼上白龍洞、下白龍洞、皆白水寺下院。至山凹處、望樓閣矗空、拾級累百、乃達四會亭、有接引銅像。左則慈聖庵、接引閣、上爲大峨樓。再上左豎祇樹林坊。稍轉爲海會堂、藏有佛牙一具、及丁雲鵬所畫八十八祖像、御賜紫衣。出堂直上、則古白水寺、卽唐廣濬禪師彈琴處。寺甚敞、居僧常至數百。宋初敕建銅殿、大士銅像、亦高十餘丈。歷太宗眞宗仁宗三朝、御賜寶供最多。三經回祿、盡付煨燼。明世廟重修、亦就毀。萬曆間奉慈詔新建萬年寺。普賢一殿、螺結甓甃、頗稱精固。乘象金身、峨然丈六、祝融稍戢峻燄。惟是寄木穴頂、導霖直注大士髻中。頃僧建閣四層、高幬其上。自縣至此、歷峻坂已四十餘里、說者謂登峯頂、此猶其麓也。寺直右肩、有淨業堂、古泉清冽、足供千萬人、傳云龍窩。左逆行、穿經樓舊址、東望有萬松庵。少進、不能通輿馬矣。從雙欆樹直上、頂心坡、一舉足、膝輒平心、巖畔有太子石、形甚肖、遊人手摩幾平。又數百級、凡十三轉、稍平敞、一亭名觀心、自亭右行、曲轉有妙觀庵。庵側有空庵禪堂、俱據高臨下、豁曠欲騫。自亭仰躋、箭括通天、左峙石丈餘、右小石結土阜小遜、俗名鬼門關。又前石子雷單亙一脊、左右陡巖、名大小鵝嶺。脊將盡、其下空洞深度、俗呼仙女橋。又上數轉、山坳微敞、結小庵、名息心所。由庵左順山斜行過峽、復上升甚陡、爲石碑岡。一碑屹然、字迹漫滅、不可讀、不數武、履爪徑而下、沿巖行過峽、路不盈尺、則有大小雲壑、俗名大小深坑。又前順巖而上、歷數十折、皆仰登下視、石壁如削、不知幾百仞。所恃灌木叢篁、層槩蒙翳、不欲示人以險。又前長老坪、舊庵就圮、近有結茅以應乞漿者。由坪出山肩駱駝嶺、漫行數里許、爲初殿。昔漢蒲公採藥見鹿處、後人立此殿。或云山形類鷲、名鷲殿。或云簇店下有蒲氏村、居無他姓、皆蒲公後也。又前上、舊有小石堉水、清不涸不溢、俗呼一盌水。又前九嶺岡、劍脊直上、左峯劖出犖岫、名華嚴頂。又前蛇倒退、又兩折稍下、左巖口有小徑、通九老洞。又前右坡下有九龍坪。度巖直上一坪、道傍枯幹頑石、皆衣苔蘚、此地因名木籠鬆。又前蓮華石、建有庵、榜蓮華社。道左一石、藥劈肖芙蕖。又前過峽、望一陡徑，直上層霄，左瀕危壁，名鷂鴿鑽天。上有石砌小池，僅丈許，僧云，菩薩洗象池。傍一石，僅二尺，僧云，升象石。自白水至此，游蹤稍適，因名其嶺曰初歡喜。又曰錯歡喜，以前去尚有險在。今建庵，名初喜亭。然遊者必增衣易巾，斯有以制寒。再上數百級，石碑亭。又百餘級，羅漢洞。僅石罅數尺，不審何以冒茲名，或以舊有一石類應眞歟。又上數百級，滑石溝。過此坪，行里許，危磴直下數百尺，有化城寺。殿舍皆用木皮覆椽，易以瓦，霜雪所薄，輒碎也。寺碣紀，昔有昆明施紹高，太和王藎台來此，遇白猿獻三果，各啖其一，仙去。由寺左迂行，前峻坂亂石，直上三里，梅子坡。攀援而上，有猢猻梯。崱屴百轉，素雲冉冉不絕，道傍一殿，曰白雲。從此仰望山脈，作三支。自初喜亭至是，晦明風雨，時時與山椒山足，絕不雷同，氣候攸判矣。自白雲殿順行，古木連蜷，荒煙岑樾中，殿殿作砰訇聲者，雷洞坪也。風雨雷電，自下倒射，宮巖萬仞，路絕贅緣，巨石阜列，岫塗曲通。瀕巖有雷神殿，路豎鐵碑，禁人語。相傳下有七十二洞，雲濤布濩，色妒羅縣，茲洞其聚族處耳。洞傍仄徑，從九嶺岡巖左，螺折而行，至此與洪椿坪相望。其下多石龕古蹟，最奇者，莫如九老仙人洞。昔黃帝訪廣成子天皇眞人，遊此，遇一叟洞外，詢有侶乎，答以九人，今名以此。巖棧曳練，石首崴盤如象鼻。右衽洞扃，從闃左入，必然炬乃諳道。聞昔有結伴欲窮其勝者，入洞內里許，巖水滲滴成泉，僧名觀音水，窩止一盂，取不竭，不取亦不盈。再行十餘里，路少狹，怪石森列，若虎豹魍魎，勢欲攫人。忽一溪斜逝，噴薄作聲，疑嗚吠樂音，從遙遞耳。蝙蝠如鴉，競來撲炬，氣且寒冽刺肌，遂逡巡不敢度而返。巖下一泉，久雨將晴，久晴將雨，前一日取供炊，白粲必赤，餘日不然，名卜應泉。洞前回瞻絕壁，云卽化城寺後山，與雷洞坪共一山脈。其峯多木蓮，四季葳蕤若繢。從此遡伏羲，女媧，諸洞，當不遠，鬼谷子於此著珞琭子，亦有洞。但闃窔陵虛，迹絕人鳥，徒遐矚而已。由雷洞坪曲折，沿巖亙數里，過新殿，則八十四盤，名桫欏坪。桫欏樹，高可三五七丈，葉似枇杷，花備黃紅紫白諸色，叢蘂並蒂，大可尺許。三四月最盛，第性喜寒，不耐暄燥，移下方多不育。俗輒詭其說，謂菩薩私玩，此界多此花，故名。稍折，有接引庵。再前，路分兩歧，從左陡上爲舊路，一巨石橫巖下，名觀音巖。直至大歡喜，前至迴龍庵，與新路合。從右平行里許，危巖仰登，凡數百丈，名三倒拐。復沿坡上，爲太子坪，再前圓覺庵。庵左有小徑，可達山後諸庵。自庵右轉上行，爲登頂通途。右有居庵，洪範庵。左有法慧庵。又上觀音庵，又左迴龍庵，與舊路合。又前圓覺庵，由左折而上，老僧樹，大數抱。傳云樹存空膺，有老僧入定於中，枯幹復榮，今包裹無隙矣。再又上天門寺，兩石對立若劈，中通一戶，深二丈許，名天門石。又前隔澗蓮華庵。右轉鳳凰庵，左轉有茶庵。庵前七天橋，雖無灌注，遇雨成溪。又前文殊庵，左上天啓庵。正行天仙橋，直跨山澗，有庵踞上。橋底積雪，經夏不消。又傍彌陀庵左折，入峨頂矣。山峯雖峻，至頂頗寬平。寺前一石，名瑞星。稍進，錫瓦殿，又上天王殿。殿後左右列祖師，龍神二堂。正中錫瓦普賢殿，又上銅瓦殿，由此左上敕建永延寺，一樓甚閎瑋，名華嚴，又上藏經樓。自樓左向後層梯而上，詣峯頂，有滲金銅殿，濬王捐巨萬金新建者。高二丈五尺，廣一丈四尺五寸，深一丈三尺五寸。上爲重簷雕甍，環以繡櫺瑣窗。中坐大士，傍繞萬佛。門枋空處，鏤飾雲棧劍閣之險，及入山道路、透迤曲折之狀、制極工麗。傍列銅窣堵波三、高下不等。此皆背巖向西、以曬經山爲正對。銅殿右、則鐵瓦殿、古名光相寺。外爲覩佛臺、卽放光處。左有童子臺、右辟支臺。此殿依山而東、嘉陽一帶在其前。殿後楞嚴閣、復西向、又左臥雲庵、亦西向。峯頂、少井泉、惟此庵下有半月池、深廣不數丈、水日上滲、足飲千人。偶穢輒涸、持經呪祭之復溢、僧呼聖泉。又呼觀音水、或名以井絡泉。庵右有觀音閣、閣前有小覩佛臺、光現略早覩佛臺。左有石屹然、曰金剛、若鐵汁鑄成、覩光者每倚藉之。石下有萬石嵯岈、攢作一片、名七寶臺。臺下有石室、戶樞甚多。小覩佛臺下、有磐陀石、整潔可坐。石左復有一阜隆下、盤頂若鎚鈕、僧呼飛來鐘。又左雷山側、有二石、眉目宛然、名仙人面。又石有手痕、名仙人掌。臺右回望本山、來脈自右而起、有賢首閣、華巖頂。又上、爲千佛頂。舊傳願王三千眷屬同來居此、故名。順此坡左下華藏庵、又下獅子坪。從臺上空霽時俯矚、可歷歷指者、不到寺、刺竹坪、棋盤寺。寺側亦有棋盤石、盤側二小石常煖、名溫石。又靈巖寺、盤龍寺、及龍池等勝。紫芝、玉蟾等洞、虎皮、等岡、榮徑、等堡・銅山一帶・畢集其下。正東直對洋・九龍・凌雲・烏尤等勝而外・榮德・巴岳層疊在睫。東南則羅回以外・馬湖諸山。東北則中巖・靑城・玉壘諸山。正西則兩峯高插中一平偃而大・如供几案曰曬經山。西南則邛崍・霧中・大小瓦屋・巍峨並峙。西北則火燄・寶塔・森梦羅列。惟雪山晶瑩映天・玲瓏屛・漢鏡・旭獨先・移暉・遠燭・夐出西域諸峯表。天竺・蔥嶺諸番界・俱在縹緲間。光相之現・有所謂攝身・淸現・金橋者・詳范紀。又有白色無紅暈者・曰水光。如箕形者・曰辟支光。如鐃鈸形者・曰童子光。有光稍上映直豎斜移者・曰仙人首・仙人掌光。皆一光變態而異名。當光欲現時・有小鳥如鸜鵒・飛止巖頭鳴・僧譯其語曰佛現佛現。遊人或掌粟・亦就食而去。環臺則岷江・雅瀘・大渡・靑衣諸水・向背繞流如綫。谿雲漫布・咸沈沒浩氣中。突出永延寺左行・爲富順庵。又下行・繞山坡至澗・爲白龍池。池水深尺餘・素沙徹映・磊石作勝。內有蜥蜴・潛近邊底・僧以鉢盛・馴擾可狎。往往與風雨作緣・遂冒龍籍。自池下行・上右坳・爲淨土庵。前有坪亦名桫欏坪。自坪右折行・有大覺庵・永定庵。坳上有沐浴堂。右行越嶺・爲聖水坪庵。

又前、學士堂。稍前、通天和尙塔、色身尙存、啓幔視之有生氣。又前、太虛庵。又前、至迴龍庵、與來時新舊二路口相合。一坊巋然、上題山後七十二古德名。庵左爲大佛坪、諸庵、以及幽巖邃谷、人迹罕至、洞天靜室、多不知名。旋四會亭、右廂、至白水寺前有鉢盂峯、平地突峙。自白水逆左行、至石板凳二里。爲虎渡橋、駛流迅瀨、小竊雙溪。自橋徑曲十二盤、至八音池、一名樂池。池中有蛙、遊人鼓掌、則一蛙先鳴、羣蛙次第相和、將終則一蛙大鳴、羣蛙頓止、宛然一部鼓吹。過池又西、則黑水寺。前對月峯、祖師堂、有惠通肉身、及所遺藕絲無縫禪衣一領、古白玉環一枚。又有惠續尼院、尼卽惠通禪師妹、從兄來峨、入定於此、遇夜有黑虎爲之巡廊。寺傍巖龕有無懷洞。自黑水還白水、至大峨石。由萬定橋頭東北折徑陡且仄。初猶開豁、頻歷石溜、互折野竹坡陀數里、方出險林。見一長石臥溪中、卽前梓木坪、俯矙石船子也、迫視之甚肖紋理縱橫、亦異他石。循溪委曲而進、見澗流自兩石門中噴出、是爲龍門峽、瀑布修縮不一。溪南大石岌嶪、劃然中開、兩峯皆絕壁、高數十仞。行者緣木梯下、若猿族援降、不知其股行也，又數丈，望半巖一圓龕，則龍門洞，去水三丈許。土人編竹跨溪上，手接盤度之。遊人立洞口，萬壑千巖競來邀盼。入尺許另透天光一片。洞深廣二丈有餘，氣象軒朗，穹蓋百千，鍾乳瓔垂。左壁雙鉤龍門字，舊傳宋富春孫公筆，今云東坡。石凸凹作鱗爪，名以龍牀龍枕，遊人坐臥其中，仰眺煙紆，俯臨潭澄，不復知去塵闤近遠，賓巒垂練，偉於峽瀑。下有種玉溪，題詠亦不減無懷洞。遊蹤屆此，覺向之淲鳴㬎濺，俱斂入谽谺中。出峽口，狂態復作，稍遜於前。自此達龍門，壩至龜子山，形類贔屭。直至瑜河，與來路合。二峨山在本山南三十里，名覆篷，以形似，又名綏山。右有綏山縣治，高減大峨之半。雄據南方，上有天池。傍有葛由洞，即騎木羊往來處，下有豬肝洞，呂仙晝遊龍門，夕宿豬肝，即此。昔人遊經羅目，掘得一碑，上鐫紫芝洞三字，傍注一山五口道人書，今豎道傍，乃此洞別名。下有紫蘭泉，亦呂仙命名。又洞有紫芝。洞上一里，洞口刻爛柯二字。三峨在山東南四十里，距二峨南九里，古名鏵刃山。有李仙洞，高又半減於二峨。其閒洞石幽奇，相伯仲云。又距峨東北有龍池，四山環抱一鑑中涵、瀰漫約十里許、深黝叵測、下有龍居。相傳每開霽、則霞光上昱、隱見點額大金鯉四尾及水獸龍馬等物、遊戲其間。或澄映處、依稀古樹參差、圖繪淵底、中多魚、流氓擅利。漢李膺記峨眉山下有龍池、長廣十里、即此、志載峨山石龕百十二大洞、十二、小洞二十有八、大略杖履所及可記者耳。其所未及將無逸。以余己卯所遊目遇、已非己未、按范至能所紀、愈迥然矣。頃罹兵革、興替不審、何景使他時搦管、或不減此紀、或有加於此紀。邀貺山靈、菟裘稱得所也。菊潭氏識。

遊峨眉山記

清　江皋　四川督學龍眠

峨眉、為震旦第一山、天皇授道、普賢示現之所、神奇靈異、非復人間。先大夫昔宰峨眉、七年、予自童子侍側、時即聞之、神往。今得奉王程、親歷其地、可不一探其勝乎。嘉州校士畢、四月戊戌、往問道焉。既入縣、拜先大夫祠、遂同友人蔣子潛伯、孫子毓卿、攜兒圖、昇筍輿出城南門。過勝峯橋、轉儒林街、雨陌春犁、綠疇風偃。隔澗有西坡古寺、今荒廢不可尋矣。前為十方院、華嚴樓。又四里許、聖積寺、傑閣一區、懸銅鐘於上、細鏤華嚴經字，老僧慧寶所建，曰老寶樓。題額峨峯眞境四大字，魏了翁筆也。內銅浮屠七級，雕鏤佛像，倍極莊嚴。前渡普安橋，沿瑜伽河行，溪流曲折，漸入山徑。舊名大光明山，荒址佛座猶存。望羣峯環抱，招提高峙，木末伏虎寺也。石梁跨澗，松徑陰森，可聞禪師擁錫來迎，登佛閣少憩，飯齋廚。出寺，左折而上，至涼風橋，橋傍石壁有洞，風從洞中出。忽石磴陡絕，高百餘丈，拾級而登，名解脫坡。坡上有僧結茅以居。自是，路益嶮峭，山巖壁立、層坡數折，始達華嚴寺。寺有旋螺殿，極奇古，宋紹興碑猶豎寺中，日斜未及登覽。寺左爲青竹橋，望娟娟秀出林表者，玉女峯也。峯頂有池，深廣四尺，歲枯不涸，相傳爲天女浴器。由橋北折，爲栴木坪，青蓋童童，掩映數畝，俗呼木涼傘。左上爲純陽殿，側有千人洞，授道臺，即黃帝訪天皇眞人授道處。右十字洞，相傳呂仙遊此，以劍劃石而成，昔人建此，以峨眉仙家道場，欲存天皇一脈。然今守祠皆緇流，無黃冠也。祠前山下，一石橫溪中，長丈餘，若浮槎，俗號普賢船，豈寶筏津梁於此示現耶。沿巖俯石壁，陟五十三步，歷馬鞍山，峯巒回合，水聲琤琤鳴澗中。下坡爲萬福橋，石色蒼然，巑岏如削。臨橋一池，清冷澄碧，大石插池中，上鐫陳希夷先生福壽二字，下鐫大峨神水四字。石罅宛轉互相遮映。有小穴注泉一勺，泉脈涓涓，透石底出，清響鏗然，如戛琴瑟。坐池畔小亭，汲水飲之，寒沁心脾，塵氛盡滌矣。上大峨寺，舊有聖水閣、福壽庵，今廢，有僧葺之，未成也。遙聞大聲起巖壑，林樾蕭森，疑廣陵濤三疊，泉震撼山谷，然水之去來蹤迹，杳不可覓。或曰山潮，以之驗雨晴卜豐歉也。峯麓片石如臺，蹲踞林莽中，曰歌鳳臺，楚狂陸通舊廬在焉。前由鳳嘴石西上，爲中峯寺，衆峯螺髻旋繞，白雲一峯中峙，故名，一名集雲。本晉乾明觀，明果禪師除毒蟒，改觀爲寺，宋茂眞尊者重修。昔孫王宋三眞人羽化於此，又黃魯直習靜處也。歷層岡，越三望坡，路險峻，行人三望乃至。下坡，山境幽深，夕陽下舂，林壑返照，煙雲舒卷中，蒼翠鱗鱗，牛心寺址也。雙流飛注，小橋跨其上，勢若雙虹，水聲搏激，如殷雷起地底。石峽一綫，灌木蒼藤，層層遮覆，驚濤噴沫，惟潺潺足下，疑挾風雨，窺之不見。僧云左一水從雷洞坪繞白水寺來，右一水從九老洞繞洪椿坪來，至此巉巖深束，鬬捷爭雄·勢不相下。盤渦一石·怒當其衝·則牛心實爲砥柱矣。石根圓尖銳·若牛心然。左右亂石環峙·盡與水勢爭奇。溪上舊多亭臺·今圮爲榛莽矣。雙飛橋左·一徑可達洪椿坪。聞有繡頭和尚·住洪椿坪石洞中四十餘年·將百歲矣·髮垂覆身·每昏夜·赤足行山徑中·無所怖·人多異之。橋北緣磴道而上·徑稍平·山花夾道·香氣襲人·刹竿隱隱出青靄·僧云白龍洞也。前經古德林·綠雲四垂·萬株濃翠·別傳和尚手植柟也。相傳數與法華經字等·眞不啻檀林祇樹矣。林盡由山口望·層坡高峙·丹楹飛棟·聳出層霄·則大峨樓也。越石門直上·入萬年寺·寺址甚敞·古稱白水寺·創自晉·唐慧通禪師重修·即廣濬禪師彈琴處。宋初敕建銅殿·歷太宗眞宗仁宗·俱有御賜寶·供明萬曆間·改聖壽萬年寺。內殿凡七層·一甎砌旋螺·銅鑄普賢乘象金身·高丈餘·今亦漸就荒落矣。寺門外近左·有海會堂·藏佛牙一具·明萬曆敕書一道尚存。夜宿僧寮·山雨空濛·萬籟俱寂·已覺身在雲霄·登峯頂·猶未及其半也。閱二日·己亥·曉聞梵音朗朗起。出萬年寺後·山雲四起·半籠峯頂·霧雨霏霏·溼衣·上頂心坡·一徑高懸·石磴蜿蜒下縋、舉步則足膝點於胸、以布繩曳輿、牽挽而上、巖畔一石森豎、名太子石、爲登者所憑藉焉。經十數折、至觀心亭、稍平。憩白衣庵、詢住僧、知爲先大夫所建、曾捐俸置香火田、石碣猶巋然道傍也。由此扳援曲折、山益高、徑益險、有鵝嶺脊、仙女橋、石碑岡、皆陡巖深洞、石壁巉絕、下臨無地、荒叢蒙密中、側視不知幾千仞也。仄徑沿巖爲大小雲壑、終古雲氣鎖之、深淺不可測。又前長老坪、右過駱駝嶺、數里爲初殿、登一板樓、望山形如鷲鳥、一名鷲殿。昔漢蒲公採藥遇鹿處、下有蒲氏村、皆蒲公後也。前兩山攢逼、石間一綫、陡仄、不可躡足、名蛇倒退。巖左有徑通九老洞。出巖直上一坪、老樹叢叢、遮綠陰蔽日、木石苔衣纏結紛披、下垂長十餘丈、巖風拂之、縷縷如綫、曰普賢綫。又曰仙人條、亦山靈變幻之奇也。又前蓮華石、茅庵深閉、荒寂無人。道傍一石、細蕊層蕚、類靑蓮華。前顧亂峯層逼、箭筈通天、若臨絕境。仰指靑霄、微茫鳥道、高不可扳、行者咋舌。十數人挽一輿、如猿猱昇梯、移步躡空、則防顛墜。磴皆斬木層叠、危棧齒齒。蓋冰雪高寒、石則愈滑。此登山最險、俗呼鵓鴿鑽天、彷彿似之。上嶺、意稍適，叢篁翠篠，中有方池，久涸，亂葉覆之，曰洗象池。嶺畔，有初歡喜亭，以歷險至此，前路漸平，志喜也。踰滑石溝，直下深峽數百丈，古殿一楹，覆以木皮，化城寺也。山中氣候，至此迥異，四時霜雪，寒氣森森逼人，瓦屋經凍輒碎，多用木皮代之。少憩，炊飯，僧厨，細雨斜風，慄慄如初冬時，肌骨凜然，急挾纊擁裘。由寺左，沿危壁，歷絕磴，策杖攀藤，直上梅子坡。峻坂高巖，昔有胡僧縛木梯架石，以引行者，今名胡僧梯。過梯，爲白雲殿。峭壑憑虛，石根雲氣，冉冉，瀰漫深谷，素濤銀海，變幻頃刻。殿後瀕巖一徑，徑左虛無所倚，亂木虬藤，連蜷蓊翳，俯視重淵，深洞，岝崿崚峋，萬狀森列，則雷洞坪也。坪有雷神殿，路豎鐵碑，禁人語，巖下爲神龍所居，聞人聲，則風雨暴作，疾雷驚電，倒射山足，靈異如此，輿人疾趨過之。曲折數里，盤旋紆轉，則八十四盤矣。度桫欏坪，正值花時，四山如翦綵，樹高六七尺，葉長深碧，花一萼十數朵，叢出樹頭，殷紅粉白，望之微類芙蓉。性宜寒，移植山下則枯，蓋優曇寶樹，不作人間近玩也。稍折，有接引殿，板屋供佛，身峨然丈六，亂後寺僧募造者。今殿宇傾圮，漸爲風雨侵蝕，名山荒寂，誰爲布金長者耶。轉觀音巖，上太子坪、陰巖積雪，與野草幽花相間。經迴龍庵，松杉環蔭，一徑寬平，無復危巖險磴矣。又前圓覺庵內沈香塔七級，高丈餘，層樓疊之，雕鏤金彩，工巧天然。僧云明萬曆時，奉慈詔特製者。瞻禮而出，左折過老僧樹，古幹數圍，蒼皮剝落，相傳昔有老僧入定於中，樹裂復合。上天門寺，兩石雙峙，劃然中分，如排閶闔，名天門石，多遊人題詠，半蝕蒼苔矣。又轉七天橋，以峨山爲第七洞天也。上天啓庵，直度天仙橋，飛梁架壑，泠泠流冰雪聲。左折已登峯頂矣。崚嶒萬仞，忽焉平坦，心目頓開。瑞星石，高倚寺門，銅鐵錫瓦三殿，巍然次第相接。予炷香殿上，默禱於大士前，耑爲國泰民安，家太恭人祈壽。忽澹日微明，雲霧初斂，內殿鐘鳴，報佛光現矣。急趨覩佛臺，憑欄俯視，兜羅緜雲，布巖下，漸滾滾與巖平，閃爍飛動，銀浪千層，橫鋪玉地。有光若車輪，從雲頭涌出，圓暈數重，五色炫射，中如懸鏡，虛明朗耀，觀者攝身光內，止各見本身，毫釐無隱。雖數百人比肩並躅，不能見也。移時漸沒，風捲雲馳，更相磨盪，若扶桑初日，吞吐懸巖，光華倍皎。光外復現一銀橋，垂虹橫亙，光旋轉，其下兒晃靡定。食頃、方沈霧中、隱隱而散。臨臺、爲光相寺。左向層梯、有滲金銅殿、高二丈五尺、廣一丈四尺、梁棟簷楹、鏤金錯秀。中坐大士、傍繞萬佛。窗櫺上下、雕飾雲棧劍閣、及入山道路險阻崎嶇之狀、制極工麗。四隅環列銅塔、高六七尺、有銅碑、高六尺、闊三尺、古色蒼翠、其光可鑑。左王毓宗記、集王羲之書。右傅光宅記、集褚遂良書。萬曆癸卯九月立。記建殿事甚悉。右下臥雲庵、有老衲募修、工未竣、僅板屋數椽耳。山風大作、霧雨空濛、登藏經閣、擁鑪坐僧榻。日已昏黑、聞山有佛燈、至夜則現。僧云燈現必風止雲散。今濃雲漫空、恐不能見耳。予輾轉不能寐、披衣步光相寺前、見山月將升、薄雲微掩。忽一燈從山外飄空而起、漸至十數點、爭相上下、頃刻數千百點、如傾萬斛珠璣、歷亂山谷。大風振林、罊吹人欲墮、不能久立、遂登閣宿焉。閱三日庚子、曉日初晴、萬山雲淨、登巖眺望、遠近諸山、星拱羅立。巖後岷山萬重、眞兒孫培塿耳。少近一峯平覆如屋、與峨頂相對、瓦屋山也。又方正若案、高出天外者、⿰瓦麗經山也。青城玉壘、或拱或揖。火燄、蔥嶺、隱現縹緲、遙相映帶。諸山之後、銀色插天、日光注射、如瑤峯瓊巒、晃耀奪目、西域雪山也。延亙天竺諸番、不知幾千里、望之儼在几席。高寒之氣逼人、天地冰霜萬古如斯矣。遙睇平川、三江如帶、白雲片片、或籠罩峯頭、或平鋪大壑、俱飄飄起足下、始知身在虛空。覩佛臺左有金剛石、穿空壁立、色如積鐵。倚石下窺、亂石峆岈、疑千門萬戶、幽奇莫測、眞神仙窟宅也。僧指隔溪有不到寺、刺竹坪、棋盤寺、紫芝、玉蟾諸洞、迥絕人境、遊蹤不可問。山頂有泉曰井絡、炊米粒粒成沙、不能熟。予從神水、以大竹貯水攜登、二日已盡。勢難更留、飯罷出寺、左行下繞山坡、過澗尋白龍池、池方廣數步、水深尺餘、沙石縈帶、中有物、蠕蠕出水底、僧以鉢盛之、長數寸、四足蜿蜒、居然蜥蜴也。僧云冬寒池水不冰、或時有風雷起池上、豈亦龍種耶。右折出深坳、有淨土庵、供通天沙門肉身於塔、僧云沙門自萬曆甲戌居此、不下山五十年、將百歲矣、而化。今遺蛻端嚴如生、是亦茂眞繼業之流也。尋舊路過雷洞坪、四望諸峯、漸爲煙雲挾去、坐臨巖片石下、瞰幽巖邃壑、人迹罕到、最奇則九老仙人洞、有皇人遺迹焉。遠溯伏羲、女媧、鬼谷諸洞、層層倚伏、若相鱗比。惟指點虛無、無從御風而遊也。下坡、以繩縋輿、縮身如蝟、石角藤梢、鉤衣刺目、輿懸空際、前人蹲伏、後人挺立、互相牽掣、稍縱則如片葉陵風、飄空直墮矣。較之攀躋而上、險且十倍、逡巡至木皮殿、喘息稍定、溼雲含雨、幽花帀樹、枝上始聞鳥聲。峯頂二日、鳥迹麋蹤、寂無所見、惟二青鳥、每佛光將現時、飛繞殿前、呼佛現佛現、仙翼靈禽、非凡鳥所能接羽。至白水寺、日已亭午、望鉢盂峯、虎跳橋、山壁峭立、屈曲十二盤而上、有八音池、黑水寺、相隔二十里、屐齒不能及、趨雙飛橋、徘徊石畔、不忍去。僧指左徑、達洪椿坪、由寶現溪、入石筍溝、數折、後牛心寺、即古延福院、有白雲青蓮二閣、乃孫眞人棲隱地、遥望大峨石、左中峯寺、後卽呼應峯、茂眞與眞人弈棋處、景物幽深、倉卒難徧、惟付之夢遊耳。暮入伏虎寺、宿可聞禪師丈室、索山志閱之、讀范石湖、胡菊潭諸先生記、殊歎茲遊之草草也。笑謂兒圖曰、俟予十年後、芒鞋竹杖、呼老衲於古雪堆中、更作卧遊、以醻夙願、此時僕僕塵鞅、山靈自不肯以全身示現也。

峨眉山志卷三終

附錄慈雲懺主往生淨土決疑行願二門序

繼安養寶刹、大覺攸贊、三輩高升。夕孕金華、列宿猶慚於海滴。晨遊玉沼、世燈彌喩於河沙。良以十方爰來、四生利往。雖騰光而普示、終稽首而偏求。故其竺國皇州、自今觀古。彼則鉅賢至聖、咸舒藻以爲盟。此則覺德鴻儒、盡摛毫而作誓。自茲迴向緜續、唱和相尋。誠爲道德之通衢、常樂之直濟者也。但世多創染、割截未識方隅、忽遇問津、靡慚濫吹。或攘臂排爲小敎、或大笑斥作權乘。以其言既反經、人惑常典。易不云乎、居其室、出其言不善、則千里之外違之、況其邇者乎。遂輒述往生淨土決疑行願二門、詞愧不文、理存或當。視菽麥而且辨、挹涇渭而俄分。翦伊蘭之臭林、植栴檀之香榦。信解行願、原始要終。不數千言而能備舉者、實茲二門矣。

峨眉山志卷四

第四寺庵勝概 附堂、殿、院、樓、閣、亭、橋、坊、塔。

法王到處、法眾恆隨。峨眉爲中國最高之山、實普賢應化之地。以故十方緇素、咸來投誠而依棲。歷代王臣、悉各從事於建造。致使琳宮紺殿、棋布雲巖。草舍茅篷、星羅幽岫。或參禪以冥契佛心、或宏教以啓迪眾智。在昔建築甚多、晚近頹廢不少。姑依舊志、略錄大端。凡新建者、備諸圖說。故志寺庵。

寺

光相寺、在大峨峯頂。相傳漢明帝時建、名普光殿。其改名光相、當在唐宋時也。明初洪武遣僧寶曇重修、始以鐵爲瓦。明末傾圮、清巡撫張德地、捐俸重修、有碑記。由此而下、爲天王殿。殿後左右、祖師、龍神二堂。正中錫瓦普賢殿。又爲銅瓦殿、僧別傳開建。殿後有坊曰捫參歷井坊。旁有井絡泉。由此左上、爲藏經閣。有舊頒龍藏、今失其半。閣一名永延寺、僧妙峯開建、峯後惟密嗣修、壽九十七。清雲南援勦總兵祁三昇、捐貲添造鐵瓦。往來朝山者，多憩息焉。自樓左向後，層梯而上，峯頂爲滲金小殿。一名永明華藏寺。殿左右有小銅塔四座。（明萬曆間，僧妙峯募潞王及川督等鑄。）殿瓦、柱、門、槅、窗、壁，皆銅爲之，而滲金。廣一丈四尺五寸，深一丈三尺五寸，高二丈五尺。前安願王像，駕四壁萬佛圍繞。門陰刻全蜀山川形勝，水陸程途，一覽瞭然。妙峯曾募造金殿三座，分送五臺、峨眉，其一座欲載送普陀，至金陵，遇普陀僧恐招海盜，不敢受，遂送江寧寶華山供奉云。向左爲覩佛臺，卽放光處，在光相寺前約丈許。臺下千佛巖在右，金剛石（石下卽七寶臺）在左。辟支、童子二臺，兩兩對照，若龍虎然，亦山頂形勢最勝處也。

天門寺，在天門石下。僧瑞峯建。石凡三折，始達山路，丹青不能似也。

護國草庵寺，明萬曆賜額，又名圓通庵。在天門石右，通天和尙建。有慈聖太后手書佛號金繡長旛，今失，唯所賜九層沈香塔尙存。

大佛寺，縣東郊。明萬曆間，通天和尙之徒無窮至京奏請，慈聖太后開建。寺有千手千眼觀音大士銅像，土木弘麗。賜有香燈田五百畝，載在碑記。

西坡寺，在城西南，唐武德六年建，舊名壽聖西坡寺。遊山者往來多宿此。

聖積寺，離峨眉縣五里，卽古慈福院。正德三年，內江王重修。寺內有銅塔，高二丈許，永川萬華軒所施。寺前有樓，曰眞境，一名老寶，乃慧寶禪師建。樓上有魏鶴山書峨峯眞境四大字，內名賢題詠最多。舊志後嶺有洪範庵，過嶺有華嚴樓，大悲與聖二庵，今俱廢。唯儒林橋隔澗西坡寺，度凹十方院無恙耳。

伏虎寺，在伏虎山下，行僧心安開建。宋紹興間，虎狼爲患，人迹罕見。有高僧士性，建尊勝幢一座，據鎮方隅，患遂息。明末毀於兵火，繼得貫之和尚偕徒可聞禪師，結茅接待，歷有數稔。於清順治十八年，督撫司道，捐俸修建。前後左右，凡列一十三層，甚爲弘敞，誠峨眉之大觀也。

華嚴寺，一名歸雲，在玉女峯下，唐福昌達道禪師道場。宋紹興三年，僧士性重修，寺有旋螺殿，極奇古，初爲白牛長老住持。明洪武時，僧廣圓領帖焚修。成化改爲會福寺。有宋紹興碑，及華嚴堠，左刻至州十五里，（州，疑指今峨眉縣。）右刻至山頂七十里。玉女峯，項上有池、宋有天女饋食邛州刺史馮楫故事、詳形勝。

中峯寺、一名集雲、在白雲峯下、一名白巖、本晉乾明觀、時道士惑于三月三日昇仙之說、歲爲毒蟒所食、有資州明果禪師至、暗伏獵人射殺之、道士感激、改觀爲寺、事焉。宋高僧茂眞尊者重修。宋時孫王宋三眞人羽化於此。又黃魯直習靜處也。明洪武時、僧慧安法曇長老住持。內普賢大士殿、明成化三年、蜀昭王建。

黑水寺、在對月峯、創自晉魏肇公。唐僖宗間、高僧慧通住錫、道聞朝廷、勅建永明華藏寺、並賜無縫衣、玉環、供器、滄桑無存。弘建普賢延福中峯華嚴四剎、以山相火易二水三雲抑之。繼席祖庭、位列傳燈。承環義欽黑水曇振洞溪廣悟前後七代、悉宗風大振。故古今稱峨眉祖堂、黑水洞溪。俱以山彰名也。

前牛心寺、在雙飛橋上牛心嶺。

後牛心寺、宋繼業三藏開建。一名臥雲寺、一名延福院、即孫眞人修眞處。有吳道子畫壁十八羅漢像、一云張僧繇畫。宋淳祐間、僧紹才重修。明洪武時、廣濟禪師住持。

萬年寺。卽白水寺。昔蒲氏事佛舊址。寺創自晉時。唐慧通禪師精修。唐人有聽廣濬禪師彈琴處。卽此寺。在宋爲白水普賢寺。內敕建鑄大士銅像。並殿高十餘丈。太宗眞宗仁宗。俱有御賜寶供。三經回祿。無存。明嘉靖間旋修旋燬。萬曆間敕改聖壽萬年寺。寺前有大峨樓。樓前有南戒名宗坊。左豎祇樹林坊。寺內殿凡七層。一毗盧一七佛。一天王。一金剛。一大佛。一甎砌旋螺。中供銅鑄普賢丈六金身騎象像。一接引殿。殿有明末代巡黃岡梧陽劉公捐造眞武祠。今廢。寇亂寺焚燬殆半。淸巡撫張公捐俸莊嚴。載有碑記。寺有明萬曆頒賜藏經。今失。唯一敕尙存。

靈巖寺。在大峨山下。南進高橋寶掌和尙結廬舊址。寶掌周威烈王十二年生。至唐高宗顯慶二年卒。壽一千七十一歲。其寺歷代重興。至宋紹興五年。改護國光林寺。明成化元年。又改爲會福寺。後天順四年。頒賜龍藏。

棋盤寺。在城南。進高橋。經太平墩路口。茂眞尊者開建。墩前有一泉。常溫。

蟠龍寺。近新開寺。進黃沙溪。冷竹坪。唐慧覺禪師開建。

新開寺。在伏虎寺後。鞠家漕。萬曆三年。九老洞僧大用建。

香巖寺。離伏虎寺後三里。西域香巖尊者居此。

西禪寺。在縣西南十五里。羅目街上。寺以僧名。與醫王白鵠同時。

石佛寺。在縣西五里。今廢。●玉屏寺。在縣西十里。袁家溝。

彌陀寺。在楊鎭場下。隔河。卽二峨山。●伽藍寺。在楊鎭場。●茶土寺。在三峨山上。

圓通寺。在四峨山下。上有花山。明印宗和尙住此。祈雨響應。四衆雲集。設大戒壇。

觀音寺。在經太平墩道傍。伍家坪。離城南一百里。古洞溪和尙住靜處。

本壽寺。在縣北二十里。深幽。至極鞠惟律師說戒所。

普賢寺。離縣二十餘里。寶曇國師開建。

廣福寺。卽前牛心寺別院。在寶現溪側。今廢。

佛到寺。在覩佛臺下。由縣南轉西。從盤龍寺。黃沙溪。冷竹坪。開山日得石佛。故名。今廢。

羅漢寺。在新開寺下。建日有梵僧赴齋。齋畢不見。今廢。果哲寺。今廢。

永延寺。在九嶺岡下。明周藩建。法華寺。今廢。大隱寺。俱在二峨山下。

放光寺。在後山。宋嘉州刺史王良弼。奏請開建。今廢。

庵 靜室。館。附。

淨土庵。在桫欏坪上。明萬曆初。大智和尚建。師名眞融。楚人。戒律精嚴。刻苦供眾。凡建立五臺。伏牛。峨眉。盤華。四常住。最後至普陀開海潮寺。有遺願碑存本庵。切戒子孫。不得背眾營私。恃強相爭。庵左有白龍池。水極甘洌。庵中佛像莊嚴細巧。最稱如法。

臥雲庵。在藏經閣右。性天和尚建。後毀。清總制哈公。及通省文武捐俸。命可聞禪師重建。絕頂無水。唯此庵下有半月池。各庵寺仰汲。詳形勝。有碑記。

洄龍庵。在太子坪上。有戒壇。僧三濟開建。大覺庵。在通天塔左。

法慧庵。在太子坪後。文殊庵。在七天橋右。天仙橋左。有坊曰爲天一柱。

白衣庵・●富順庵・●永定庵・●聖水庵・●鳳凰庵・●普賢庵・在天門石。

般若庵・在錫瓦殿下。●彌陀庵・在錫瓦殿前。●天啓庵・在山頂齒牙峯下。

禪定庵・●金像庵・●勝峯庵・●萬行庵・卽太子坪僧古智建。●蓮華庵・●洪範庵・

華嚴庵・●華藏庵・●定慧庵・●卓錫庵・●毗尼庵・●淨居庵・●法華庵・●慧日庵・

太虛庵・●鳳嶺庵・●解脫庵・在解脫坡上・卽觀音堂。

呼應庵・在大峨石右・呼應峯後。相傳茂眞尊者・與孫眞人・弈棊於此。呼應庵側・有棊盤石・有溫涼二池。●三仙洞庵・●雄黃石庵・●萬公庵・今俱廢。

佛會庵・●白衣庵・●慈聖庵・●禪定庵・●鉢盂庵。

千佛庵・卽洪椿坪。伏牛山楚山和尙開建・德心大師重修。梵宇精潔・結構弘敞・常有千人。此地曲折幽雅・最爲隱僻。

大坪庵・●石筍庵・在石筍溝。●寶掌庵・在佛到寺右。●鐵峯庵・

福壽庵・在大峨石畔・僧性天果開建。（此僧另是一位・非峯頂之性天。）庵舊有九曲渠流杯池・昔人觴詠其中。庵前有海棠大數圍高十餘丈幹直上二尋為數百年間物。石踞神水池上體微側詳形勝。

龍泉庵●維那庵●月窟庵●勝峯庵●流春庵●圓敎庵●白雲庵上七庵廢。

三望坡茶庵在中峯寺傍。●妙觀庵在觀心坡上。●九老洞茶庵在華嚴頂上。

洞泉庵在豬肝洞下。●儀鳳庵在四峨花山下。

洪範庵有二。一在西坡寺前一在山頂。●大悲庵●石佛庵在宋王觀壩下。

三一庵在瑜伽河下。●鳳嶺庵●立禪庵在曹溪洞右。●寶珠庵在石筍溝。

半月庵●與聖庵俱近聖積寺。●龍鳳庵即伏虎寺右靜室前蔣太史易為蘿峯庵。

飛龍庵在玉女峯下即伏虎寺左靜室。●彌陀庵●聖水坪庵●定居庵在山頂。

太湖庵僧融虛建庵前有太湖石。

金剛際靜室●蓮華社靜室在九嶺岡上。●九龍坪靜室在蓮華石上。

象鼻巖靜室●逝多園靜室●牛心鎮靜室。●培風館在捫參歷井坊後。

堂

龍神堂．在伏虎寺左。●觀音堂．在解脫坡。●西龍堂．在梅樹埡下．今廢。

喜光堂．在萬年寺．今廢。●本尊堂．在二峨山下。●三藏堂．在二峨山下．仰天窩。此處產香梨櫻桃。●學士堂．在通天塔左。●中靜堂．

觀心坡禪堂．在頂心坡後．僧空庵開建。●大慈堂．●沐浴當．

會宗堂．即問宗堂．風道人明光開建。有碑記．在伏虎寺。

海會堂．在萬年寺左。有御賜紫衣．及丁雲鵬畫歷代祖師像八十八軸．今俱毀。唯佛牙尚在．重十三斤。●淨業堂．在萬年寺右．古泉清洌．足供萬人．相傳下有龍窩。

殿

無量殿．●純陽殿．在華嚴寺上．明御史郝衡陽建。●龍神殿．在三望坡上。

白雲殿．在梅子坡上．常有白雲屯聚．俗名雲壇。

接引殿．在八十四盤下。清順治十七年．有河間府僧．年八十．至此見佛像臥荒叢中．

乃誓餓七日募修。時大雪凡露餓六日蜀趙翊皇登山見而憫之歸白督臺李公捐金五百命僧聞達重修。●雷神殿在雷洞左。

木皮殿在初歡喜亭上五里西域阿婆多開建即古化城寺。昔有昆明施紹高太原王藎台來此遇白猿獻二果啖之俱仙去。

鷟殿以山形如鸑鷟得名。一云初殿又云鑿井初殿在觀心坡上駱駝嶺下。昔漢蒲公採藥見鹿處後人因立此殿。殿下今尚有蒲氏村皆公後也。

院

慈福院在聖積寺對門。●普安院在普安橋。●華林院在青竹橋今俱廢。

龍門院在種玉溪上。●惠續尼院在黑水寺前即月峯禪師惠通禪師之妹入定處。有黑虎巡廊之異有御賜袈裟玉環今失。

塔院在學士堂右圓覺庵下。金裝通天和尚肉身在內至今生氣宛然。

樓

老寶樓。即眞境樓。●玉皇樓。在伏虎寺溪右。●家慶樓。在飛來岡大廟後。詳古迹。
大峨樓。在萬年寺前。總督蔡公重建。●白衣觀音樓。在雙飛橋上。

閣

普賢閣。在中峯寺後。●歸雲閣。在華嚴寺後。●普溪閣。在大峨石後。僧瑞光建。
聖水閣。在大峨石後。高僧化機隱此。明巡撫安慶吳用先築此居之。
淸音閣。在雙飛橋下。琉璃亭後。有一大石。名洗心臺。臺上建閣。今廢。
菩薩閣。在白水寺。今廢。有榜曰天下大峨山。●朝陽閣。在八十四盤上。
觀音閣。在金剛臺上。臥雲庵後。閣前有小覩佛臺。●楞嚴閣。在山頂。
藏經閣。在山頂光相寺。●萬聖閣。在普賢庵下。●賢首閣。在七寶臺右。

亭

涼風亭。在無量殿上。●宗漏亭。●玉液亭。俱在大峨石。●琉璃亭。在牛心石。
接王亭。在雙飛橋上。●四會亭。在萬年寺前。有接引佛銅像。

初喜亭在九嶺岡上。●大歡喜亭在觀音巖上三里。●思佛亭在桫欏坪。

橋

普庵橋（庵或作安）在聖積寺西一里。●虎溪橋在伏虎寺前。●涼風橋在無量殿上。

解脫橋在解脫坡下。●玉女橋●青竹橋俱在華嚴寺前。

虎跳橋在萬年寺左。一名七笑橋爲前賢張鳳翃安盤程啓充徐文華章寓之王宣及僧瑞堂建。●太平橋在五十三步上。

萬定橋卽古萬福橋在大峨石上。●百福橋卽響水橋在歌鳳臺側。

三望橋在中峯寺上。●雙飛橋在牛心寺下。兩山相對出牛心嶺自中亙垂如貫珠。左一水從雷洞坪繞白水寺來右一水從九老洞繞洪椿坪來至此界作二道雙虹跨淵。凡一橋受一水一水出一洞（水分黑白卽符文水。）勢如虬龍奮舞兩不相下。過橋始馴久之乃合。有石狀如牛心鎭峽口晶瑩如鏡觀察西山張能鱗改爲洗心石云。相傳左橋始軒轅游勝峯時造。右則自漢至宋不知經幾何數修理古今多以此處爲峨山第一勝景。凡黑龍潭。寶現溪水。俱從此下。始出龍門也。●仙女橋。在息心所下。窄甚。●仙迹橋。在山頂。●天仙橋。在山頂。●七天橋。在山頂天門石上。積善橋。在觀音巖。自此可達洪椿坪。一名萬度橋。有上中下三道。●高橋。在靈巖寺前。

坊

震旦第一山坊。在涼風橋下。卽今伏虎寺。●南戒名宗坊。在萬年寺前。爲天一柱坊。在山頂天仙橋左。●捫參歷井坊。在山頂銅瓦殿後。山後七十二古德名庵坊。在山頂大佛坪右。

塔

小金塔。在聖積寺。高二丈餘。永川萬華軒施。●普同塔。有二。一在伏虎寺逝多林。有澄江大師藏骨。一在四會亭。●小石塔。在玉泉池側。滲金小塔。四座。在山頂銅殿側。妙峯募造。●沈香塔。在草庵寺。肉身塔。有二。一是黑水。一是通天。●大僧塔。在紅珠山。卽開建伏虎貫之和尙塔也。

第五感應靈異

一心顯現萬法，萬法不出一心。衆生與佛同然，本無所謂靈異。唯衆生久爲業力所縛，自性功德，不得受用。忽睹佛菩薩感應境界，輒詫爲希有。由是返迷歸悟，背塵合覺，久久必能徹證自心。故知菩薩現光現燈，及諸妙相者，乃曲垂接引之大慈悲心也。故志靈異。

光燈

諸經載佛說法時，恆放白毫光，或七寶光，是無相中之相，不可思議也。峨眉峯頂，晝則放光，夜則出燈，明由普賢示現，啓人生信。不然，何以唯菩薩道場有之，他則不聞耶。故志焉。

佛光，常放於光相寺前。覩佛臺下，爲萬仞深谷，臨巖作欄杆。光起時，寺僧鳴鐘，朝山大衆聞鐘齊集，憑欄而望。放光時，每在卓午。先有兜羅緜雲，布滿巖壑，宛如玉地，名曰銀色世界。雲爲水波，爲傘蓋，爲樓臺諸狀。上得日色照之，遂現圓光，從小漸大。外暈或七重・或五重・五色絢縵。環中虛明如鏡・觀者各見自身現於鏡中・舉手動足・影亦如之。止見己身・不見傍人・以此爲異・此名攝身光。光上有金橋如虹・凴空而現・若可往來。有時雲氣散盡・出一光・如大虹霓圓・似水晶映物・名曰淸現。凡光相依雲而出。其不依雲・則謂之淸現・最難得者。又有白色無紅暈・者曰水光。如箕形者・曰辟支光。如鏡鉢形者・曰童子光。光皆一光・變態而異名・佛光。未發時・有鳥先飛過作聲曰・佛現了・佛現了・已而佛光果出。此類雀而稍大・只有二枚・鳥別無種類・飛入佛殿常就僧食・但不見有長育耳。凡朝山者・心主誠敬・則一二日內・卽遇光現。否則有候至旬日・不現而歸者。七天橋・天門石巖畔・亦時有光現・與覩佛臺前之光無異。觀李中溪游雞足山記・與此光正相類・可見佛菩薩境界皆同・聖燈乃現於夜・凡千百數・明熒騰空・冉冉來朝佛臺。就近拾之・一木葉耳。然四時皆然・其非楓林霜葉・明矣。此眞聖燈・凡夫無庸妄肆猜疑也。

佛光辯

何式恒

嘗聞佛敎圓通，掃去色空諸相。又聞佛敎廣大，時現百千萬億化身。蓋有相無相之間，久欲致辯焉，而未果所願。余癸亥初夏，偕山陰孟蘊士登峨峯，禮普賢願王。陵晨，旭日初升，羣翳盡斂，蒙首瓦屋，及塞外曬經雪嶺諸山，無不面目俱現。至午餘，兜羅雲布，忽成銀色世界。少頃，佛光從巖下漸起，紺綵奪目，不可迫視。仰首半空，突有五色祥光數道，隱現菩薩法相。余頂禮畢，益信化身之說不虛矣。夫世疑峨眉洞壑臨淵，日色反射，宜有異光。復疑山中多晶石，映日益陸離而大。此皆臆說，不可以存。余特述所見以著辯，俾後之遊峨者，知菩薩以無相爲圓通之果，而有相未始不爲廣大之因也。然則有相無相之間，殆不可思議云。

佛燈辯

余客西蜀，峨眉咫尺，而未得措足者三載。每遇遊峨者，輒津津問之。若佛燈一事，或云是古木葉也，或云是千歲積雪精瑩凝結也。余疑之而未敢遽信。今於孟夏之望七，覲佛光後，益欲諦審於佛燈矣。夫諸佛菩薩，以至道度世，不難表光相示衆生，何惜昏夜一炬，令大地光明耶。爰是暝鐘初息，沙彌來報燈現，余急趨頂上，乍見一二熒熒處，猶然諸說橫據胸中。未幾，如千朶蓮華照曜巖前，有從林出者，有從雲出者，有由遠漸近，冉冉而至者，殆不可數計，始歎耳食之不如目睹也，久矣。昔蘇長公月夜泛舟，探石鐘之勝，因作石鐘山記，有曰，事不經身歷，卽言之未必得其眞，得其眞矣，而未必盡其詳。蓋笑李渤之陋，而歎酈元之簡也。余不敏，何能紀佛燈，然親見種種如是，又何敢不以數言附於峨志之末，令後人益嗤後人也。

遊峨眉山記

清　蔡毓榮（川湖總督　三韓）

古者立國，必依山川。在禮，諸侯祭其境內名山大川。山出爲雲爲風雨則祭之所以祈福禳災，祐國庇民，非獨務遊觀覽勝概而已。蘇子瞻謂天下山水在蜀，蜀之山水在嘉，蓋指峨山而言也。余以康熙辛亥，奉命入蜀，忝爲峨山主。又讀通志，宋范成大，明陳文燭，袁子讓，曹學佺，遊記所稱佛光聖燈兜羅緜雲者，心羨慕之，而未能無疑也。九月余自蜀旋楚，道經嘉州，因念是山爲蜀之望。自兵火以來，蜀民鮮有孑遺，而嘉眉邛雅以南，獲稱安堵，斯山之靈，實式祐之，不可不修祀事，且以果右軍之緣，遂命駕往登。自伏虎，萬年，諸蘭若，歷觀心，鷲殿，化城，雷洞，諸奇險，震掉怵心駭目，見諸前賢載記及山圖詳誌，且悉不復縷述。余自萬年晨發，晡刻抵山巔，禮普賢大士畢，登覩佛臺，俯視下界，如在天上。少頃白雲嘘布，萬頃一色，望之如雪，如氈，如銀海，乃所謂兜羅緜雲者。無何，二佛現鳥如鸜鵒，依人衣袖間，鳴曰，佛現佛現。忽大雲中現五色光，或黃或赤或紫或綠或碧，輪囷蓬渤，如太極暈，如大圓鏡，光彩射人，重重攝入，大衆歡呼，歎未曾有。迨至夜分，主僧復報聖燈現矣。余疾起往視，初見一燈二燈，旋繞虛空，已復散爲百爲千，若列宿，海若繁星翳天。寺僧合十向余，謂曩間宰官居士登山，候至數日，十餘日，求一見佛光不可得。今公甫至，三相俱現，非具大福德至誠虔感，何遽爲諸佛菩薩感應攝受若此之神速也。余遜謝不敢當，自念今歲仲冬，爲家大人六袠誕期，余感荷大慈，獲覩瑞相，不勝慶幸。私心默禱，願此光明雲上，爲聖天子有道萬年，受茲百福，家大人壽考康寧，永錫純嘏。蓋余至此，始信諸佛菩薩境界不可思議。華嚴經所稱大光明山・普光明殿・藏海寶網・香雲徧滿・皆眞實語・非親至其境者・不能知也。唯是自有此山以來・登者衆矣・或旬日始見佛光・又未能悉見所謂聖燈兜羅綿雲者。余皆一朝見之・可不謂厚幸・一大奇緣也哉。是遊也同行有皖江劉濤柱・餘謨諸君子・抵山稍後・僅見聖燈綿雲・未及覩光。余以王事於役・次日即下山・不及少留・方欲以是傲諸君子。濤柱笑而言曰・佛光常住・相猶無相・若人以相見佛・佛即以相現。若人以無相見佛・佛即以無相現。凡所有相・皆是虛妄・使餘謨見猶不見・而況欲以見見乎。余喜其言通於禪・故泚筆記之・而並錄其語于後。清康熙辛亥。

佛現鳥賦

明　廖太亨 四川巡撫

杜宇化蜀・靈鷲開山。物無小而可忽・機有動而先傳。巖攢鴿鵓・眉掃蔚藍・光飛蝃蝀・華發優曇。七寶臺高・三生業重。灝養鴻濛・碧傾空洞。爰有神鳥・狀類伯勞・衣浣玄水・喙啄赤霄。紺綠豐領・羽點文苞・載飛載止・倏近倏遙。翻狨欲轉・狻猊以翹・不類瀟湘叫雨・有若洪巖戲儵。機忘剝啄・智謝繒繳。作錦衣之飛使・報虹綵於神皋。言隨意變・形幻舌饒。機不先而不後・緣如赴而如招。夫其崱屴峛崺之險・靉靆霒霓之交。霜鵬戢翼・霧豹歇嚎。茘披有魅・草宿無媌。而乃有羽可儀・其音載好。既山煇以鋻媚・亦虹流而霓繞。白馬黃金・琪林瑤草。草木忽而蔥蒨・海雲遮而繪巧。聳赤城之霞標・烜文燦於海島。使面壁兒孫・歸崇佛老。目睜乎金剛閃灼・心切乎玉象縹緲。知微知彰・倏來倏杳。清絕桐花鳳・慧超秦吉了。嗟乎・楚鳳不作・孫龍亦邈。人我墮相・聲光誰葆。盡是皮毛誤大千・可以人而不如鳥。

峨眉山志卷四終

附錄法苑珠林千佛篇述意文

蓋聞九土區分，四生殊俗。昏波易染，慧業難基。久復愛河，長流苦海。不生意樹，未啓心燈。故三明大聖，八解至人，總法界而爲智，竟虛空以作身。形無不在，量極規矩之外；智無不爲，用絕思議之表。不可以人事測，豈得以處所論。將欲啓愚夫之視聽，須示眞人之影迹。其猶谷風之隨嘯虎，慶雲之逐騰龍。感應相招，仰惟常理。自鹿樹表光，金河匿曜，故像法衆生，歸向有徵。雖千佛異迹，一智同途。大悲平等，隨性欲而利生。宏誓莊嚴，運慈舟而濟溺。衆生有感，機緣契會也。

峨眉山志卷五

第六歷代高僧附塔銘　附居士

佛法僧三寶。爲世福田。佛已滅度。法不自宏。其傳法道而度衆生。續慧命而啓後覺者。唯僧是賴耳。峨眉爲普賢菩薩道場。得具大誓願。大精進。大禪定。大智慧之高僧宏揚之。則普賢無盡之行。如來最妙之道。人人皆得修而證之矣。故志高僧。

晉千歲寶掌和尚。中印度人。周威烈王十二年丁卯降神。受質。則左掌握拳。七歲祝髮乃展。因名寶掌。魏晉間。東遊此土。入蜀禮普賢。留大慈。常不食。日誦般若等經千餘卷。有詠之者曰。勞勞玉齒寒。似迸巖泉急。有時中夜坐。階前神鬼泣。一日謂衆曰。吾有願住世千歲。今六百二十有六矣。故人以千歲稱之。旋遊五臺。復南歷衡岳。黃梅。匡廬。尋入建業。會達磨入梁。就而叩請。悟無生忍。武帝高其道。臘延供內庭。未幾如吳。述偈曰。梁城遇導師。參禪了心地。飄零二浙遊。更盡佳山水。遂徧探兩浙名山。後居浦江之寶嚴。與朗禪師友善。每通問。遣白犬馳往。朗則使青猿。故有題朗壁者云，白犬銜書至，靑猿洗鉢回。至唐高宗顯慶二年正旦，手塑一像，經九日成。謂門人慧雲，曰：此肖誰。雲曰：與和尙無異。即澡浴易衣，趺坐，謂雲曰：吾住世已一千七十一年，今將謝世。聽吾偈，曰：本來無生死，今亦示生死，吾得去住心，他生復來此。又囑曰：吾滅後六十年，有僧來取吾骨，勿拒。言訖而逝。入滅五十四年，有刺浮長老自雲門至塔所禮，曰：冀塔洞開。少選，塔戶果啓，其骨連環若黃金。浮即持往秦望山建窣堵波奉藏。以周威烈王丁卯，至唐高宗顯慶二年丁巳，實一千七十一年，其在此土，蓋歷四百餘歲云。

晉阿羅婆多，尊者，西域聖僧也。來禮峨眉，觀山水環合，頗同西域化城寺地形，遂依此而建道場。山高無瓦埴，又雨雪寒嚴，多遭凍裂，故以木皮蓋殿，因呼爲木皮殿。

晉釋慧持，遠公之弟，與遠共事道安法師。及安在襄陽，遠公東下，持亦俱行。初憩荊州上明寺，後適廬山，皆隨遠共止。持欲觀瞻峨眉，振錫岷岫，乃以晉隆安三年辭遠入蜀。遠苦留不住，歎曰：人生愛聚，汝獨樂離，如何。持亦悲曰：若滯情愛聚者，本不應出家，今既剖欲求道，正以西方爲期耳。於是兄弟抆淚憫默而別。到蜀，止龍淵精舍，四方慕德，所至成侶。刺史毛璩，耆宿惠巖，僧恭，皆望風推服。有升持堂者，號登龍門。後因譙縱之亂，殺璩及巖恭等，持避難之郫縣中寺。縱有從子道福，凶悖尤甚，將兵往郫討戮。入寺，人馬浴血，衆僧驚走。持在房前盥洗，神色無忤。道福直至持邊，持彈指灑水，澹然自若。福愧悔流汗，出寺門，謂左右曰，大人故與衆異。後境內清恬，還止龍淵，講說齋懺，老而愈篤。以晉義熙八年卒，春秋八十有六。臨終遺命，務最律儀，謂弟子曰，經言戒如平地，衆善由生，汝等行住坐臥，宜其謹哉。

附考，宋時嘉州道左大樹，因風吹折，穴中有一定僧，頭髮蓋身，爪甲圍腰一帀。有司以聞，迎至都下，令西僧總持擊金磬，再拜，乃出定。叩之曰，吾遠法師弟也。再叩，曰，吾將往陳留，遂復入定。明萬曆末，四川按察曹公學佺云，往在金陵，同年金礪爲言，近日陳留古廟，因取土修理，掘其下有三缸，蓋底皆俯。其中仰者，有定僧坐焉，爪甲繞身。羣衆喧譁不已，聊一開眸，問曰，是何時。衆答曰，萬曆某年也。曰，吾尙早。仍閉目。衆努力搖之不動，衆懼，遂覆之如初。按高僧傳載，持卒於龍淵。今山頂有老僧樹，云是持入定處，未知孰是。詳志餘。按明嘉靖間灌縣青城山樵陽子亦有前身坐蛻樹中事。孫柏潭先生有傳，載四川總志。

晉釋明果資州人，幼薙髮龍遊山。謁秦竺法護於大興善寺，一日聞護開示，如來座者，一切法空，是頓悟厥旨。回蜀就寶掌峯，卓錫中峯，始號乾明觀。彼中道士每於三月三日，效翟武升仙之法，歲以爲常。師聞知是妖孼，請讓先升。階伏獵人，箭綴絲綸，果中之一白蟒也。尋理其處，乃見冠簪白骨滿窟。羽人悔悟，即觀改爲中峯寺，迎師承事焉。

宇文周釋寶彖姓趙氏，本安漢人，後居緜州滿隆之蘇溪。年七歲至巴西郡，太守楊晀問云，聞兒人讀書，因何名爲老子。彖曰，始生頭白故也。晀密異之。冠歲出家，即受具戒，後還涪州開化道俗，又抄集醫方，療諸疾苦，或報以金帛，一無所受。彖雖道張井絡，風播岷峨。見大乘一經，未弘蜀境，爲之疏記，欲使後學有歸。忽感風疾，不言久之。命將絕，私心發誓，願諸佛護念。作是念已，忽然能語。後卒於潼川光興寺，即縣州振響寺也，時保定元年。

隋茂眞尊者，日遊呼應，夜宿棋盤，二處古迹現存。

唐昌福達道和尚，眉州人，初參晦機，回峨眉住華嚴寺。僧問，學人來問則對，不問時意旨如何，曰，謝師兄指示。曰，本來則不問，如何是今日事，曰，師兄此問大好。曰，學人不會時如何，曰，謾得卽得。曰，國有寶刀，誰人得見，曰，師兄遠來不易。曰，此刀作何形狀，曰，師兄要也道，不要也道。曰，請師道，曰，師兄難逢難遇。曰，普賢云何駕石船，曰，師是這箇亙古亙今。西禪和尚問，佛是摩耶降，未審和尚是誰家子，師曰，水上。問，如何是密室中人，師曰，非男女相。問，國內按劍者誰，師曰，昌福。曰，忽遇尊貴時如何，師曰，不貴。

唐趙州禮峨眉，於放光臺不登寶塔頂。僧問，和尚云何不到至極處，州云，三界之高，禪定可入。西方之曠，一念而至。惟有普賢，法界無邊。

唐黃檗老人禮峨眉至覩佛臺霧氣澄霽曰云何不見。僧問不見甚麼檗云不見普賢。

唐南泉老人禮峨眉觀白雲光紫曰還有這點霞氣在。僧問和尚是那一點泉云東則東北則北僧便禮拜。

唐靈龕和尚成都人參陝西青峯禪師回峨眉住靈巖寺。僧問如何是諸佛出身處曰處處非千佛春來草自青。又問碌碌地時如何曰試進一步看。僧曰不知前進處師曰步步踏著。

唐白水和尚初參夾山善會禪師回峨眉居白水。僧問如何是西來大意曰四溟無窟宅一滴潤乾坤。又問曹溪一路合譚何事曰澗松千載鶴來聚月中香桂鳳凰歸。

唐洞溪和尚初參樂普曰月樹無根枝覆蔭普曰森羅秀處事不相依淥水千波孤峯各異師有省。一日普問曰螺螄為甚麼被蛇吞去也。師曰幾度扣關拈不出持錫便行普曰善哉又憶普賢回峨眉。

唐澄照大師初參投子回蜀住白水寺。每日六時朝禮普賢大士。僧問諸佛有難向火燄裏藏身衲僧有難向甚麼處師曰水晶石上起波文大地衲僧都在裏許。又問云何是初生月曰大半人不見。

唐西禪和尚本州人。昔參曹山曰佛是摩耶降未審和尚那家子山曰石頭漂在水裏。曰三十六路阿那一路最妙山曰不出第一手。曰忽被出頭時如何山曰脊著地也不難。

唐慧覺禪師謁台州勝光和尚值光在繩牀上坐師直到身邊叉手立。光問甚麼處來師云猶待客話在便下去。光乃拈拂子下僧堂前見師提起拂子問云闍黎喚這箇做甚麼師云敢死喘氣光低頭便歸方丈。師初參羅山纔禮拜起山云甚處來師云遠離西蜀近發開元。卻近前云卽今事作麼生。山揖云喫茶去。師擬議問山云秋氣稍煖出去。師到法堂上自歎云我在西川峨眉山腳下拾得一枝蓬蒿箭擬撥亂天下今日到福建道陳老師寨裏弓折箭盡去也休休。山明日升堂師又出問豁開

戶牖當軒者誰山便喝師無對山云羽毛未備且去後還蟠龍寺住

唐正性和尚住華嚴寺前朝古殿一所重修之以旋篆結頂至今呼爲雲篆殿

羅漢和尚初參香林澄遠禪師回峨眉延福院右邊住一小洞常現禪定僧問如何是西來大意師曰井中紅燄日裏浮漚曰如何理會師曰遙指扶桑日那邊曰如何是羅漢境界師曰地連香積水門對勝峯山曰既是羅漢爲甚麼卻被人轉動師曰換卻眼睛轉卻髑髏

布水巖和尚昔參曹山曰寶劍未磨時如何曰觸用不得磨後何如曰用觸不得又問如何是西來大意曰一步踢著火光飛於此有省回峨眉白巖寺居

黃龍繼達禪師昔參晦機回峨眉住光相寺僧問如何是師作用處曰橫鋪四世界豎蓋一乾坤問道滿來時如何曰要羹與羹要飯與飯問黃龍出世金翅鳥滿空飛時如何曰我問你金翅疾得飽否僧無對

黑水和尚本縣人因禮峨眉參黃龍曰雪覆蘆花時如何曰猛烈師云不猛烈黃便

打。師有省，自爾契緣，遊黑水峯下而居。有人來禮，問和尚尊號，曰，汝看山峯，喚作甚麼。

大乘，和尚，靑神人，初參雲門，回峨眉，住龍池四面峯。僧問，如何是勝峯，曰，直聳煙嵐際。曰，向上事何如，曰，立地三尺五。曰，如何是佛法大意，曰，興義門前鼕鼕鼓。曰，學人不會，曰，朝打三千，暮打八百。

唐東汀和尚本縣人，初參曹山，後居峨眉棋盤寺。僧問，如何是卻去底人，曰，石女紡麻纑。問如何是卻來底人，曰，扇車關棙，良計斷，僧禮拜。

唐慧通禪師江陵人，洛浦元安法嗣。唐僖宗時遊峨眉，望山峯奇異，有古肇公道場，欲往履之。溪水泛漲，偶感一虎至，即騎虎跳過溪流，故名虎渡橋。厥後通聞朝廷，重興六寺，以山象火，遂改三雲二水，壓抑火星。迄今全身供黑水祖堂，出傳燈錄。師有妹尼慧續，亦從兄闡化，有烏鴉報曉，二虎巡廊之異。白水瑋禪師，新羅金藏法嗣，曹山本寂孫，與洞山道延弟兄。白水仁禪師，洞山良价法嗣。黑水和尚有二，一黃龍晦機法嗣，巖頭全豁曾孫。一潙山靈祐法嗣，與仰山兄弟。唐昭宗時人，禪燈世譜偶逸其名。黑水承璟禪師，德山緣密法嗣，雲門文偃孫。黑水義欽禪師，承璟法嗣。

宋白水如新禪師，玄沙師備法嗣，雪峯義孫，宋初住白水寺。

宋慧眞廣悟禪師，益州人，受業於峨眉洞溪山黑水寺。參方慕道，遇雲門法席，密承指喻，乃開山創院，漸成叢林。開堂日，雲門和尚躬臨證明。僧問，如何是佛法大意，師曰，日出方知天下朗，無油那點佛前燈。問，如何是雙峯境，師曰，夜聽水流庵後竹，晝看雲起面前山。問，如何是法王劍，師曰，鉛刀徒逞，不若龍泉，曰，用者如何，師曰，藏鋒猶不許，露刃更何堪。問，賓頭盧應供四天下，還得徧也無，師曰，如月入水。問，如何是用而不雜，師曰，明月堂前垂玉露，水晶殿裏撒珍珠。有行者問，某甲遇賊來時，若殺卽違佛敎，不殺又違王勅，未審師意如何，師曰，官不容鍼，私通車馬，至太平興國二年三月，戒門人曰，吾不久去世，汝可就本山頂預修墳塔，至五月二十三日功畢，師曰，後日子時行矣。及期，會雲門爽和尚，溫門舜峯長老七人夜話，侍者報三更，師索香焚之合掌而逝。

宋行明禪師長洲魯氏子。從師歷五臺峨眉禮文殊普賢二菩薩菩薩皆隨心應現。後棲祝融峯七寶臺誓投軀學薩埵太子越多劫而成聖果委身虎豹爭競食之須臾肉盡同學泰布衲收其殘骼焚之得舍利焉。

宋繼業三藏耀州王氏子薙髮於東京天壽院乾德二年奉詔入天竺求舍利及貝多葉。至開寶九年始歸聽擇名山修習登峨眉至雙飛橋見兩石鬪溪上攬得其一眉目宛然以爲寶瑞因名寶現溪見牛心衆峯環翊作庵以居已而爲寺年八十四示寂有遺錫在牛心寺。

宋茂眞居白水寺太平興國五年二月奉詔入朝太宗賜詩美之館于景德寺舒王元珍以夢兆語眞眞曰當有儲嗣果育仁宗既歸重興五山六寺後遣張仁贊齎黃金三千兩于成都鑄普賢大士像高二丈六尺至今供養。

按此茂眞非隋茂眞尊者乃另是一人。

宋白水宗月禪師谷隱靜顯法嗣黃龍慧南之孫與晦堂祖心兄弟

宋密印安民禪師嘉定州朱氏子初講楞嚴于成都爲義學所歸時圓悟居昭覺師與勝禪師爲友因造焉聞悟小參舉國師三喚侍者因緣趙州拈云如人暗中書字字雖不成文彩已彰如何是文彩已彰處師心疑之告香入室悟問座主講何經師曰楞嚴悟曰楞嚴有七處徵心八還辯見畢竟心在甚處師多呈義解悟皆不肯師復請益悟令一切處作文彩已彰會偶僧請益十玄談方舉問君心印作何顏悟厲聲曰文彩已彰師聞而有省遂求印證悟示以本色鍵鎚師則罔措一日白悟曰和尙休舉話待某說看悟諾師曰尋常拈鎚豎拂豈不是經中道一切世界諸所有相皆卽菩提妙明眞心悟笑曰汝原來在此中作活計師又曰下喝敲牀時豈不是返聞聞自性性成無上道悟曰汝豈不見經中道妙性圓明離諸名相師於言下釋然後悟爲衆小參舉古帆未挂因緣師聞未領求決悟曰汝問我師舉前話悟曰庭前柏樹子師卽洞明謂悟曰古人道如一滴投於巨壑殊不知大海投於一滴悟歎曰

柰這漢何。未幾令分座。悟有偈贈師載詩集。尋開法保寧。遷華藏。旋里。領峨眉中峯。上堂。衆賣華兮獨賣松青青。顏色不如紅。算來終不與時合。歸去來兮翠藹中。可笑古人恁麼道。大似逃峯赴壑。避溺投火。爭如隨分到尺八五分钁頭邊。討一箇半箇。雖然如是保寧半箇也不要。何故。富嫌千口少。貧恨一身多。冬至上堂。舉玉泉皓和尚云。雪雪片片不別。下到臘月。再從來年正月至十月。依前不歇。凍殺餓殺。免教胡說亂說。師曰。不是罵人。亦非讚歎。高出臨濟德山。不似雲居羅漢。且道玉泉意作麼生。良久云。但得雪消去。自然春到來。師後示寂於本山。闍維。舍利頗臢。細民穴地尺許皆得之。光明瑩潔。心舌不壞。

宋慧遠禪師。生於眉山金流鎮彭氏。年十三。投藥師院僧宗辨出家。祝髮受具。卽往成都習經論。還峨眉靈巖寺。時徽禪師住焉。徽黃龍南四世孫。知見甚高。師初入門。值徽飯罷。於庭廡間閒行。師纔見。卽放包問曰。文殊爲七佛之師。未審甚麼人爲文殊之師。徽云。金沙灘畔馬郎婦。時有起鐵拂者爲首座。師亦往親近。起常誘掖之。兩歲末有所得。一日・靜坐次・有僧獨行自語云・假四大以蓋覆・緣六塵而生心・忽遇六塵頓息・喚甚麼作心。師聞之忽有省・遽起告座・座可之。上方丈告徽・徽亦可之。明日卽告行・同志挽留・師不聽・曰・吾師以爲可・而我終未釋然也。時圓悟自雲居歸蜀・住昭覺・師造焉。每問話請益・辭旨峭硬・悟深契之。一日・悟普說・舉龐居士問馬祖・不與萬法爲侶者是甚麼人・祖云・待汝一口吸盡西江水・卽向汝道。師聞・舉・豁然大悟・仆於衆中。衆以爲中風・共掖起之・師乃曰・吾夢覺矣。至夜・悟小參・師出問曰・淨裸裸・空無一物・赤骨立・貧無一錢・戶破家殘・乞師賑濟・答云・七珍八寶一時拏。師曰・賊不入謹家之門・答云・機不離位・墮在毒海。師隨聲便喝・悟以拄杖擊禪牀云・喫得棒也未。師又喝・悟連喝兩喝・師禮拜。悟大喜・以偈贈師・有舊鐵舌轉關棙之語・衆目之爲鐵舌。師自此機鋒峻發・無所牴悟。師自發明心要・卽得遊戲大自在三昧。嘗因開鑪陞座・曰・天無門・地無壁・葫蘆棚上種冬瓜・兩手扶犁水過膝。跳金圈・吞栗棘・氈柏板對無孔笛・屈屈獨腳山魈・解雙趯。去年冬裏無炭燒・今年定是無火炙・饑時饑到眼睛黃、窮時窮到赤骨立、屈屈。且道屈箇甚麼、頗柰監寺副寺維那典座直歲等、卻與泥水匠商量、放出兩頭鴟吻、齩殺佛殿脊。奉詔住高亭山崇先寺、未幾、再命靈隱開堂。孝宗皇帝屢詔入內、賜號佛海禪師。上堂說偈曰、淳熙二年閏季秋九月旦、鬧處莫出頭、冷地著眼看、明暗不相干、彼此分一半、一種作貴人、教誰賣柴炭。向你道、不可毀、不可讚、體若虛空沒崖岸、相呼相喚歸去來、上元定是正月半。於時都下喧傳、師當以正月十五日遷化、遂達上聽。至期無疾、陞座、祝聖如常儀。上亦密遣中使伺師起居、皆見師往來如常時。送歸、奏齋罷、侍者與俗官同上方丈、但見門扃閉甚密。師素畜一黑猿、頗馴、能知人意、因衣以布裰、命之曰猿行者。至是、求師不見、因窺於窗隙中、但見猿手持一卷書、立於牀前。遂亟從後路至榻前、撥開幬子、而師已化矣。取猿手中書觀之、乃辭世頌、曰、拗折稱錘、掀翻露布、突出機先、鴉飛不度、留七日、顏色不變。壽七十四。

宋釋道宏、峨眉人、姓楊氏、受業於雲頂山。相貌枯悴、善畫山水僧佛。晚年似有所遇、遂復冠巾，改號龍巖隱者。族甚宏富，只寄迹旅店中一空榻，雖被褋之屬，亦無所有。爲人畫土神，其家必富。畫貓，則無鼠。往往言人心事，輒符合。又凡如廁，必出郭五里外，鄉人每隨而窺之，見其就溷，無復便行，但立而獨語，再四乃出，比皆異事。後竟坐化店中，年八十餘。

宋純白禪師，梓州飛烏人，姓支氏。父謙，聞法於松山道者，以死生爲戲，白衣梵行，緇俗無出其右者。自嘗云，吾根鈍，不得入圓頓，願有子續佛慧命足矣。師少聞父誨，諦聽沈思，有如夙習。一日躍過溪，忽有省，不覺失笑，遂往依峨眉山華嚴寺，落髮受具。父子相與徧歷成都講肆，通性相宗經論。去之南遊，首謁澧州太平俊禪師，俊目爲眞法子，付以十三條說法大衣，師遜卻之。後詣黃檗山禮眞覺勝禪師，親近歲餘，未始一顧，師奉事益勤。勝一日忽擡眸視之，師咄曰，這老漢把不定作麼，勝大笑，乃爲印證心地。元豐末，宗室南康郡王自黃檗邀勝詣輦下，師侍行。未幾，會大學生上書訟博士者，語連勝，有旨放歸蜀，門人星散，獨師負巾鉢以從。會成都府帥奏改昭覺爲十方禪院、問眞覺誰可住持、覺以師應。師既領院、遵南方規範、一變律居。上堂示衆、有曰、不起性海、是理事縛、不透聲輪、是語言縛、於是蜀之淨侶、靡然向風。朝散郎馮玫、奉議郎段玘、天臺山隱者宋放、唐安文士祖思昱、皆摳衣執弟子禮。元祐末、白水寺僧正闕、丞相蔡京、時帥成都、命師住、師不樂、遂並昭覺辭之、請歸舊剎、建立綱宗。久之、將示寂、頌曰、風高月冷、水遠天長、出門無影、四面八方。怡然而寂。

宋禪惠大師、名山人、屢舉不第。元符間、郡守呂由誠、以僧牒戲之、師即削髮、明日往天寧爲僧。或問、瓦屋道坊、何以木皮蓋、師曰、錦府豈從機上織、劍門寧自匣中藏、其機敏不一。有禪惠語錄行世。

宋別峯禪師、龍遊李氏子、世居峨眉。從密印禪師得法、後又事圓悟、入室深相許可。徧參溈山、福巖、疎山、皆目擊契存。至徑山、大慧獨掃一室待之。師出峽、住保寧、金山、雪竇、開堂陞座曰、世尊初成正覺、於鹿野苑中、轉四諦法輪、憍陳如比丘最初悟道、後來眞淨禪師、初出洞山、拈云、今日新豐洞裏、祇轉箇拄杖子、遂拈拄杖著左邊云、還有最初悟道者麼。若無，丈夫自有衝天志，莫向如來行處行，遂喝一喝下座。若是印上座則不然，今日向鳳凰山裏，初無工夫轉四諦法輪，亦無氣力轉拄杖子，祇教諸人行須緩步，語要低聲，何故，欲得不招無間業，莫謗如來正法輪。上堂，三世諸佛，以一句演百千萬億句，收百千萬億句，祇在一句。祖師門下，半句也無，祇恁麼，合喫多少痛棒。諸仁者，且道諸佛是，祖師是。若道佛是祖不是，祖是佛不是，取舍未忘。若道佛祖一時是，佛祖一時不是，顢頇不少。且截斷葛藤一句，作麼生道，大蟲戴紙帽，好笑又驚人。復舉僧問巖頭，浩浩塵中，如何辨主，頭云，銅砂鑼裏滿盛油。師曰，大小巖頭，打失鼻孔。或有人問保寧，浩浩塵中，如何辨主，祇對他道，天寒不及卸帽。上堂，六月初一，燒空赤日，十字街頭，雪深一尺。掃除不暇，迴避不及，凍得東村廖鬍子，半夜著靴水上立，又云，將心除妄妄難除，即妄明心道轉迂，桶底趯穿無忌諱，等閑一步一芙蕖。淳熙七年，敕住徑山靈隱，臨終預定時日，如期而逝，有塔銘見後。

宋黑水曇振禪師，大慧杲法嗣。

宋峨眉道者蜀人・不詳氏族名字・戒律甚嚴・不下山二十年。一日・有布衣青裘・昂然一偉人來・與語良久・期以明年是日・復相見於此・願少見待。明年是日・方午・道者沐浴・端坐而逝。至暮・偉人果來・問道者何在・曰・亡矣。偉人歎息良久・書數語於堂側壁間・絕高處。云落日斜・西風冷・幽人今夜來・不來・教人立盡梧桐影。字畫飛動・如翔鸞舞鳳・非世間筆也。或云呂洞賓作・出竹坡詩話。

明廣濟禪師・龍興寺僧・洪武微時與之厚。迄帝卽位・師避居牛心・屢詔不出・後竟終於此。有塔在寺・蜀獻王贈詩。

明寶曇國師・吳人・乃斷巖禪師後身。洪武初・勅往峨峯重建鐵瓦殿・並鑄普賢金像。留蜀十年・道化大行。後召還・卒天界寺。洪武寄詩二首。

明匾囤禪師・號無空・禹州陳氏子。年踰二十・忽辭父母求出家・父母曰・此兒引舌過鼻・非常人也・任其去。乃投少林寺・禮梵僧喇嘛爲師・挂搭三年。一日・從師請求法名・師曰・道本無形・何名之有。固請・師授以心經・讀至五蘊皆空・豁然大悟・曰・身尙是幻・

何處求名。一日。手編大囤於師前。師指曰。匾囤是汝名也。答曰。既爲匾囤。爲甚麼空。師曰。教外別傳方契此語。一日辭師至中條。後到峨眉絕頂結茅以居。一日見阿彌陀佛。手執大彌陀經一部。曰藏內有經。藏外全無。付授與汝。廣令傳化。禪師遂飛錫周流宇內。徧蹈九州。後到京都。居吉祥庵。前後印造大彌陀經若干藏。未幾。復還少林。嘉靖四十二年。再之峨眉山。欲以終老。行至夔州江中。曰。道曠無涯。逢人不盡登岸。端坐而逝。祥雲結項。身如金色。

明無瑕禪師。蜀資縣人。鑿華惠堂禪師法嗣。居聖燈峯。虎豹遠避。有病者。取項帽數繻丸之。令服立效。萬曆初。預定時日。說偈坐化。有塔銘。

明徧融眞圓禪師。西蜀營山人。姓錢氏。家世業儒。書史過目不忘。至壯齡三十有二。一旦天機頓發。百念灰冷。遂託峨眉之遊。宗親遮留弗止。至是會異僧於九老洞。示授曹洞宗旨。忻然剪髮。僧囑以徧遊法席。勿坐守一隅。師卽下山。直抵京師。遇通秀二師講華嚴。聽至若人欲識佛境界。當淨其心如虛空。倏然頓悟。身超虛空。不覺屋廬爲礙。私喜曰，法界玄宗，毗盧性海，無外吾之方寸矣。且道離文字，孰衍孰聽，所謂畫餠不能充飢，斯言信矣。翌日，曳杖匡山，高棲馬祖洞，同氣相求者，裹糧趨風，不可勝數。嘗戒衆云，聖道虛玄，要在躬履密踐，至於水冷天秋之際，或有少分相應。否則，畢命寒巖，於汝何益，衆領會，競進山中，乏食，採薪貿粟九江，冒暑經寒，凡歷七載，未嘗憚勞，師由是道振江南矣。復往京師，寓柏林禪院，閱藏經年。一時雷動風合，公卿犨集，識者疑爲彌勒再世。隆慶中，被誣入獄，訊次，刑具斷裂，飛擲屋上，訊者驚沮，未幾，太岳張公上章，明師無罪，獄幸解。乃延請住德勝門北大千佛寺，宮中陳李二國毋命，皇親李公，送襯帛萬疋，師儼坐室中，若未聞見，李公歎息而去，宗伯五臺陸公見訪，啓師曰，如何是文殊智，曰，不隨心外境。又問，如何是普賢行，曰，調理一切心。又問，如何是毗盧法界，曰，事事無礙。陸聞誨，如坐春風之中。壽八十三。

明，鎭滄，沙彌，未薙髮時，從峨眉慧宗禪師，荷擔甚疲，師問曰，耐煩乎，應曰，諾，行一二里，復問如前，略不少惰，乃於雙飛橋爲之祝髮，師憐其愚，令炷香跪大士前，頂水盂，誦祝聰明呪一百徧、凡歷年所、至白水寺猶如此。一日、寺災、滄遂入水觀三昧、祝曰、殿宇既空、願保庫司無恙。遂歸庫房默坐、頂水、火至自滅。

明、別傳、和尚名會宗、楚人。光澤惠禪師法嗣、壞空成之孫、無際曾孫。明神宗、賜號洪濟禪師。生平戒行精嚴、願力勇猛。始開峯頂銅瓦殿、及海會堂兩處叢林。凡齋僧造佛、鑄鐘募化戒壇僧衆衣鉢、俱以十萬八千爲期。嘗於古德林、手栽柟樹二里、共六萬九千七百七十七株。每種一樹、輒禮法華經一字。至今蓊鬱成林、號爲神樹。兵火時、曾有人欲竊取爲兵械者、林中忽有大蛇逐之。又有拾枯枝供爨者、大石壓折一足。曾於聖積寺接衆、又爲募鑄一鐘甚巨。師初禮五臺道京師、參徧融和尚、囑令持一大瓢募緣。師詣後宰門、禪定七日、感朝廷施金滿中、約斗許、送千佛寺齋僧。奉詔入內庭、賜紫、仍在後宰門供養三年。圓寂後、遣大璫送靈骨還峨、三處眘屬分請造塔。在白水之鉢盂山、有塔銘詳後。有弟子台泉、由中貴披剃、奏請重建萬年寺、載碑記。

明通天大師秦同州人。自幼棄家學道。嚴持戒律。所至募緣飯僧。滴水同享。後得法於鐵山和尚。萬曆間。憩息峨眉。宣文太后爲建護國草庵寺（即今圓覺庵）居之。壽七十六。辭世建塔。肉身現存山頂。有塔銘。

明無窮禪師蜀銅梁人。通天法嗣。從師苦行。忘身供養。後至京都。感萬曆慈聖太后。賜金建大佛寺。又於萬年寺側。建慈聖庵一所。內賜經藏袈裟幡幢及香燈田地甚多。有塔銘。詳後。

明大智和尚諱眞融。楚人。戒律精嚴。刻苦供衆。凡建立五臺伏牛峨眉盤華四常住。最後至普陀創海潮寺。今峨眉山頂淨土庵存有遺願碑。切戒子孫不得背衆營私。恃强爭競。塔在普陀。（海潮即今之法雨寺。）

明妙峯名福登。山西平陽人。姓續氏。春秋續鞠居之裔。生秉奇姿。脣掀齒露。鼻昂喉結。七歲失怙。爲里人牧羊。十二歲投近寺僧出家。僧待之虐。逃至蒲坂。行乞于市。夜宿郡東文昌閣。閣係山陰王建。請萬固寺朗公居之。一日。山陰王見之。謂朗公曰。

此子五官皆露、而神凝骨堅、他日必成大器。當收爲徒、善視之。未幾、地大震、民居盡塌。登壓其下無所傷王益奇之。乃修中條山棲巖蘭若、令登閉關專修禪觀日夜鵠立者三年。入關未久、卽有悟處、作偈呈王。王曰、此子見處已如此、若不挫之、後必發狂。遂取敝履割底、書一偈云、者片臭鞋底、封將寄與汝。並不爲別事、專打作詩嘴。封而寄之。登接得禮佛、以綫繫項、自此絕無一言矣。三年關滿、往見王、則本分事明、具大人相、王甚喜。令其往聽楞嚴、受具戒。繼又令其徧參知識。北方乾燥、及到南方、朝普陀、因受潮溼、徧身生疥。發願造滲金文殊、普賢、觀音三大士像、並銅殿、送五臺、峨眉、普陀、以永供養。回至寧波、染時證、幾死。旅宿求滴水不可得。遂以手掬浴盆水飲之而甘。次日見其甚穢、大嘔吐。忽悟曰、飲之甚甘、視之甚穢、淨穢由心、非關外物。卽通身發汗而瘉。而疥瘡仍舊。至南京大報恩寺、無極法師講華嚴懸談、憨山爲副講。登討一淨頭單、以期養病而聽經。每日于大衆過堂及放養息時、打掃廁室、甚爲清潔。憨山億此淨頭、必是高僧。遂私訪之、與登訂盟爲同參。不久、廁室不潔、憨山知登去，遂亦去尋之。登去後，回蒲州，乃於中條最深處，結茅靜修辟穀三年，大有所悟。山陰王於南山建梵宇，請登居之。又令往北京請藏經，於京師市中，得遇憨山。及經事完畢，同至蒲州。次年同往五臺，卜居於北臺下龍門之妙德庵。越三年，各寫華嚴經。憨山用泥金刺血和金，寫其金紙，皆慈聖皇太后所賜。登則刺舌血和硃寫。各以此報罔極恩。及經畢，登擬建無遮大會百二十日。事已妥，慈聖太后，遣官來山祈皇儲，遂以此功德通歸祈儲。過十月皇儲生，即泰昌也。此會已畢，登與憨山，以大名之下，不可久居，同皆下山隱遁。憨山往牢山。登往蘆芽山結庵以居，太后命人訪而得之，即爲賜建蘆芽華嚴寺，成一大道場。自此建叢林修橋粱鋪山路者，二十餘年。凡大工程，他人不能成者，一請登料理，不久即成。成則去之，不復過問。一生所與大道場十餘處，並其他工程由登之福德智慧，與其忠誠，故上自皇帝宰輔以訖士庶，無不景仰信從而樂施之。三大名山之銅殿，亦登所親製。初登奉勅送大藏經于雞足山，歸而禮峨眉，發願鑄三大士滲金像，而以銅殿供之。及至京稟復後，遂杖錫謁潞安瀋王王出萬金卽具資遂登往荆州監製殿成運至峨眉大中丞王霽宇撫蜀爲之輔助遂建聖壽永延寺欽賜藏經工成登令惟密師住持登復往荆鑄普陀銅殿此係王霽宇出資者及成運至金陵普陀僧拒不敢受蓋恐以金殿之名致海寇之搶劫耳因送之寶華山時山寺衰敗登卽奏懇勅修得以中興又鑄五臺者供顯通寺亦蒙勅修其寺將終前晉王請修山西省城大塔寺殿宇工完又修會城橋長十里工未完登以疾還山乃料理所建道場通爲十方常住各得其人向來輔助料理之眷屬悉令歸萬固不留一人於餘處至臘月十九日端坐而逝壽七十三臘四十餘時萬曆四十年將逝之前數日皇帝勅封眞正佛子之勅黃到及聞其逝又賜金建塔並令凡登所有未完之工悉令完之猗歟懿哉如登者可謂人天師表法門砥柱矣當其閉關得鞋底時若非有大根行當卽氣死豈肯以此繫之于項乎況已通宗教後爲養病故討淨頭當令人稍有見處令彼打掃佛殿尙不肯況廁室乎又況偷空打掃必致極其淨潔乎所與十餘處大道場自己眷屬一人不住其謙卑自牧無

有我相。唯知爲法爲人。了無自私之念。非乘願再來。振興法道者。能如是乎。登一生道行功業。詳具夢遊集本傳。今略舉其大概而已。

明。歸空。和尚。諱明陽。自伏牛入京。能一七不食。日飲水數升。持之至五年。衆號之曰水齋。自幼出家慈氏寺。後三十年。行腳不襪不席。曾跪行至五臺。足膝血流不知痛。爲參古松。然一指以供文殊。再禮普陀。參大智。然一指以供觀音。後禮峨眉。叩通天。然一指以供普賢。至北京時。譽者日衆。孝定皇太后聞而創寺居焉。明神宗賜額曰長椿。並賜紫衣金頂凡三。吉水鄒都憲南皋問。十指今七。那三指何在。曰。十指依然。又問。老師偏參所得何事。曰。是慈氏寺明陽。崇禎甲戌九月朔。端坐說偈而逝。鄒公贈詩二首云。實無一事金門客。時過長椿佛子堂。强似淵明心不雜。清尊特許對鑪香。●尙餘七指杖能拏。亂走胡行今到家。爲問那三何處在。依然合十更無差。

明。萬。世。尊。者。自稱峨眉山人。巴陵進士楊一鵬。初任成都府推官。登峨眉。世尊踞佛座。睨楊而笑曰。汝不記下地時。行路遠。啼哭數日夜。吾撫其頂而止耶。楊追憶兒時語，大驚，禮拜，耳語達旦。臨別囑曰，三十年後，見汝於淮上。楊後開府淮安，一日薄暮，有野僧擊鼓，稱峨眉山萬世尊寄書。發函，得絕句詩七首，大索寄書僧，已不知所往矣。已而流賊焚鳳陽明祖陵，楊坐失救，論死西市，其詩始傳於世，而後二首祕不傳。楊公子昌朝云，公臨刑，無他語，但連呼好師傅數聲。世尊名大傅，今常在峨眉，往來人間，無常處，人亦時時見之。寄楊詩云：謫向人間僅一週，而今限滿恐難留，清虛有約無相負，好覓當年范蠡舟。業風吹破進賢冠，生死關頭著脚難，六百年來今一遇，莫將大事等閒看。浪遊生死豈男兒，教外眞傳別有師，富貴神仙君兩得，尙牽羈鎖戀狂癡。難將蟒玉拒無常，勳業終歸土一方，欲問後來神妙處，碧天齊擁紫金光。頒來法旨不容違，仙律森嚴敢洩機，楚水吳山相共聚，與君共跨片霞飛。

澄江，和尚，川西內江人。童年入道，行平等慈，徧參諸方名宿，專精戒律，深探藏海，別行一路，向上提持，一時遠邇皈仰。師在內水開兩處叢林，所募書冊梵本兩藏現存。說戒富邑，感有大山鋪五王神從座領戒之異。壽八十，塔於峨眉伏虎寺逝多林。

印宗和尚緜州人。齠齔披緇，制心一處，參方事畢，止錫四峨。每跏趺時，祥雲結蓋，猛獸柔心，無不調伏。歲逢亢旱，縣令遠延蒲團，剛至甘霖充滿。一夕中有四龍王容貌殊特，衣冠甚偉，禮拜叉手，環立四向，至誠白云：我本龍王，現居巖後，欽師道德，故來頂授。師爲咐囑，信受而去。次日，摳衣後巖，見一石龕，四像儼然。天下衲子雲驟，越千三百。每於垂訓，道俗聆之，無不流涕。春秋七十有零，一日敷坐告衆云：諸上善人，吾世緣已盡，汝等各各殷勤，戒定莫習，餘業莫戀，名利須信，春深一刻值千金，臨渴掘泉枉徒勞。復厲聲云：萬緣已盡，詎可再三。召大衆念佛千聲，瞑目而逝。

清貫之和尚，諱性一，犍爲人。自少於觀音寺三濟和尚座下出家，生平竭力殫心，利人濟物，靡有倦怠。後偕其徒可聞開建伏虎寺，結構精工宏壯，歷廿餘載乃成，遂冠峨山諸剎。臨終索紙筆書偈云：年經七十六，自愧無長處，弘誓深如海，道心高似佛，生生任我行，世世人天路，萬物常圍繞，那些隨分足。擲筆端坐而逝。塔於寺右紅珠山，有塔銘。

清紫芝和尚諱性藏渝城人。年十五祝髮住白水寺三十餘載開堂說法者九有語錄行世。康熙癸丑杖錫東行。乙卯歲圓寂於揚州上方寺。書偈扇頭曰年光五十七世緣今已畢東海石頭枯大峨如鐵壁。書畢沐浴趺坐而逝。法嗣瓊目負靈骨歸峨建塔。

清繡頭和尚不知何處人亦不言其名惟髮繡成螺髻無蟣蝨爬搔人咸以繡頭和尚稱之。結茅於洪椿坪山左箐林中止一鋤钁種芋菜爲食。夜則念佛經行數十里直造峨山之頂黎明便還。不入寺院或邀飲食不赴如是十數年習以爲常繼而靜坐不再出遊。目不識丁口能說偈每食先傾飯兩堆於屋前擊竹梆數下羣蛇羣鼠各出就食食竟乃去。住山二十餘年人皆異之。凡朝山者往往造廬禮拜焉。

清舒光照禪師蘄水人避世入峨眉絕頂影不出戶者二十餘載。忽欲下山鳴鼓上堂云九旬限滿巧中藏拙晝夜殷勤拙中藏巧養馴一箇水牯牛頭角崢嶸毛不少今朝肆足印莓苔笑殺平田黃大嫂。辭世形本無形說亦無說盡大地人難摸索七十九年駐娑婆。彈指光陰如夢覺。舉步踢倒峨眉山。者邊那畔總一箇。喝一喝。擲筆而逝。

附塔銘

塔銘。乃高僧傳之校詳者。文體雖異。事實是同。故附之。

別峯禪師塔銘

宋 陸游

南山自長安秦中西南馳。爲嶓爲岷。東行紆徐起伏。歷蠻夷中。跨軼且千里。然後秀偉特起爲三峯。摩星辰。蓄雲雨。龍蟠鳳翥。是名峨眉山。通義犍爲二郡。實在其下。人鍾其氣。爲秀民傑士。出而仕者。固多以功業文章。擅古今。至於厭薄紛華。捐棄衣冠。木食澗飲。自放於塵垢聲利之外。而不幸爲人知。不能遂其隱操。亦卒至於光顯榮耀者。如別峯禪師是也。師名寶應。字恆寂。生爲龍游李氏子。世居峨眉之麓。少而奇警。日誦千言。然不喜在家。乃從德山院淸遠道人得度。成童時。已博通六經及百家之說。至是。復從華嚴起信諸名師。窮源探賾。不高出同學不止。論說雲興泉涌。衆請主講席。謝不可圓悟克勤禪師。有嗣法上首安民。號密印禪師。說法於中峯道場。乃挈一笠往從之。一日。密印舉僧問巖頭起滅不停時如何。巖頭叱曰。是誰起滅。師豁然大悟。自是室中鋒不可觸。密印恨相得之晚。會圓悟自南歸成都昭覺。乃遣師往省。因隨衆入室。圓悟舉從上諸聖。以何法接人。師舉起拳。圓悟曰。此是老僧用者。孰爲從上諸聖用者。師卽揮拳。圓悟亦舉拳相交。大笑而罷。圓悟歎異曰。是子他日必類我。師留昭覺三年。密印猶在中峯。以堂中第一座致師。師辭。密印大怒曰。我以法得人。人不我傳。尙何以說法爲。欲棄衆去。衆惶恐亟趨昭覺。羅拜致懇。圓悟亦助之請。始行道。望日隆。學者爭歸之。雖悟印二師不能揜也。久之。南遊見溈山佛性泰。福巖月庵果。疎山草堂淸。皆目擊而契。或以第一座留之。師潛遯以免。最後至徑山見大慧杲。大慧問曰。上座從何處來。師曰。西川來。大慧曰。未出劍門關。與汝三十棒了也。師曰。不合起動和尙。時徑山衆千七百。雖耆宿名衲。以得棲笠地爲幸。顧爲師獨掃一室。堂中皆驚。大慧南遷。師亦西歸焉。始住臨邛鳳凰山。舉香嗣密印。歷住廣漢崇慶武信東禪成都龍華眉山中巖復還成都住正法道既盛行士大夫亦喜從之遊築都不會庵松竹幽邃閒日名賢畢集聞師一言皆自謂意消稍或閒闊輒相語曰吾輩鄙吝萌矣其道德服人如此俄復下硤抵金陵徙京口金山金山自兵亂後雖屢葺莫能成至是始復大興潭帥張公孝祥延以大溈山師與張公雅故念未有以卻而京口之人自郡守以降力爭之卒返潭使魏惠憲王牧四明虛雪竇來請師度不可辭乃入東凡住四年樂其山林有終老之意而名益重被敕住徑山淳熙七年五月也七月至行在所壽皇召入禁中以老病足蹇賜肩輿於東華門內賜食於觀堂引對於選德殿特賜坐勞問良渥師因舉古宿云透得見聞覺知受用見聞覺知不墮見聞覺知上悅曰此誰語師曰祖師皆如此提唱亦非別人語上為微笑時秋暑方熾師再欲起上再留使畢其說乃退後十餘日又命開堂於靈隱山中十年二月上製圓覺經注遣使馳賜且命作序師老益厭住持事門人相與築庵於山北今上在東宮書別峯二大字榜之紹熙元年冬十一月忽往見住山智策告別策問

行日。師曰。水到渠成。歸取幅紙。大書曰。十二月七日夜雞鳴時。如期而化。奉蛻質返寺之法堂留七日。顏色精明。鬚髮皆長。頂溫如沃湯。是月十四日。葬於別峯之西岡。壽八十有二。臘六十有四。得法弟子梵年。宗性。道奇。智周。慧海。宗燦等。得度弟子智穆。慧宗等。百四十有七人。有慧綽者。山陰陸氏子。當以蔭得官。辭之。從師祝髮。上爲敕有司定謚曰慈辯。且名其塔曰智光。說法數十年。所至門人集爲語錄。三年三月。法孫宗愿走山陰。鏡湖。囑游銘師之塔。游與師交最久。嘗相約還蜀結茅青衣喚魚潭上。今雖老病。義不可辭。銘曰。圓悟再傳。是爲別峯。坐十道場。心法之宗。淵識雄辯。震驚一世。矯乎人中龍也。海口電目。髦期稱道。卓乎澗壑松也。叩而能應。應已能默。渾乎金鐘大鏞也。師之出世。如日在空。升於暘谷。不爲生。隱於崦嵫。其可以爲終乎。

通天大師塔銘

明　王在公　東吳

大師諱明徹。號通天。乃陝西同州潘氏子。父名申。母鄭氏。母夢日從懷中出。遂有娠。以語申。申曰。日乃照明之意。若生子定不凡也。氏曰。若生子。送之出家。後果生師。師少時穎悟，不雜言，好禮佛。家貧，師見僧必欲布施，施得一錢以爲喜。年十四，一日語母曰，慈母愛我，何不自愛。母曰，何爲自愛。師曰，曾許子出家，今正是時。子恐母成妄語耳。母頷之，父亦無難色，遂送至五臺九龍岡，禮翠峯和尚爲師，薙髮秉律，笑語不苟，識者已知其爲法器也。師以十事律身，一誓願悟道，二誓固淨戒，三誓不攀緣，四誓目不視美好，五誓滴水同餉，六誓脅不著席，七誓不慢後學，八誓不畜餘物，九誓修淨土，十誓老不改行。師之十事，終身無遺。師一日告翠峯和尚曰，阿練若處飯僧可乎。峯曰可。師曰，願充此役，卽於金閣嶺接待雲水，不憚勞瘁。入京都，跪門化糧供衆，一日見僧從鎭州來，有饑色，師問曰，鎭州時儉乎。僧曰，然。師遂以金閣嶺接待囑知事者，辭大衆，束裝復至地名王蒯，聚糧飯僧。久之，忽思苦行以集福，非慧因也。一日隻杖單瓢，偏歷諸方，參詢知識，殆十餘年。聞神仙山有鐵山和尚，特往參之。山曰，子何之。曰，行脚。山曰，何不息脚。師曰，常行常息。山肯之，遂授以衣法，囑曰，此正法眼藏，自臨濟至我，歷二十五代，授受相貲，如燈續燄，子今得之，宜韜光匿迹，保養聖胎，直得天龍推挽方可出也翌日師拜辭入終南山誅茅以居不蔽風雨食靑松三載乃往南嶽賣柴供衆禮五祖上雲南雞足山大理府有士夫眷屬參師師不介意不下單士夫怒遂白於郡目爲妖僧將置之法適中丞唐公正睡夢一老僧項帶鐵索謂公曰可釋我公覺而偵之師正被窘卽言於郡釋之留住建叢林師以因緣不在彼卽行後往小西天行至曬經關山中積雪不開寒極落一足指復往汾地髮長不翦面垢不洗和光混俗或爲乞丐於窰中或作頭陀於樹下或臥幽壑深林或坐巉巖古洞數十年間了卻大事是時懸巖撒手嘯月吟風無欲無依得法自在隆慶戊辰從滇南出蜀禮普賢大士默祝曰若與此山有緣晝示攝光夜現聖燈是日二事皆果師遂歷閱巖巒至千佛頂前卜隙地棲焉弔影孤單宴坐終日老熊作伴煙霧爲鄰萬曆癸酉就天門石下構一海會禪林以安衆師持水齋十年色力愈壯一日夜遊光相寺見聖燈飛熒者種種變幻復遊雷洞坪之巖下路難措足懸膝而下過三宿帶一法孫幼有懼意師曰此道非險汝不修行三途之路實爲懼也師臨返以

瓔瓢三衣懸之巖下爲記、半月後、石崩如雷、衣瓢復至師所、事甚異、師匿而不傳。然是後道日增新、等心利物、海內英賢、參叩不絕。有內貴王公慈舟、蒼明隱公等、同謁師、執弟子禮、披緇祝髮、皆蒙法印。二公回燕都、聞於宮禁、萬曆丁亥、賜紫衣袈裟、及龍藏一部、復遣太監本張公、持送帑金、莊嚴經閣、以鐵爲瓦、敕賜額曰護國草庵寺、爲今之圓覺庵、卽初時安衆地也。梵刹凡八、草庵寺之外、有大佛寺、慈聖庵、迴龍庵、蓮華庵、十方院、太子坪、法慧庵、師之餘蔭也。皆無窮師葺之、常聚禪侶千百餘、法道大盛。五竺梵僧、聞風踵至。辛卯歲、成都亢旱、當道以肩輿迎師、師甫及界、雷雲大作、霖雨如瀉。師曰、置我雨中、待雨充足而返耳。衆愍之、舁師回。師至山中、築壇說戒、自成戒衣五百副、隨成隨授、不憚勞苦。侍者曰、師過勞矣。師曰、世尊尚不舍穿鍼之福、我何人斯、而敢言勞耶。一生無妄語、蓋其生而性成、不假誓願而然、七十六年如一日。法臘六十二、於萬曆辛丑年十一月初二日、示微疾、呼法衆悉集、謂曰、我有十事律己、終身無改、當此末法、汝等依行二三、卽吾徒也。說偈云、七十六年幻化身、東西南北苦勞生，今朝惹得虛空笑，大地原來不是塵，擲筆而逝。弟子以龕貯之，聞於內，特遣中貴雲骨公齎金五百兩，修建骨塔。三年後啓龕視之，師容如常，外加以漆不掩，龕塔於圓覺庵左，匾曰證涅槃門，時常放光云。銘曰，

深山大澤，實產龍蛇。當其未奮，如井底蛙。師之生也，天植其性。師之來也，大法日盛。慧刃當權，愚癡絕命。匿迹韜光，弗求弗競。時節既至，盛德已彰。聲動慈宮，恩寵異常。帑金不惜，莊嚴特勝。接物利生，人天恭敬。世緣既謝，素志已償。幻泡一擲，如棄敝囊。嗟嗟末世，尙有典型。師其寂矣，孰不懷欽。我聞法身，無來無去。遺蛻禪龕，千秋永貢。

別傳禪師塔銘

明　陳以勤　大學士

余幼聞別傳禪師，聲迹訇然，爲蜀人士所歸仰。今年秋，遊大峨，自白水登絕頂，覩樓殿像設，崇雄絢爛，多師所經營。歸而問道左，宿草之塋，師舍利藏焉，爲停輿瞻歎久之。已而僧維峨維靜，持軸請曰，此禪師功行之略，幸憐而賜之一言，以詔法胤。余既早慕師，師滅度且三載，石塔之文闕如，有待，而余遊適與會，似與師有少緣因，不辭

而銘之。禪師諱慧宗，字別傳，姓汪氏，湖廣德安府雲夢縣人，祖贊，父崇義，世嗜善不倦。師生而至性凝脩，不墮世相，見者識爲龍象器。七歲，投白鶴寺僧通徹剃度。正德戊寅入蜀，綦江縣海印石門永壽寺，從師宗實具戒。嘉靖甲午遊峨眉，覩普賢瑞像圓明殊勝，因敬生悟。更從僧宗寶，學究竟法印，契西來密旨。蓋師所參叩，而宗寶爲之印正云。峨頂舊止鐵瓦殿一，歲久浸圮，登遊回向之徒，無所棲止。師惻然曰，此震旦第一奇勝，覺場忍令隕墜乎。丁酉八月，初於大士像前發信願，毅荷擔法門爲任。乙巳歲，於雙飛橋飯僧，結十方淨緣。自是減衣鳩食，銖積寸纍，以圖輿葺。會刑部徐君讞至，檄師募化遠邇，乃克集事。遂飾新舊宇，創建新殿，瓦以銅者一，前爲板殿七，後爲板屋五，環以廊廡，鑄普賢銅像一，銅佛六十五，咸奉峨頂。又於白水建伽藍殿一，鑄銅佛大像三，費數千金。先後鑄銅鐘三，一置白水永壽，一置老寶樓，樓鐘最巨，重以斤計，二萬五千。丙寅鑱闢雙飛橋路，闊一丈，長二里許。隆慶丁卯，植松柏杉栮十萬八千株，蔭覆巖岫。蓋師安住峨眉者，且四十年，諸所崇飾洞天名藍之勝，願力慧利、不可思議矣。已巳、始出山、遊京師、法譽彌振、內給賜金萬歲牌一座、洎旛幢法物、華嚴經二十四部。萬曆甲戌渡海禮觀音大士雲氣中涌出金蓮、白衣冉冉示現同航者五十人、獨師及成都僧翠峯見之。師鐫三石像巖端以報慈貺。曾於松江建大法會。戊寅、遊五臺、駐錫老焉。後雖至京師、仍入五臺。己卯、十二月五日、無疾示化。朝廷遣內璫張暹、劉龔監視荼毗。弟子鎮滄負骨還峨、以辛巳夏瘞今塋在四會亭下。世壽八十一、僧夏七十五。云師平居獨持戒律、不喜作頌讚歌曲。嘗曰吾宗本無言說、三藏法寶尚係糟粕、更饒舌何益。告寂三日前、忽云吾將西歸、澡後更衣、結跏澄息、誦佛號不輟。至期陞座、召諸弟子曰、吾素不留文字、今不能無言。因唱偈曰、生本無所生、死亦何所有、這具臭皮囊、今朝成腐朽。師目瞑、諸弟子嗚鐘而泣。鐘止目開、續唱曰、一聲吼破太虛空、爍爍禪光橫大有、恬然而逝。嗚乎當此剎那頃前後際斷、妙機瞥發、不覓津航、直登覺岸。其視三界空華、如煙消冰釋、了無罣礙、豈膠著敎相者、可同年語耶。或疑叢林古德、蒲團枯坐、墮體剳心、棒喝縱橫、吻乾舌敝、尚隔眞乘、渺無階漸。師於此等、若不措意、建捌莊嚴、如救頭然、何其大事了脫、自在乃爾。余意師體內融、證入親切、懸解密詣、誰得而窺之。又或夙根種智、早得玄珠、特乘願輪而來、了菩提未盡緣耳。且夫大乘法門、理事不二、卽境融心、則大地山河、通達無礙、以心涉渡。觀空息想、亦屬塵勞。則願心內弘、莊嚴外度。以無爲之正覺、顯妙有之機用、豈可猥云有漏之因少之。今世衲子、持鉢東西、豎拂闓道、人增疑慢。師所至王公大人、下及四衆、洗心傾嚮、投施山積。無量淨業、隻手支撐、塵沙之役、咄嗟立辦。斯其福慧機神、感通人天、誠有不可以意想測者。師之種樹峨山也、內江趙文肅公、贈之氈毱衣。其航南海、觀音大士、示現雲間、陸宗伯爲作偈言。二公近世名卿、精諳內典者、契許若此、可以觀師矣。鎭滄師上首、能歸骨數千里外。峨、靜、又滄高弟、拳拳於譔德耀後、咸可謂錚錚者已。銘曰、

巍巍勝峯山、東且名第一。慧日現光明、普照大千界。師來瞻禮初、頓生敬信心。

誓告大士前、願廣人天福。鑄作黃金相、百寶騰祥光。鎔範一鼓銅、洪鐘懸萬石。

崇新大道場，丹臒一何須，儼如兜率天，劉巖成砥道。萬樹栴檀蔭，疑師乘願輪，來畢淨土緣。弘此大方便，妙力無邊際。所以彈指頃，莊嚴具足備，我聞眞圓體，一切空萬幻。空有亦皆捐，況乃世間相。問師何以然，法無有二故，假相以明空。心境了無礙，有爲則有漏，無著卽上果。師傳佛心印，不涉有情見，行遊與坐臥，無非眞實諦。居不閱竺典，頌讚未嘗作。不出廣長舌，棒喝呈伎倆，或疑所修爲，行高而解少。問師何以然，言語道斷故。達磨自西來，直指心體妙。一法無亦無，何用三藏教。師秉正法幢，峨峯顯慈迹。緣訖五臺山，先期自知化。雙趺坐說偈，文字豈不諳。不落蹄筌故。忍發師子吼，去住本無心。瞥爾法自露，靈骨歸名區，舍利晶光浮。我讚師功德，鐫之無縫塔。峨月有缺圓，峨雪萬古在。師名皎如雪，法同圓月輪。性則超太虛，不起亦不滅。　萬曆十年壬午十一月望日

無瑕禪師塔銘

明　邊維垣

無瑕禪師，名廣玉，資縣人，生而沈靜古朴。年三十餘，遇異人，遂別家，至大足縣寶頂

寺，祝髮受戒。戒師問曰，僧在甚處來。玉曰，師在甚處。問師曰，慧燈高照，起看。玉曰，威音飛進鐵圍城，洞遊踢破無生地。師笑曰，原是大手。玉去遊峨眉山，九老洞中見白老師，師曰，誰也。毛頭將禪杖過來我打。玉曰，雖在亦非在，眞人超天外，這杖打空中，枉自辱四大。師曰，如是如是。玉又至鐢華山，依慧堂禪師，大悟宗旨。一日與大衆登絕頂，望見天彭九峯之勝，自負熟麫三斤，徑詣九峯棲息，聖燈巖洞中，趺坐四旬，採南星苗食之。夜常有一老熊，驚跳巖前，玉方攝念，熊不敢近。頃之，一虎至，咆哮躑躅，玉定寂如故。虎移時遁去。由是名振四遠，沙門從方外來者，咸頂禮師事。檀越爲之刱寺，名曰雷音。數百里內向風虔拜，不問老幼賢愚，有病者手爲捫摩，或取頂帽，傚糯丸之，令服，無不立效焉。萬曆癸未十二月朔，自言十二日當化去。其徒泣留之，弗果。至甲申二月望日，又曰，三月初一是吾涅槃期矣。遠近聞者，登山爭覩，且與其徒苦留之。乃以初七日之晨，沐浴剃髮，趺坐道偈云，反身登臺化樂天，隻手單拳不用船，百萬人天獅子吼，空中還有不二禪。及昧爽，卽雷電風雨大作，山谷震動若崩，端坐而化。至今容體儼然若生，髮亦漸長，如未剃時，四方來觀者，無不驚異云。青霞外史邊維垣曰：余聞之先師云：朝聞道，夕死可矣。夫死生亦大矣，而以繫於旦夕之間，故冥然而生，匪生也，全歸而死，匪死也。士號稱仲尼之徒者，類能力排佛老，而昧三戒之旨，叛五常之懿，寄蝸牛於蘧廬，滅蟭螟於蚊睫者，何限。以今觀於玉公，其視生死旦暮若過客之在逆旅，行止去留，一任其便，蓋飄飄然太虛之風雲也，是誠得道也與哉。

無窮大師塔銘

明　王在公　東吳

古語云：吾有大患，爲吾有身，是六十二見之根蒂，八萬四千塵勞之窟宅，世間無有一人不受其沈錮者。智者觀之，如同幻泡。無礙菩薩曰：見身實相者，不起見身及見滅身，身與滅身，無二無分別，於其中不驚不懼者，是爲入不二法門。嗟嗟，白衣無論，既號爲釋子，乃不知實相，不識因果，往往著此不淨之軀，破戒造業，無所不至，況求其能行道乎。末世中忘身爲法者，得一人焉，無窮師是也。師爲重慶銅梁縣田氏子，諱眞法，無窮其號也。於萬曆癸酉，忽悟人世無常，頓棄妻子，徑至大峨山，禮通天和尙，祝髮受具。繼禮五臺，然三指回山，日倍增精進，絕人我，忘形骸，或汲水以代勞，或肩糧以供衆。後爲侍者，持巾瓶數年。一日長跪於和尙前，請開示。和尙曰，若問修行事，也奇特，也平常，制心一處，無事不辦。師點頭禮謝，卽向齋廚作務，運柴執爨，不憚勞苦，衆食畢，乃食，僅糠粃而已。一日，損一盌，遂不辭而下山，至嘉州沿門募化，得盌三千而還。早晚佛前發弘誓，身心俱竦，觀者斂容。乃然身燈四十八炷，用表四十八願。法華經中藥王焚身燒臂，智者大師誦至是眞精進，是名眞法供養如來，卽獲旋陀羅尼，見靈山一會，儼然未散。復往九老洞，住年餘，除持鉢外，趺坐不發一語，心若死灰，形如槁木，恬然不以爲意。又詣荆南栖一禪寺，每日持華嚴三品以爲常課。師不善書，發心出血，請僧書華嚴經一部，以報四恩。書畢，曰，未也，又出血復書一部，見者無不囁指。有廣元王，捐金造滲金大士三尊，奉師供養。師復於楚蜀二地，募造大悲千手觀音像一尊，法身高三丈餘，載至峨眉，値李令公以像嵬峨，乃卜東關隙地，置像作鎮焉。萬曆辛卯・同孫性寬・至北都・奏請慈宮出帑金若干兩・敕建大佛寺・及大悲正殿・前三門・進五層巨棟・雕梁・爲宇內壯觀。後建藏經閣・以貯大藏・及水陸聖像一堂・規模嚴飾。又於萬年寺側・創建慈聖庵一所・樓高五級・接待雲水・以作光相寺之化城也・前後欽賜五大典一十二部・百吉幡二幢・聖母親持華嚴經一部・法華經一部・皆宮錦裝成・非人間所有。有梵僧持金書貝葉經一函・非中華物也。後聖母復齎金若干兩・置莊田百畝・以充兩常住飯僧費・皆重師故・復賜師紫衣。師於癸卯年・進北都謝恩・住京師之延壽寺・示寂焉。世壽六十七歲・法臘五十一。時朝廷差內使姜公蘇公・發送靈骨回山・瘞於鉢盂山之麓。今法子森然・二剎規繩・秋毫無改・皆師忘身爲法・制心一處之明效也。銘曰・

大道玄同・孰知其然。一相無相・乃法之源。處世百年・猶若閃電・止因顛倒・妄著身見。

師念最重・無過度生。何以表願・然此肉燈。肌膚焦灼・觀者爲恫。師顏不動・如燒虛空。

四恩未報・日夜籌量。惟憑法力・庶可酬償。兩書華嚴・刺血爲墨。六相十玄・總在一畫。

圓融行布・剖破疑團。重重法界・現一毫端。有爲無爲・原無分別。入此法門・紅鑪鍛雪。
造像建刹・寵賁煌煌。承前啓後・法道以昌。報緣既盡・怡然示寂。遺範若斯・山川增色。
明萬曆四十七年己未冬日

貫之和尙塔銘

清　宋肆樟

從上古德・載傳燈者多人・列散聖者亦不乏。蓋其辦一片實心實行・自然上契諸佛鼻孔・固不在源流拂子討活計也。峨山爲大行菩薩道場・非實行不能住・即勉住・亦不能著行迹・彰聲施。惟以行承行・契菩薩心・其人始傳。通天大德・而後再見貫之和尙焉。師之法嗣曰可聞・得法於昭覺丈老人・受付囑・以師行由囑予爲塔銘。余雖未獲覩師道貌・而耳食其名已久。重以可聞禪師命・烏敢辭。謹按師生於上川南犍爲邑。父姓王・諱清・母某氏。師甫離襁褓・穎慧過人。年十二・遭父喪・雖日讀儒書・而厭塵勞爲苦海・每聽僧說法・怡然自得・出所有以供養之。三次白母・願出家修大乘法・報雙親恩・母聽之。遂送嘉州金碧庵禮三濟和尙剃染・名以性一字・以貫之。自後窮研內典、遇十方雲水之衲、殷勤恭敬、虛心請益、聞一妙諦、如獲至寶、其勇猛精進如此。年三十、値三濟師圓寂、師於辛巳歲就夙明法師、受沙彌戒。甲申蜀亂、隱於銅河獅子山、結茅以居、接待禪客、堅修淨業。師逆知大兵之後必有凶年、躬率屬衆墾耕積食。逮丙戌丁亥、果荐饑饉、斗米値金三十、市竟乏糴、轉溝壑者無限。師盡出所貯飯諸方大衆、全活甚夥、毫無德色、其先見而能博濟如此。戊子歲、詣嘉城、請澄江和尙授具戒。庚寅歲、因峨山諸剎兵燹之餘、香火荒涼、虎狼窟穴、行人絕迹、食窘僧饑、師以爲憂、竭囊糴米、運供峨山之僧、僧咸德之。因而四峨山印宗瞿如二禪師、謀於通山耆宿、以伏虎名勝久廢、請師開建。師謙讓未遑、敦懇乃諾。辛卯之春、命衆誅茅甫至橋邊、白額遂傷一人。師乃親率僧俗以往、闢草萊、覓舊址、殿基傍有臥虎、驚出搖尾而去、不敢爲害、其道德足感異類如此。自是結茅山麓、爲虎溪精舍、殫心盡力、接待諸方歷十餘載。凡登峨宰官、莫不高其願力、勸修伏虎叢林。始興工結構、歷廿餘載乃就、創建前後左右殿堂樓閣、共百十餘間、巍然煥然、爲峨眉第一大觀。俾朝山遊旅、賓至如歸矣。蓋師之踐履純熟、用心堅固、以利人爲志、以濟物爲懷、不惜身命、成此因緣、故不須說法、而無處非法、不必安禪、而無時不禪也。康熙辛酉三月廿八日、示微恙、四月初三日子刻、命諸職事、及大衆課誦畢、請入方丈序列、索紙筆書偈云、年經七十六、自愧無長處、弘誓深如海、道心高似佛、生生任我行、世世人天路、萬物常圍繞、那些隨分足。令衆齊念大悲名號百餘聲、擲筆端坐而逝。法屬舁至影堂、供養旬日、顏色如生、異香滿室。荼毗之日、白氣沖霄。塔靈骨於寺右五里許、名紅珠山、與大峨同不朽云。銘曰、

乘悲願來、原爲斯人。七十六載、勞形苦身。濟人利物、廣結淨因。不打口鼓、念念發眞。心奉塵刹、以報佛恩。果然伏虎、搖尾呻吟。說偈坐逝、無減無增。紅珠山下、白毫日新。

可聞禪師塔銘

清　王廷詔　翰林編修

登峯者必造其極、則不致仰嵐以行。探幽者必窮其奇、而未始不窮其奧。大道有所從入、高遠有所自始、其理一也。峨眉爲普賢道場、銀色世界、淸標震旦、鷲首井絡、爲

南戒宗天下之仰慕名山者莫不摩頂踵息妄緣閒關峻嶺之一登覽其勝而不可即至何幸於疊嶂層巒之下拾級升階緲杳空冥之中得蒙指示伏虎禪林實始於晉歷代住錫其中者非具大智慧因不能導引羣迷解塵網而開覺路也虎溪靜衲代有名者今之紹衍宗乘指南衲子者惟可聞大師其人焉師金陵太平當塗趙氏子父欽母王氏世篤清修屢兆祥符將誕之夕母夢白蓮華放以語欽欽曰蓮華淨潔不被汙淤泥若生子定不凡果生師賀者聽啼而知爲英物髫齡夭姿穎異善根夙具一日白椿萱出家頷之辛巳歲送靑山禮慶齋祝髮披緇癸未秋因護送普賢大士香像峨山供奉齋衆禮畢甲申春慶師甫事言旋值世運滄桑兵火流離惟有遙望靑山而歎道阻耳寓嘉陽金壁庵未幾而慶師圓寂塔師禮備見是庵近市朱紫混淆難久居住因知貫之和尚住洪椿閱三載涵養純粹願輪深廣通山耆舊以大淸定鼎全川蕩平伏虎爲登峯首剎久委榛莽請大師開建接待遐邇緇素但柰規模弘敞幅員遼闊籌量至再欲得擔荷煩劇相與有成而難其人師竊有志願殫

心力因禮爲師更名海源號可聞毅然預勞董監院事尋當年基址漸次開闢朝昏竭蹶鳩工庀材繼以規矩準繩辛卯歲結茅屋蔽風雨庚子夏修建紺殿瓊樓璀璨煇煌塑大佛三尊諸菩薩金像皆莊嚴妙好禪堂齋所僧寮雲水廚庫倉浴橋亭三門局次有序積年告成又於路旁竪立茶房待行人饑餐渴飲五十年來而工始竣悉賴本省文武護法宰官捐金布施檀那善人共襄盛舉誠峨山叢林之大觀師苦心擔荷之勳德也徒寂玩勤修密行見購棟梁之艱難發願寺之前後左右廣栽杉栩柏樹準法華經一字一株待將來興作之需倏爾樹林陰翳禽鳥和鳴勁節萬竿鳳集飲露矣第獨是山志未修缺然於懷壬子秋幸逢華陽虎臣蔣太史解組來峨隱寺之蘿峯庵與師同梓里有乳水之合因得其旁搜博採纂輯成編付之剞劂播傳海內師夙志遂矣辛酉歲貫和尚西逝師從遺命繼至省參昭覺丈雪和尚昭問何處來師云峨眉昭云來時龍門洞水滿也未師云湛湛地昭云是汝湛湛地龍門湛湛地師以坐具摵一摵云老老大大作這箇語話昭留累月徵詰多番乃書偈付

囑曰、萬歲池深係岸固、從來不許人輕掬、俄分一滴與願王、徧界爲霖洒甘露。弘臨濟正脈、慧日法流、隨機設敎。禪衲踵至、客過留贈。師洗厚謹愼、達官長者、縉紳文學、特加禮重、遠近不殊焉。嗣於甲子歲、走門人與峨赴江浙募藏經、承命向往、言行眞實、人無閒言、故立談之頃、莫不歡喜成就。數月之間、印刷梵本大藏五千餘卷、並方册全藏二部、載歸。語云、佛化有緣人、信不虛也。續賴大參憲傅、大參戎佟、捐豎崇樓、以貯經櫝。壬申接俗籍來書、情詞敦切、念及自孩至長、雙親撫育、無窮不能忘情於懷、南旋故園、祭奠考妣先塋、焚香百拜、薦冥福幽、用報罔極之恩。從而禮補怛、歷名勝、大暢宗旨、仍返虎溪。走門弟子明宗赴吳越、八載苦行、募裝彌勒大佛、阿彌陀佛、大悲菩薩、護法關聖、繪水陸諸聖像、全堂皆備、極莊嚴。由舟迎歸、水不揚波、安穩到寺、非大願力、焉能如意若斯耶。寺有紙錢街、高家堰、乾壩、鴨子池四處齋僧田畝、得供饔飧。列列護法、給示鐲差在案、永護常住於不朽矣。蓉城北關有古刹、名曰金繩、創自五代、獻逆焚劫、僅存瓦礫。大中丞于公肇建招提、爲選佛之場、修書遣使請師卓錫開法、辭未應命、再使敦請、情不容已、飛錫進院。氣象一新、風幡重展、德教愚蒙、齒頰皆香。禪衲追隨、杖履仰承、益智增慧者、摩肩接踵。兩更寒暑、靜念頓生、倦省會繁華擾擾、何異塵勞、翻然退院、歸老虎溪、寸絲粒粟、悉歸常住。付囑法孫靈樞、承接住持、耳提面命、當自磋磨、方可報上憲護持佛教德意、尤足見善於繼志述事。遂扶杖辭歸、意願窮巖遁迹、長謝故人。露頂趺坐、曠志怡懷、然尚未得從心所欲。庚辰中元、修盂蘭會。初七日、命懸水陸聖像、午後示微恙。次日初八日、生寄死歸、時節已至、集衆雁堂、與峨、正安等、侍側、叮囑身後常住諸事畢、盥洗、搭衣、書偈、端坐示寂。偈曰、七十年來、波波挈挈、推倒普賢、喚惺彌勒。正恁麼時、天空海闊。舁供影堂、色笑猶生、緇素奔赴者、日有千衆、羅列座前、焚檀頂禮、慟哭塡咽。建窣堵於雙峯之陽。師生於崇禎辛未、世壽七十、法臘六十。今已三週、法嗣與峨、照裕、以塔銘未修、師德無聞、請銘於余。余與大師夙契有年、知其一生爲人、光明洞達、弘慈濟世。誼不敢辭、因援筆而爲之銘。銘曰、金陵閒氣。篤生奇英。來禮願王。不遠道程。貫翁高足。頡頏經綸。開建伏虎。擔荷營營。五十年來。歸然告成。紺殿陵空。日月倒影。一見昭覺。水滿龍門。以是夙緣。雲集千人。苦心開法。妙舌婆心。直指人性。臨濟上乘。道德彰聞。傾動中丞。金繩酬對。爲世典型。退休逸老。去來分明。唱還鄉曲。彌勒惺惺。解脫眞脫。破人疑情。蘆花江上。月皎風淸。雙峯之陽。窣堵堅精。舍利斯藏。萬祀垂馨。

附伏虎寺開學業禪堂緣起

明 釋海明 破山

此文於敎育後進。振興叢林。大有關係。故附於高僧之後。俾住持叢林敎育後進者。知所本焉。

蓋聞佛法無主。要假人弘。得人則興。失人卽廢。所以達人不可無。是人也。非生而知之者。吾敎建叢林。立規矩。意在養育賢才。陶鑄後學。繼往開來。如日月光明乎天下。柰何海內叢林。悉忘此意。予不得不犯天下所忌。敢以古今興廢。試一論之。上古叢林聚衆。朝夕激揚。使悟本心。冀各爲一方眼目。輾轉傳化。續佛慧燈。以故古時穎脫者、不知其數。此佛法得人所以興也。邇來叢林雖在、古法盡亡、招賢弘教、杳絕無聞。自愚愚人、輾轉蒙昧。致使初學有志者、無處棲泊、蹉跎白首、不知佛義。此佛法失人所以廢也。不思叢林者、何所取義。如來無量劫中、修行難得無上菩提、演布三藏、欲後人講誦參討、自見本心。古人知此、所以建禪堂以安學者、使用力於此、代出高人、如林內具諸棟梁材、故曰叢林。豈如今日驅賢養愚、忘本務末、以了叢林之事。此非木之叢、寶草之叢也。況諸施中、法施爲最。如來爲法降生、爲佛子者、不知本末先後、謂之倒置、致佛日不明者、誰之咎歟。故知達人必出叢林、興廢關乎主者。唯主人權柄在手、指呼是從。蒞是位不行是道、佛祖寧不皺眉耶。明自參學以來、經歷多載、見今思古、每自傷歎、何今古相反若是耶。古亦人也、今亦人也、古人何增、今人何減、特因昧本忘恩、不思不行而已矣。若海內叢林、一一皆能體佛心而行佛事、則天下咸成佛國、何今古之閒然。況今教禪律流、各執一邊、互相矛盾、鮮窺大全、詎知無上妙道、出於口爲教、契於心爲禪、軌乎身爲律、三法本一人所行。今乃分疆自畫、去佛法遠矣。明不揣薄劣，憂佛道之不行，慮人心之忘古。值峨眉伏虎貫之禪師，建一學業叢林，集有志緇流，究性相之深詮，窮離文之妙旨。破目前之堅礙，消歷劫之固執。融五教十玄於毛孔中，會六相五宗於揚眉處。通變自在，迴異常情，達磨不向東來，釋迦未曾出世。以斯先覺，復教後覺，內外典籍，貴以貫融。罷參者休心無事，初進者勵志向前。不計歲月，以徹為期。圓性達人，必從此出。心包法界，體合眞空。卽一切非一切，雖度生而無生可度。佛卽我，我卽佛，雖成佛而無佛可成。佛法之興，安有涯量。故欲佛法興，莫先於得人。得人莫先於整叢林，以敎後學。捨此而欲佛法興者，吾莫知也。由是觀之，無賢主則不出達人，無達人則不興佛法。反覆推尋，主人爲最。此位任大，毋自抑小，宜去高去慢，虛心待物。視此身爲天下學人之父母，視天下學人皆我一家之子弟。內則爲之聚糧辦衣，供油以資歲月朝夕之需；外則爲之請出世名宿，以作模範。熏之陶之，日益日損，方不失爲主人之實。明耳之快然，研墨運楮，以助其喜。昔世尊以佛法付囑國王大臣，誠有見於末法之弊。非主持世道者，不能弘揚吾教。願今舉世宰官達士，世道既平，亦宜傍興佛法。蓋三寶乃世間福田，下得一種，收得一斛。諺云，山中無老衲，朝中無宰相。安知滿朝文武，非昔修行苦行僧耶。惟冀不忘前因，各出手眼，共報佛恩，使天下叢林，俱興佛法。賢者進而愚者化，佛教則煥然一新，王道亦不教而善。此二教兼化並行而不相悖之大義也。願與同志共勖之。

附錄馮楫，范文光，蔣超，三居士傳略。

宋馮楫，遂寧人，號不動居士。由太學登第，初訪道禪林。晚年專崇淨業，作西方禮大彌陀懺儀。歸鄉郡作淨土會，感香鑪中白光亘天，舍利隱現。靖康兵燹，名山藏經多燬，楫積俸貲造大藏經四十八藏，小藏四大藏。後以給事中出帥瀘南，率道俗作繫念會。及刺史邛州，預知死日，於廳事設高座，著僧衣登座，謝官吏，橫拄杖於膝上，說偈而逝。按華嚴寺，馮守誦華嚴經，感玉女饋餐，即此也。

明范文光，字仲闇，內江人。以孝廉官郎中，詩文名世。初棲心禪學，晚年棄官歸，值明末蜀寇亂，避於峨眉山中，約蓮社，修淨土業。

清蔣超。字虎臣。金壇人。始生時。其祖母夢峨眉老僧託生。及長。亦自言夢身是僧。常寓於山谿濯足。早年成進士。入翰林。後督學北直。事竣。假歸。卽泖峽遊峨眉。食長蔬。寓伏虎寺經年。輯峨眉志甫脫稿。以疾至成都就醫藥。一日索紙筆。寫詩八句。趺坐念佛而逝。詩曰。翛然猿鶴自相親。老衲無端墮孽塵。妄向鑊湯來避熱。那從大海去翻身。功名傀儡場中物。妻子骷髏隊裏人。只有君親無報答。生生常自祝能仁。

此三居士。歸依三寶。淸淨自居。身雖在家。心不染塵。徹悟禪宗。篤修淨業。現宰官身。行菩薩道。是火裏之靑蓮。爲佛門之外護。故附於高僧之後。以其志同道合也。

峨眉山志卷五終

峨眉山志卷六

第七王臣外護

初歷朝勅賜　二護法名文

昔世尊以建立正法。護持三寶。付囑國王大臣。誠以三寶雖爲人天眼目。度世津梁。倘無有力大人。發心維護。則魔外必加摧殘。而衆生失其怙恃矣。故歷朝來。佛法之隆替。與夫世運之升沈。大可於護法一門卜之。故志外護。

初歷朝勅賜

唐僖宗勅建黑水寺。賜額永明華藏。又賜住持慧通禪師藕絲無縫袈裟一領。以黃金白玉爲鉤環。及諸供器。今失。

宋太祖。眞宗。仁宗。勅賜萬年寺。（亦名白水寺。）御書百餘軸。七寶冠。金珠瓔珞。袈裟。金銀瓶鉢。奩。鑪。匙。箸。果壘。銅鐘。鼓鑼。磬。蠟茶。塔。芝草之類。又有仁宗御賜紅羅紫繡袈裟。寶環。上有御書發願文曰。佛法長興。法輪常轉。國泰民安。風調雨順。干戈永息。人民安樂。子孫昌熾。一切衆生。同登彼岸。又仁宗嘉祐七年。御札頒賜經藏。經紙俱碧硾紙。

銷銀書卷首悉有銷金圖畫各圖一卷之事經縑織輪相鈴杵器物及天下太平皇帝萬歲等字於花葉中又有徽宗崇寧中所賜錢旛及織成紅幢後三經回祿無存

明英宗勅賜峨眉山靈巖寺藏經勅書皇帝聖旨朕體天地保民之心恭承皇曾祖考之志刊印大藏經典頒賜天下用廣流傳茲以一藏安置大峨眉山靈巖禪寺永充供養聽所在僧衆看誦讚揚上爲國家祝釐下與僧民祈福務須敬奉守護故諭

天順四年五月初四日

明神宗勅賜海會堂金繡千佛袈裟紫衣及丁雲鵬所畫八十八祖像今失惟佛牙一具與頒賜藏經勅書尙存

明神宗勅賜圓通庵慈寧宮皇太后手書佛號繡金長旛一對及烏思藏金銀書番經三本今俱失惟九層沈香塔尙存

明神宗勅賜峨眉山白水寺藏經勅書勅諭峨眉山白水寺住持及僧衆人等朕發誠心印造佛大藏經頒施在京及天下名山寺院供奉經首護勅已諭其由爾住持

及僧衆人等、務要虔潔供安、朝夕禮誦。保安眇躬康泰、宮壼肅清。懺已往愆尤、祈無疆壽。福民安國泰、天下太平。俾四海八方、同歸仁慈善教、朕成恭己無爲之治道焉。今特差御馬監右少監、漢經廠表白、王舉齎請前去彼處供安、各宜仰體知悉。欽哉故諭。萬曆二十七年、閏四月二十四日。

明神宗、勑賜峨眉山、慈延寺、藏經勑書。皇帝勑諭、四川峨眉山、勑賜慈延寺、住持本炯。朕惟自古帝王、以儒道治天下。而儒術之外、復有釋教相翼並行。朕以沖昧嗣承大統、迄今已四十年、天下和平、臣民樂業。仰思天眷祖德洪庇、良由大公同善之因。況國初建置僧錄司、職掌厥事。蓋仁慈清淨、其功德不昧、神道設教、於化誘爲易。祖宗睿謨、意深遠矣。佛氏藏經、舊刻六百三十七函。聖母慈聖宣文明肅貞壽端獻恭熹皇太后續刻四十一函。朕既恭序其端、而又因通行印施、序其前後、勑諭護持、所以錫孝類流慈恩也。茲著朕嘉善道之可依、念傳布之未廣、爰命所司、印造全藏六百七十八函、施捨在京及天下名山寺院、永垂不朽。庶表朕敬天法祖之意、弘仁普濟之誠·使海宇共享無爲之福。先民有言·一念思善·和風慶雲。一念不善·災星厲烈。夫善念以有感而興·無感而懈。是以皇極敷言不厭諄懇。聖喆所貴·善與人同。古今相傳其揆一也。且善在一人·倘萃一家敦穆。若億兆向善·豈不四海太和。此經頒布之處·本寺僧衆人等其務齋心禮誦·敬奉珍藏。不許褻玩·致有毀失。特賜護勅·以垂永久。欽哉故諭。萬曆四十年六月十五日。

明神宗勅賜峨眉山永延寺藏經勅書。勅諭四川峨眉山·萬佛金殿·勅建護國聖壽永延寺住持僧福登·及僧衆人等。朕發誠心·印造佛大藏經·頒施在京·及天下名山寺院供奉。經首護勅·已諭其由。爾住持及僧衆人等·務要虔潔供安·朝夕禮誦。保安眇躬康泰·宮壼肅清·懺已往愆尤·祈無疆壽福。民安國泰·天下太平。俾四海八方同歸仁慈善教·朕成恭己無爲之治道焉。今特差御馬監張然·齎請前去彼處·供安·各宜仰體知悉。欽哉故諭。萬曆四十二年月日。

清聖祖·康熙四十一年壬午季春·在京暢春苑·皇上親賜金剛經·藥師經·心經·各一

部、臥雲庵三大字、於伏虎寺僧照裕。又賜藥師經一部、慈燈普照四大字、於光相寺僧普震。是年十一月二十五日、皇上欽差內大臣海清、五哥德其內、欽奉聖旨、峨眉山降香、齎捧御書法寶匾額、僧詩頌、賜伏虎寺僧照裕金字心經、金剛經、藥師經各一部、離垢園三大字、字幅、僧詩一軸、宿世身金粟、初因祉白蓮。瞻依神八萬、接引路三千。果結菩提樹、池分阿耨泉。無生能自悟、雨似散花天。伏虎寺寓僧德果、字幅二句、到處花爲雨、行時杖出泉。善覺寺僧元亨、金剛經一部。大峨寺僧常舒、金剛經一部、字幅二句、洗鉢泉初暖、焚香曉更清。洪椿坪僧圓瑞、金剛經、藥師經各一部、忘塵慮三大字、字幅二句、錫飛常近鶴、杯度不驚鷗。白龍洞僧祖元、金剛經一部、字幅二句、挂衲雲林靜、翻經石榻涼。毗盧殿僧德敬、金剛經、藥師經各一部、字幅四句、釣艇去悠悠、烟波春復秋。惟將一點火、何處宿蘆洲。雷洞坪僧慧植、金剛經一部、靈覺二大字。銅殿藏經閣僧照乾、金剛經一部、玉毫光三大字、字幅二句、絕頂來還晚、寒窗睡達明。臥雲庵僧照玉、野雲二大字、字幅僧詩八句、何所問津梁、行行到上方。天香飄廣殿，山氣宿空廊。石漱泉聲細，林穿鳥路長。疎鐘沈夜雨，坐定俗情忘。

峨眉開山近二千年。歷代皇帝所有勅書及所賜物，多難勝記。世遠人亡，湮沒殆盡。今但摭拾少分，以示端倪云爾。

二護法名文

峨眉山普光殿記

明　朱懷圎　蜀王

普光殿在峨眉山之絕頂，峨眉乃普賢大士示現之所也。峨眉之勝聞天下，其山周帀千里，八十四盤，於青雲之端，有石龕百餘，大洞十二，小洞二十八，又有雷洞坪，飛來鐘，玉泉石，金剛臺之境。峯巒倚天，彩錯如畫，與岷山相對，實吾封內之巨鎮也。山之上天霽，則圓光大現，山之下雲開則聖燈夜明，誠爲佛之境界。成化二年，舊殿圮於回祿，寺之住山了鑑，以事聞於予，予因憫古佛道場，不可廢毀，捐資命工，重爲修建，越三年己丑而工畢。峻傑弘麗，於舊尤加。殿中以銅鑄天地水府天君侍者雷電山王之神像，以爲百千萬年之香火也。夫天地之理，生生不息，成毀也，代謝也，理勢相因而然後人不繼前人之爲而爲之則其迹化爲草莽之區矣成而毀毀而成亦生生不息之意也斯殿一新因前人之爲而爲之四方覩佛者登斯山上斯殿當知普賢願王應變無窮而行澤無盡也殿之規制茲不一一焉是爲記

峨眉大佛寺碑記

明 范醇敬 禮部侍郎

西來旨意大空諸有要以超出色界普度衆生即言一已多何有於千言心已寂何有於手目乎然觀世音大士神通設敎夫豈其獨具千手千目而並千其心惟其心空故妙於神應所謂一以貫之即萬億可也何千之足云世人紛擾爾心役爾手足四大爾色身即左持右攫必有妨誤前瞻後顧必有遺脫由不能無故不能一不能一故不能千此衆生相也大士心若虛空手目無有惟其無有是以廣有隨應隨妙運而不宰不煩攝持不相罣礙斂入毛孔散滿沙界一切衆生咸歸濟度以方於吾儒萬殊一本之義豈有異耶諦觀大造中形形色色別生分彙果物物而雕之哉又奚疑於大士之多變也然以一覓佛執矣而乃千之以千神佛幻矣而乃象之何以

故，彼見相尋宗，因無彰有，下乘不廢，而所謂報佛恩者如是，寧詎贅哉。矧大光明山，震旦選佛道場，範金櫛比，獨大悲缺如，事應有待。我皇上乘輪覺世，德布人天，聖母金粟如來，褒揚法指，宮闈儉素之餘，施此名山，作大悲果。於是知縣臣李應霖，臣魏世軫，前後奉命，來令茲土，實司此山。仰承慈懿，祇襄勝事。有僧眞法者，六塵不著，五戒肅如。荒度招提，謹如願意。莊嚴卒業，爰壽貞珉。小臣不佞，拜手稽首，爲作頌曰

栩栩衆生，沈迷苦海，生死輪迴，與化俱改。爾時世尊，閔念衆生，神通願力，惟觀世音。顯諸神變，現千手眼，撐持世界，永無增減。法際虛空，諸相冥杳，究竟慈悲，萬億猶少。白馬之東，峨眉大雄，不逢曇華，曷構琳宮。用奉塵剎，皈依寶相，法力如天，功德無量。坤維永奠，乾運遐昌，天子萬年，奉我慈皇。

重修會福寺記

明 宿進 刑部員外渦江

寺之顯於世者，有以哉。水之潤，近沃而遠汔。火之光，近焯而遠微。故天下名藍屬都城孔道者，得受歷朝恩待，既藏且額，而又舉有僧行者嗣而尸之。其他宗散四遐荒

忽之地、毋慮數萬、則固不能是數數也。然一再之非夫寺之眞有殊尤爽塏之境、嚴苦高卓之僧、與諸收肯淸葉貴達之門、蓋亦難至乎爾也。考之令甲宋賜藏書、普覺三十、福嚴五十、景佑二百二十。其賜額也、梁於廣利八、聖者三。唐於月華、水西、能仁、大慈者四。宋於法雲、慧日、光孝、慈恩、寶積、菩提、普庵、覺報、明心、開福、普化、興聖、景德、仙林、龍德、南禪者十有六。國朝列聖、累下勅典、如故事。然寺實視釐禳之有所繫加之意。若大天界、大興隆、大報恩、大龍興、化正覺、寶塔、靜海、華林、普惠、永壽、光福、通善、顯通、興樂、靈聖、廣惠諸寺、或頒藏經、賜御額、而至嘉之獲顯於世也。雖靈巖天下維四、一姑蘇、一雁蕩、一南安、而峨山之靈巖實荷恩待之重也。天順庚辰賜藏經、若護勅。成化乙酉賜額會福、豈非以靈巖爲峨山第一境耶、抑亦以有僧行者出而又得人以張之耶。先是隋稱寶掌、濫觴是寺、第傳之弘義、圓通、了貴、傳之本興、本印、本興、寂本、印領祠部牒、再嗣之、寨禪枝而剙定水者、四十年。適念寺久傾圮、衲蠱蔬澹不踰閫以自礪、復田若干畝、捐貲銓度、鳩工庀材、建天王、地藏殿、修勅賜經閣、大雄寶殿、伽藍、祖堂、庖廩、方丈若干楹。後殿貌諸佛像。又募緇流本欽、益崇、福容、淳泰、眞裕等、爲法堂石橋各二。穹墉嶢榭、聯輝竟爽。經始於弘治癸亥八月、訖工於正德辛未二月。落成、通塗之屬罔不集、觀稱願、皆曰、靈巖殊尤。爽塏之境、印師嚴苦高卓之僧、其淸葉貴達之張之也、如萬公安者、顧可少乎哉。會夾江典史王翼、礲石來請記、亟辭不獲、本印別號理源、恭州永川、遂碑。正德六年辛未春三月既望

勅賜會福寺碑文

明　萬安　大學士 眉山

距峨眉縣西一舍許、有山、曰大峨眉山。山畔有覩佛臺、臺右有寺、曰靈巖、傳自隋唐間創建。宋紹興五年、太尉王陵、朝請大夫知漢州軍事王陟、施貲重修、改曰光林。朝奉大夫通判軍事王訪、贖田以贍寺用。其界東至魚洞山背、南至捲洞溪、西至鏰板山坡、北過石佛龕嶺中、連嚮水灘、下抵高橋河口、載在古碑如此。元季寺燬於兵。國朝洪武永樂間、僧弘義圓通相繼主寺、重建之、仍曰靈巖。時佛宇方丈、僅存香火、庇風雨而已。其田半爲居民所侵。景泰間、了貴號寶峯者、來主寺事、辛勤勸募、始建三

世佛殿。殿前爲明玉樓殿、東爲伽藍堂、西爲祖師堂、凡禪堂、齋堂、僧房、庖庫、及賓客之位、咸以次成、而田至是悉歸寺矣。寺之興盛、殆非昔比、寶峯每顧其徒曰、我佛教言、悉具藏經、不丐於朝、曷以得觀。天順五年、詣闕以請之、復荷璽書護持、越四年、爲成化元年。寶峯來疏曰、聖朝於天下名山古刹、俱有錫額、竊惟大峨名山、靈巖古刹、幸一體賜與。上念英宗睿皇帝、嘗寵賚茲寺、遂更名會福。明日寶峯謝恩、訖、乃狀寺始末、徵言刻石、用侈上賜、於悠久。予以峨眉吾州之案山、亦因以名寺、榮荷國恩、覃及、豈容默默無紀耶。夫寺有興替、由所主者有賢愚、抑亦所據之地、有顯有晦也。峨眉顯名天下、與五嶽伍。寺實遠離闤闠、又得寶峯戒行精專、不私所有者主之、寺能不興、良有以焉、不然、彼佛氏爲學者所在、往往其寺廟又被海隅、曾幾何能永迓恩寵、重賚若是耶。既謹述寺之始末如右、復繫之以詩云。

蜀江之西、大峨崇峙、巖巖梵刹、實宅其域。創自隋唐、興於有宋、富有贍田、助之者衆。歷元乃廢、今復興之、其興伊誰、自寶峯師。維彼寶峯、克振宗風、緬懷教旨、具載經中。

迺來懇求先皇時允璽書護持龍光煇煇聖人踐祚爰念先志錫之嘉號恩榮斯極而徒遭值厥慶無疆受斯慶只莫或敢忘而率而徒晨鐘夕鼓心心稱誦孰其予侮上祝國釐下祈民福河嶽效靈皇圖永固

大峨山新建銅殿記

明　王毓宗 翰林檢討

今上在宥六合誕育蒸人嘉與斯世共臻極樂遣沙門福登齎聖母所頒龍藏至雞足山登公既竣事還禮峨眉鐵瓦殿猛風倏作棟宇若撼因自念塵世功德土石木鐵若非勝若非劣外飾炫燿內體弗堅有摧剝相未表殊利惟金三品銅爲重寶瞻彼玉毫斂以金地中坐大士天人瞻仰眷屬圍繞樓閣臺觀水樹花鳥七寶嚴飾罔不具足不越咫尺便見西方以此功德迴施一切衆生從現在身盡未來際皆得親近供養一切諸佛菩薩共證無上菩提既歷十年所願力有加瀋王殿下文雅如河間樂善如東平以四方多事痌瘝有恤久之聞登公是願乃捐數千金拮据經始爲國祝釐會大司馬王公節鎮來蜀念蜀當兵侵之後謂宜灑以法潤洗滌陰氛乃與

稅監丘公，各捐資以助其經費。已中使銜命，奉宣慈旨，賜尙方金錢，葺置焚修常住若干，命方僧端潔者主之。庀工於萬曆壬寅春，成於癸卯秋。還報王命，額其寺曰永明華藏寺。遐邇之人，來遊來瞻，歎未曾有。登公謁於九峯山中，俾爲之記。惟我如來弘開度門，法華會中，廣施方便，檀相甍雲，徧周沙界，竹林布地，上等色天，所以使人見像起信，而爲功德之母，萬善所由生也。法界有情，種種顚倒，執妄爲眞，隨因感果，墮入諸趣。當知空爲本性，性中本空，眞常不滅。六塵緣影，互相磨盪，如金在鎔鑪冶煎灼，非金之性。舍彼鎔金，求金之性，了不可得。十方刹土，皆吾法身。一切種智，或淨或染，有情無情，皆吾法性。大覺聖人，起哀憐心，廣說三乘，惟寂智用，渾之爲一。然非像因生信，因信生悟，欲求解脫，若濟河無筏，無有是處。故密義內熏，莊嚴外度，爰闢廟塔，以爲瞻禮，馨潔香花，以爲供養，財法並施，以破貪執，皆以使人革妄歸眞，了達本性而已。登公號妙峯，力修梵行，智用高爽，法中之龍象，山西蒲州萬固寺僧也。讚曰，世尊大慈父·利益於衆生。功德所建立·種種諸方便。後代踵遐軌·嚴飾日益勝。
如來說法相·皆是虛妄作。云何大蘭若·褊徧一切處。微塵刹土中·塵塵皆是佛。
衆生正昏迷·深夜行大澤。覿面不見佛·冥冥罔所覩。忽遇紅日輪·赫赫出東方。
三千與大千·萬象俱悉照。亦如陽春至·百卉盡發生。本自含萌芽·因法而漑潤。
亦如母憶子·形神兩相通。瞻彼慈憫相·酌我甘露乳。唯知佛願弘·聖凡盡融攝。
熒熒白毫相·出現光明山。帝網日繽紛·寶珠仍絢爛。欄楯互周遮·扃戶各洞啓。
天龍諸金剛·擁護於後先。既非圖繪力·亦非土木功。於一彈指間·樓閣聳霄漢。
星斗爲珠絡·日月成戶牖。卽過阿僧劫·此殿常不毀。願我大地人·稽首咸歸依。
一覽心目了·見殿因見性。若加精進力·了無能見者。佛法難度量·讚歎亦成妄。
諸妙樓觀間·各有無量光。各備普賢行·愼勿作輕棄。我今稽首禮·紀此銅殿碑。
佛佛爲證盟·同歸智淨海。萬曆三十一年癸卯九月。

峨眉山金殿記

明　傅光宅（四川提學聊城）

余讀華嚴經，佛授記震旦國中，有大道場者三。一代州之五臺，一明州之補怛，一卽嘉州峨眉也。五臺則文殊師利，補怛則觀世音，峨眉則普賢願王。是三大士各與其眷屬千億菩薩，常住道場，度生弘法。乃普賢者佛之長子，峨眉者山之領袖。山起脈自岷崙，度蔥嶺而來也，結爲峨眉，而後分爲五嶽。故此山西望靈鷲，若相拱揖授受，師弟父子，三相儼然。文殊以智入，非願無以要其終，觀音以悲運，非願無以底其成。若三子承乾，而普賢當震位。蜀且於此方爲坤維，峨眉若地軸矣。故菩薩住無所住，依山以示相。行者修無所修，依山以歸心。十方朝禮者，無論緇白，無間遠邇，入山而瞻相好，覩瑞光者，無不回塵勞而思至道。其冥心入理，捨愛棲眞者，或見白象行空，垂手摩頂，直遊願海，度彼岸，住妙莊嚴域，又何可量，何可思議哉。顧其山高峻，上出層霄，鄰日月，磨剛風，殿閣之瓦，以銅鐵爲之，尚欲飛去。榱桷棟梁，每爲動搖。宅辛丑春暮登禮焉，見積雪峯頭，寒冰澗底，夜宿絕頂，若聞海濤震撼，宮殿飛行虛空中，夢驚歎曰，是安得以黃金爲殿乎。太和眞武之神，經所稱毗沙門天王者，以金爲殿，久矣、而況菩薩乎。居無何、妙峯登公自晉入蜀、攜瀋王所施數千金、來謀於制府濟南王公、委官易銅於鄷都石柱等處。內樞丘公復捐貲助之、始於壬寅之春、成於癸卯之秋。殿高二丈五尺、廣一丈四尺四寸、深一丈三尺五寸。上爲重簷、雕甍、環以繡櫺瑣窗、中坐大士、傍繞萬佛、門枋空處、雕畫雲棧劍閣之險、及入山道路、逶迤曲折之狀、滲以眞金、巍峨晃瀁、照耀天地。建立之日、雲霞燦爛、山吐寶光、淵壑峯巒、恍成一色。若兜羅緜、菩薩隱現、身滿虛空、嗚呼、異哉。依衆生心、成菩薩道、依普賢行、證如來身。非無爲非有爲、非無相非有相、大士非一、萬佛非衆。毗盧遮那如來、坐大蓮華千葉之上、葉葉各有三千大千。一一世界各有一佛說法。則佛佛各有普賢爲長子、亦復毗盧遮那如來、由此願力成就、普賢大願、卽出生諸佛。賓主無礙、先後互融、十方三世、直下全空、亦不妨歷有十方三世。華嚴理法界、事法界、理事無礙法界、事事無礙法界、此一殿之相、足以盡攝之矣。大矣哉、師之用心也。豈徒一錢一米、作福緣一拜一念爲信種哉。師山西臨汾人、受業蒲之萬固、後住蘆芽、梵刹、興浮圖。起住上谷、建大橋數十丈。茲殿成，而又南之補怛，北之五臺，皆同此莊嚴，無倦怠心，無滿足心。功成拂衣而去，無係吝心。是或普賢之分身，乘願輪而來者耶。宅敬信師已久，而於此悟大道之無外，願海之無窮也。歡喜感歎，而爲之頌曰。

峨眉秀拔，號大光明。有萬菩薩，住止經行。普賢大士，爲佛長子。十願度生，無終無始。金殿陵空，日月倒影。萬佛圍繞，莊嚴相好。帝網珠光，重重明了。西連靈鷲，東望補怛。五臺北拱，鐘磬相和。是一卽三，是三卽一。分合縱橫，彰顯三密。示比丘相，現宰官身。長者居士，國王大臣。同駕願輪，同遊性海。旋嵐長吹，此殿不改。壽同賢聖，六牙香象。偏歷恆沙，威音非遙。龍華已近，虛空不銷。我願無盡。

峨山修改盤路記

明　傅光宅

峨眉之山，四方緇白朝禮者無虛日。乃其盤道，曲折險峭，登陟艱難。雖大士神力，善士之信力，往返上下，頓忘其苦。而攀援喘息，汗溢氣竭，有望山而懼，半途而止者。又有聞而心駭，欲行而不果者。至於縉紳士夫，不能徒步，肩輿拽扶，爲難尤倍。布帛米鹽，來自檀施，負戴顧値，浮於本價。居山者，一衣一食，豈能易得。則路之當修治改移也，審矣。顧工劇而費廣，誰其任之。有覺巖居士者，登此山，遂發弘願。歲在壬寅，遇制府司馬王公，司禮太監丘公，皆秉夙願，莊嚴此山。始攜貲鳩工，徧幽深窮高遠，而得其捷徑寬衍處，修治之。起自伏虎寺，而至涼風橋，解脫坡，次至華嚴寺前，建坊表之。至五十三步，次至中峯寺前，再建坊表之。三望坡，建涼亭，爲憩息所。次至白水寺，繞弓背山後上頂，重修虎渡橋，次至黑水寺，至痲子壩，蕨坪，建公館。上至雷洞坪，合舊路。至八十四盤，至大歡喜蓋，自峨眉縣城至絕頂，俱無險峻艱難之苦，厥功偉矣。夫修險爲彝，改難從易，使步者乘者，肩荷背負者，咸獲便利，使遠者近者，居山而上下往來者，咸讚歎歡喜。使捐一錢，施一食，移一石，伐一木，持畚鍤而效力者，咸增冥福而消積業。使禪者講者，誦習者，精戒律而苦行者，咸於此山發大誓願，成大因緣功德，又何可量哉。惟居士視人之苦，猶己之苦，故能以己之願，合衆之願，普賢大士十願，尤以恆順衆生爲第一。路之修，恆順之一事也。易謂人心之險，險於山川，夫山川之險，人心爲之耳。持地菩薩，但平心地，則大地自平。故迷則以易成險，覺則以險爲易。居士乃能依大光明山，開衆生覺路，豈比夫尋常有爲功德而已。雖然，無爲者以有爲爲基，有爲者以無爲爲至，是不可限也，亦不可泯也。余登山於未修路之前，當春雪未消時，身歷其險且難者，故於居士功成，樂爲之記。居士姓王，名禮，由中貴人，受戒於達觀尊者，道名法經。時莊嚴金殿，則妙峯師。重修白水寺，則有台泉師。居士皆從之聞法要，緣會信非偶云。是役也，工始於萬曆三十年壬寅秋，竣於癸卯冬。助緣善信，皆勒名碑陰。

續蓮社序

明　范文光內江

大學道人，當以參悟爲極則。第無始來業緣已深，習氣難化，念起念滅，未易翦除。故壽禪師著宗鏡錄百卷，深入理奧，而首以念佛爲事。此淨土修持，三根普被，是出世之捷徑也。余在南曹，已存心向往，與山中諸上人，約爲蓮社，計久矣。今登峨頂，而殿宇頽廢，佛事寥落，大不稱願王勝地。而聞達大師，乃欲續舉淨土社事，乞余一言引之，余甚喜其發心。第事以時遷，緣可義起，今當爲學人酌行之。夫入道必須資糧，今約入社者，凡社中所費，或多或少油鹽米豆，盡一歲止，次歲照約。入社中人去來，增減，各從其便。但使山中佛號不斷，卽是蓮池淨業長存。而其地則因寒暑之宜，夏在峯頂餘時則在山下。堂中而六時之課，達觀老人改爲四時，蓋欲休暇身心以益精進。此皆規之可從者，故併及之。

住山說

范文光

經世出世，其事兩不相謀，而古之人常兼而行之。如張子房，李鄴侯，經世又復出世。陸法和，姚廣孝，出世又復經世。余恆慕其爲人，而才不及古人，竊有志焉。中年爲南曹尚書郎，遂乞身歸蜀，得聞達大師，欲結茅勝峯之下，作終老計。而寇亂我蜀，大義乃迫，奮臂以起，哀集義旅，以逐逆徒，蓋不惟草茅俱憤，卽山中諸僧亦爭執金剛杵以抗賊。聞公亦周旋其間，常以慧眼觀其勢，而使我大衆三年以來，事得少息。公有歇心焉。復合向巉巖之下，結跏趺坐，畢此僧臘，爲余道其事。然昔日之余，可同公而今余則未能也。公且往、先於孤峯絕頂處、以一莖草始其事、而其傍留一蒲團地、以待道人錦江公、所謂現天大將軍身而爲說法者、公可以意逆之。經世出世、皆男子事、三世諸佛、不過一血性男子、錦江公當亦有忻然者矣。

峨眉山伏虎寺碑記

清　江皋　四川督學 龍眠

周峨眉山寺、以百數、由山麓而登、則自伏虎始。寺踞山之口、虎溪環注、沿溪一徑折而入、山谷盤紆、後一山橫枕雄峙、高出寺背、蹲伏如虎、寺因以得名。或曰、山昔多虎、宋僧士性於寺左溪上建尊勝幢壓之、虎患遂息、寺名其徵也、寺創自宋、明末毀於兵、可聞禪師隨其師貫之禪師來結茅居之、漸圖興復、垂四十餘年、規模始備、其建造亦云勞矣。先是寺基逼山趾、庳隘不稱、殿宇僧寮、盡委荆棘。可禪師鑿山數丈、拓其基、建大殿一區、表山冠林、翼以岑樓複閣、因地勢高下、曲折深邃、隨所扳躋、入遊其上、如置身縹緲、萬壑千峯、遙相拱揖。又闢寺左爲藏經閣、募僧走江南、出瞿塘三峽、單舸往返萬餘里、得藏經、置其上。又爲長廊廣廡、栖十方雲水、單寮丈室、齋廚浴堂清淨莊嚴、爲茲山所未有、眞大歡喜休歇地也。然師之所以殫力於斯者、有三義焉。一曰天啓與緣、二曰人弘其願、三曰地致其靈、非此三者之相需而應、則四十餘年之經營規畫、豈易觀厥成哉。事之興廢、各有其機、卒然相值、若或使之、非人力所與、則因師之自致也。峨眉梵刹之盛、經千餘年、陵谷變遷、蕩爲灰燼、獨此栴檀片址、猶然薙草開林、法雲垂蔭、從棘榛荒翳中、望如兜率天宮、自此拈花聚石、大振獅音、莫不由莖草以倡之、此因緣響應、豈非天哉。世傳普賢願王、以三千眷屬示現茲山、直欲徧大千世界、遊願海、超彼岸、白毫光中、瀰漫普照、其願力勇猛、固如是也。當師之一念堅忍、不怵於利害、亦既有成。揆其所願、不盡峨眉之祇林精舍、同歸清淨化城不止。且山川靈氣、因時而發、鎮雄峯、奠坤維、其靈奇清寂、多爲仙眞禪逸之所鍾、近則精靈亦稍閟矣。於此有人焉、棲身巖壑、其精神氣魄、日與山林相符合、安知非英華所結、藉斯人以洩其奇哉。不然、以渺焉杖笠之身、際兵戈震蕩之會、雖坐冰崖、嚙霜雪、誰爲拓給園林、鷲嶺耶。固知非緣不立、非願不成、非靈不效也。予感茲三者、因寺之成，而重念師之勞也，爲之銘。

瞻彼峨眉，乃號佛窟。祇樹叢生，香滿山谷。伏虎始登，千峯在抱。雙谿潺潺，塵迹如掃。劫火憑陵，琳宮寂滅。金粟再來，津梁重設。發願王心，具勇猛力。茎草插地，香雲變色。樓閣陵虛，鐘磬振響。夕露朝霞，盤旋沃蕩。爰栖雲水，十方雲集。龍象威儀，蕭然杖笠。瑞相光明，普徧銀海。香象行塵，慈容儼在。因緣自天，應時則合。維山萃靈，注茲老衲。方石滌池，實崇相敎。磨巖不刊，過谿長嘯。

重建峨眉峯頂臥雲庵接待十方禪院記

清　哈　點 兵部侍郎

海內山之多，莫若蜀，卽山之奇，亦莫若蜀，千巖萬崿，虎踞蚪連，其爲謝屐之所難窮，郭經之所未載者，指不勝屈。要其聳秀特起，礙日干霄，巍巍屹屹，俯羣巒而兒孫之。則惟峨眉爲坤維具瞻云。夫峨眉之名何昉乎，考之輿圖記曰，兩峯對峙，宛若蛾眉。或又曰，脈自岷山而來，至此穹窿突峻，其勢峨峨然也。二者之說，未知孰是，然皆取象形之義，亦如水之似巴名巴，峽之類巫號巫云爾，無足深論。大約其體勢夐者，則神靈必尊。其奧窔深者、則呵護必遠。豈徒仙梵之窟宅、實爲神皋之重鎭、不可得而褻也。今上御極十有一年、特遣一等侍衞吳公、祭告如禮、兼命繪圖以進、藏之內府、不時上備睿覽、猗歟重哉。余曩者專督陝右時、側聞峨眉之勝、爲域中第一奇觀、心竊嚮往久之。然地非所轄、禮不越境、則亦付諸少文之臥閱名山、青蓮之夢遊天姥已耳。庚申冬。

峨山伏虎寺藏經樓碑記

清　傅作楫 四川巡道三韓

峨眉山麓有刹、曰伏虎、蓋以山形得名也。余雅慕其名勝、適癸亥年、有採木之役、偕撫軍藩臬諸公、於倥傯中入寺一遊、未遑流覽也。至甲子夏、又奉檄履繪川西南一帶輿圖、叱馭峨眉、在所必登。及攀躡巉巖、舍籃輿而徒步者十之七。至峯頂、則見大地山河、一望收之。言旋途、復經伏虎寺、可聞禪師遲余憩蘭若、時維宿雨初晴、苔靑石蹬、著屐徐登。山門內外、徘徊久之。陟殿謁普賢大士、歷禪堂、造方丈、觀其殿宇莊嚴自在、岑樓遠眺、蒼翠紛來、飄飄然不啻置身兜率天也。師謂余曰、此先師貫之和尙所創修，而山衲竭蹶以終乃事，開堂會講有年矣，皆諸檀越之德。今寺中所缺，惟全經一藏，已使徒與峨之金陵購取，會至，則如願矣。遂飽伊蒲，卧禪榻，翌晨始就道。洎事竣歸署，拜家慈太淑人前，詢遊狀，余舉以此，因命余曰，吾有素願，汝知之乎，蓋從兵戈搶攘而默有所期許也。于焉卜期瓣香供，往叩願王，至則見殿之西偏有若經營始基者，知爲謀構藏經樓也，家慈即命捐俸以玉其成。値與峨自金陵負經至矣，樓工已竣，即以貯之。噫，寺此樓何異石室金櫃也哉，余因之有感云。

重修光相寺碑記

清　張德地四川巡撫三韓

余性嗜山水，嘗覽西蜀峨眉紀，謂伯仲岷崙，爲震旦第一山。是以李白詩云，蜀國多仙山，峨眉邈難匹。每一遐想，不禁神往坤維，憾不能扶筇一探峯頂煙雲之勝也。迨今上甲辰歲，余奉命撫蜀，凡境內名山大川，應舉祀典，以昭聖天子格百神而及河嶽之意，或可藉此以慰夙好。但稽考往牒，峨之孤據西南也，擧盧暱處，歷代以來，祀典鮮聞。雖古今仰止者多，而登躋或寡，蓋以峨眉高標巀嶭，似於山爲逸，不欲供人耳目近玩。若紅塵俗吏·吾知其岸然不屑也·況封疆肩鉅·奚暇遂觀之願。逾年餘·適有嘉陽閱城之役·峨眉處在道左·始獲一登眺焉。數十年寤寐之思·一旦得識面目·胸次爲之豁然。乃攀援奇險·徧歷名勝·眞宇內大觀。至鳥道中·珠林錯置·凡仙掌瓊峯·到處營建·不下數十百所·皆題雕越繪·禪棲淸潔·山雖幽危而不荒寞·竊歎化工點染之妙。及陟峯頂光相寺·高出雲表·四維絕巘·俯視大千·渺如蟻蛭·懸巖萬丈·彩毫五色·是卽普賢大士現身法界·放玉毫光·布兜羅緜之福地也。無何·而荏苒屢遷·寖至傾圮·楹桷支離·欄柵朽腐·予爲悵然久之。夫峨眉以名勝甲天下·匪直巑岏矗起·輪囷磅礴·培塿太華已也。若乃雷霖初霽·蕩滌淸虛·俛仰之間·毫髮無隱·西瞻靈鷲·插天遙對·如相拱揖·空濛泬杳·光怪陸離·遂成銀色世界。如此神異·柰何茲蜀僧·惟丈室是營·而遊人過客·亦惟以飯僧莊嚴作果·此光明希有之淨域·任其頹覆。何異子姓蕃昌·忍令父祖落寞。衫履麗楚·岸幘不冠·本末倒植·源流罔顧·莫此爲甚。余爰捐俸金若干·及諸有司相率而助者·共若干·委峨眉邑令李莊年·及縣尉彭昌德·

督工修葺之、閱三月告成。重修正殿三楹、立門二重、各顏匾聯。復增禪室以居守僧、外置臺欄數十武、新建一坊、以標覩佛臺之故蹟。但見日映璇題、雲封雪嶺、人天胥有攸賴、瞻拜得所皈依。此一役也、將以彰聖人之德、所以格百神而及喬嶽。彼峨山者、豈能終逸於遐荒異域、負沈鬱詭異之概、寞處蠻髳而不與諸嶽協供乃職也哉。衆請余言以垂不朽、余愧不敏、爰書所見以記其勝云。

重修萬年寺碑記

清　張德地

今上龍飛四葉、歲在乙巳、九秋、余因閱嘉陽城垣之役、適望峨山、處在道左、遂一登眺。所歷諸刹、名勝不一、多由新構。獨光相萬年二寺、一爲普賢大士現光之所、一爲中道止宿、前代敕建梵宮、實峨山首善之地、柰何傾圮有年、卒無修葺者、無殊乎養一指而失肩背耳。余遂捐俸、及諸有司共襄、約八百餘兩、半給光相寺、委峨眉尉彭昌德董之。半給萬年寺、委洪雅尉陳國斌董之。閱數月告成。光相寺已書數言誌之矣。茲萬年寺僧亦以記事請、余因而有感焉。海內名山、如五嶽視三公、主以五帝、蓋以其吐納雲雨，施德廣大，有功於民也。峨眉山，或爲仙域，或爲佛都，敷雲渙雨，不在五嶽下。予獨怪登覽者徒撫其林壑陰森，岡巒岏邃，以藻繪遊圃。而梵刹成毀，漠不關情。山靈有知，亦應所不許。況萬年寺，適處峨眉之中，上而插天奇峻，歷八十四盤，閱七十二洞，登天門石，太子坪，謁銅錫諸殿，由此拾級，實爲瞻禮階梯。下而亂山屏簇，兩峯相對，黑白二水，纏綿如帶，豬肝洞，牛心寺，於此分途，又爲風氣所團聚。是以創自唐慧通禪師，至宋勅賜白水普賢寺。明萬曆又改爲聖壽萬年寺，原建有藏經閣，旋螺甎殿，堅緻絕倫，巍峨壯麗，甲於天下。內有銅鑄普賢騎象像一尊，高二丈，其前爲毗盧殿，適當闔寺之主。實爲普賢下院，安可任其頹廢而不修葺耶。況普賢大士，以法王子，守護如來教，現身於此，以密引世人入光明藏海，證菩提覺性，其功德關係甚大。玆山屹然，鎮巨蜀坤維，文章滋味之府，又爲歷代勅建，非等閒淫祠者比。顧名思義，將以祝聖壽於無疆，奠磐石於永固，豈同怡情山水，藻繪紀遊者爲哉。遂以是爲記。

峨眉山萬年寺眞武閣碑記

清 朱國柱 峨眉知縣

聞之古君子權輿造化，盪移陰陽，諸凡耳目所界，興廢因之，而補變存焉。邇者黃岡梧陽劉公奉命來按西川，百廢具舉。事竣，乃以便道躋峨，則癸酉秋日臚矣。人謂普賢示現事屬虛渺，而余謂不然，蓋動念事佛，事神如在，感應之理，誠有不可揜者。況峨眉爲坤維重鎭，插空萬仞，拔萃羣峯，吐納烟雲，蔽虧寒暑，所謂銀色世界，七重洞天者，非盡悠謬。使非有神靈呵護，法力維持，其何以至此。憶當戡定之會，戎馬生郊，烽烟四望，老稚殲於干戈，村廬化爲灰燼，有目所不忍觀者。而峨山附近，何獨保全者尚多乎。即以余論，方督飛輓于崎嶇鳥道間，勍敵在前，羽檄嚴迫，衽金革而習鉦鼓，不遑朝食矣。儌惠聲靈，功成肆靖，得侍太君膝下，而尸饔無缺，子舍承歡，安知非冥冥默佑，得有今日哉。況吾太淑人天性仁慈，喜施樂捐，其爲願王所篤祐，又可知矣。閣成，請記于予，因略敘其事，勒之石，庶此閣徑永垂無斁也歟。

海會堂八十八祖眞像總讚

王僧芥

達法非今古，傳燈無後先。不會如來意，安得祖師禪。諸祖像貌盡棱棱，看來都是無心。人法界本無人共我，性海誰論妄與眞。水中月，鏡中華，認得分明也大差。開口驀然成隔礙，揚眉早已涉周遮。這般關棙子，大地無人識。除非伶俐漢，動著有得失。古人振衣千仞岡，懸巖撒手獨承當。可憐漫覓西來旨，不知當下已亡羊。過去現在未來迹，大火燄中安不得。箇箇能操殺活機，婆心時露眞消息。咄，玄路絕行蹤，翻飛不在翼。幻士跨泥牛，空手荷鋤立。任爾想像百千般，到此多應描不出。

鐵羅漢頌並序

宋　黃庭堅

峨眉山之下，蟆頤津之淵，有百煉剛，鑄成二怖魔開士，人物表儀，隨世尺度。其中空洞，不留一物。扣之鏗然，應大應小，香塗刀割，受供不二。沈之水則著底，投之火則熾然，水火事息。二老相視而笑。涪翁曰：世人稱鐵人石心，吾不信也。二老者眞鐵石耳。乃爲之頌曰。

人言怖魔像，非金亦非鐵。若作世金鐵，開士亦不現。禪坐應念往，一鉢千家供。

順佛遺勑故、不宣示神通。有爲中無爲、火聚開蓮華。無爲中有爲、甘露破諸熱。魔子自怖畏、我無怖畏想。或欲壞鎔之、爲己富貴梯。賴世主慈觀、虎兕失爪角。或得遇佛書、文字不能讀。罪垢若消滅、字義皆炳然。卻來觀六經、全是顛倒想。今世靑雲士、愼莫疑此解。

息心所頌

明 熊過 翰林 富順

我聞普賢菩薩、於大光明山、坐蓮華藏白象之座、普照十方、爲說以後。於閻浮提界、有一居士、現宰官身、了一切法、卽與善緣、與其同學、而入此山。見諸辟支無學、居於一室。其室方丈、有一長者、善爲說法。息心居士、稽首而說偈云、善哉諸衆生、皆涉有爲法、菩薩入三昧、遮那之願力。身相如虛空、不涉善惡念、是名息心所、菩薩方便力。憫念於衆生、無住而生心、遂有種種法、流浪生死際。唯願諸處者、遠離一切覺、餘者皆非是。

峨眉大佛寺落成頌並序

明 李長春 禮部尚書

李長春大佛寺落成頌

蓋聞震旦國中有道場三、曰峨眉、曰五臺、曰普陀、鼎立宇內、爲人天津梁。顧五臺普陀、距神州甚邇、人士趾錯肩摩、朝禮殆無虛日。獨峨眉在西南徼、非乘軺建旌者、與單瓢隻履之衲、不能一涉其巔。故人望之、宛在虛無縹渺間、視中土遼邈迯矣。邇歲皇上奉聖母慈聖宣文明肅貞壽端獻皇太后命、凡宇內名山奧區、並頒布大藏、以闡揚敎典。峨眉獨蒙賜金、命鑄千手大悲觀世音像、特繕殿閣以覆之、功德最爲鴻鉅。於是令尹魏世軫、囑比丘眞法法主、鳩工庀材、選地於邑之東關外、甫逾年而範治精好、結構雄麗、煌煌哉三峨之麓、逾益增嚴助勝矣。蜀以近西域、故佛化漸摩、歆嚮恆切。玆覩聖人作爲、咸思檄鄙啓迷、刮垢澄濁、以無墮障礙沈淪之習。而以觀世音力、冥扶默相、上之斂福宸極、綿壽慈闈、下之錫祐蒸黎、垂庥方域、卽大千未爲多、萬劫未爲永矣。臣忝禮官、欣聞玆事、乃拜手稽首而作頌曰。

我聞大士、與佛齊肩。退處菩薩、自貶位權。以大悲故、發弘誓願。閻浮衆生、普度億萬。

事理無礙、機相盡融。耳觀非哲、目聽非聰。由音有聞、由聞有覺。聞實無聞、覺實無覺。

兩目兩臂、散爲大千。心無思慮、隨感應焉。言觀世人、心爲形役。涉境迷眞、顚倒思索。雖一手目、猶桎梏存。況乃千變、攫攘何煩。惟是圓通、了無滯累。如谷受響、如鏡懸視。慈悲靈感、沙界畢周。若光明山、尤號神丘。於皇聖后、爲萬姓母。坤德攸載、乾祚斯久。爰乘願力、廣度生靈。經函法像、徧施四溟。繄茲峨眉、獨沾渥澤。範金爲容、結宇爲宅。苾芻踴躍、龍象懽呼。楊枝初拂、立現珊瑚。稽首大悲、願佑我后。如月常明、如山常壽。慶澤誕毓、天子萬年。熙熙化日、蕩蕩皡天。乃溉餘波、微塵國土、聿登春臺、共樂寧宇。天壤有盡、功德無垠。敢用作頌、永戴皇仁。萬曆三十三年乙巳仲冬。

海會堂募置飯僧田偈

明　曹學佺 四川廉使

大峨山萬年寺碑文、予友聊城傅伯俊作也。序述此經費煩鉅、聖恩優渥、出內帑金錢無算、時惟中貴人料理、勿及子民。而其時當事地方、善於奉行、得以告成功者、則實仗大司禮丘公、少司馬王公之力也。寺外有海會堂一區、以處僧衆、有常住田畝。以資供養。庶乎居者行者、皆獲給足、斯知森然備矣。予壬子歲與比丘惟淨坐夏、具詢之，乃知堂衆日增，田疇尚闕，蓋丘王二公，向欲完滿此緣，機猶有待。予亟合掌讚歎，宣揚是役之不容已也。竊不自揣度捐資百金使惟淨藉手而乞，二公欣然樂成之，且令予友伯俊發爲至論，因述以偈云。

大方廣佛華嚴經，普賢菩薩爲上首。正覺世間器世間，有情世間皆聚會。
三世一切諸如來，國土莊嚴劫次第。如是皆於佛身現，佛身毛孔發智光。
其光處處演妙音，說法利益無邊際。口門放光何因緣，普賢長子佛所說。
普賢品說平等因，如來所說平等果。往昔無量劫海中，願常供養一切佛。
隨願所行得圓滿，桃李先花後果成。普慧雲興二百問，普賢瓶瀉二千酬。
凡說一法一切法，理事圓融法門中。善財童子菩提心，五十三參差別盡。
文殊囑令見普賢，法解已圓須行證。普賢十願等虛空，禮敬諸佛及回向。
十方三世微塵剎，一一微塵皆佛所。及有菩薩摩訶薩，重重海會而圍繞。
我以普賢行願力，現諸上妙爲供養。華鬘音樂衣蓋雲，塗香末香燒香聚。

一一燈炷須彌山。一一燈油大海水。以如是等最勝具。皆悉如法而供養。
虛空衆生煩惱盡。我此供養無有盡。十願之中功德海。一皆綸貫悉無餘。
所有與我同行者。願持諸佛微妙法。光顯一切菩提行。世間所有衆福業。
一切皆是佛光照。海會堂中福田利。所有功德亦如是。予今施助一供養。
悉使修行至於果。一法門中無量門。無量千劫如是說。我以無量音聲海。
普願功德皆圓滿。

第八仙隱流寓

舊志特闢神仙一門。似覺以神仙爲高貴。其實修仙者。不過存想固形。多延歲月。卽眞得仙者。雖能昇騰變化。究是識神作用。並非斷惑證眞之了生死法。但其看空世事。浮雲富貴。襟懷高尙。樂我天眞。與唯取自適。不計其他之隱士。同足以鍼砭世俗囂競之風。故合志之。爲仙隱流寓。

列仙傳、周陸通者、楚狂接輿也。好養生、食橐盧、木實、及蕪菁子。遊諸名山、住蜀峨眉山、土人世世見之、歷數百年也。費士戣歌鳳臺記云、按皇甫謐高士傳、葛洪神仙傳、宋劉孝標世說注、皆以接輿避楚王聘、夫妻入蜀、隱於峨眉、不知所終也。

青神志云、漢光武時、有史通平者、自會稽來蜀、詣峨眉、謁天皇眞人、得授三一之法、及五行之訣。廬於縣之北平山頂、煉大丹、龍虎成形、餌之、白日昇舉。

列仙傳、丁次卿、欲還峨眉山、語主人丁氏云、當相爲作漆。以甖十枚盛水、覆口、從次唾之、百日乃發、皆成漆也。

寰宇記、瞿君字鵠子、後漢犍爲人。入峨眉山四十年、得仙、乘白龍還家、於平岡治白日昇上。

神仙傳、許碏、自稱高陽人。周遊五嶽名山洞府、到處於石巖峭壁、人不及所、題云、許碏自峨眉山、尋偃月子、到此。

紫陽眞人、姓周、諱義山、字季通、汝陰人也、漢丞相勃之七世孫。登峨眉山、入空洞金府、遇甯先生、授大丹隱書、八稟十訣。退登岷山、遇陰先生、授九赤班符。又退鶴鳴山、遇陽安君、授金液丹經、九鼎神丹圖。

左慈、字元放、號烏角先生、隱峨眉山。後遊鄴下、曹操出郊、慈齎酒一升、脯一斤、親手斟酌、衆官皆醉飽。操怪、行視諸壚、悉亡其酒。操怒、欲因座上殺之、慈卻入壁中、或見於市。慈眇一目、操令人捕之、便見市中眇一目者無數。後又遁羣羊中、旋殺旋活、終不能害。

神仙傳、宿山圖、隴西人、採藥於峨之隴寧山、服之仙去。

陳芳慶、漢季好道、隱東武山、後入峨眉、不知所終。卽子昂始祖、得墨子五行祕書、通白虎七變法。

唐天后朝、大旱、有勅、選洛陽德行僧徒數千百人、於天宮寺誦大雲經、以祈雨澤。有二人在衆中、鬢眉皓白。僧曇林遣人謂曰、罷後可過某院。既至、問其從來、曰予伊洛二龍也。林曰、誦經求雨、二聖知乎。答曰、焉得不知、然雨者、須天符乃能致之、居常何敢自施。林固求之，二老曰，有修道人，以章疏達天，某始可效力。林乃入啓則天，發使嵩陽，宣孫思邈入內殿，飛章，其夕大雨。思邈亦不自明，退詣經筵，問曰，吾修心五十年，不爲天知，何也。因請林代問，二老答曰，非利濟生人，豈得昇天。於是，思邈歸青城山，撰千金方三十卷，既成，白日昇舉。

酉陽雜俎，唐明皇幸蜀，夢孫思邈乞武都雄黃，乃命中使齎雄黃十斤，送於峨眉頂上。中使上山未半，見一人幅巾披褐，鬚髻皓白，一童青衣丸髻，夾侍立屏風側，以手指大磐石曰，可致藥於此，上有表錄上皇帝。中使視石上朱書百餘字，遂錄之，隨寫隨滅，寫畢，石上無復字矣。須臾白風漫起，忽然不見。

宋成都府有僧，誦法華經有功。雖王均，李順兩亂於蜀，亦不遇害。一日，忽見山僕曰，先生來晨請師誦經，在藥市奉迎。至則已在，引入溪嶺，數里煙翠，見一跨溪山閣，乃其居也。僕曰，先生請師誦經，老病起遲，若至寶塔品，乞見報。師報之，先生果出，野服藜杖，兩眉垂肩，默揖，焚香側聽而入。齋則藤盤竹箸，秫飯杞菊，不調鹽酪，美若甘露。

飯訖下襯一鍰僕曰先生寄語遠來不及攀送僕卽送行僧於中途問曰先生何姓曰姓孫何名僕卽於僧掌書思邈二字僧嗟駭僕忽不見凡尋三日竟迷路蹤歸視襯金乃金錢一百由茲一鐥身輕無疾至宋天禧中一百五十歲長遊都市後隱不見一說係王蜀時大慈寺僧事並錄俟考

王蜀時有僧居成都大慈寺恆誦法華經嘗入青城大面山採藥沿溪越險忽然雲霧四起不知所往少頃見一翁揖之敘寒暄翁曰莊主人欲屈君一往可否僧曰甚願少頃雲散見一宅宇陰森既近翁曰且先報莊主人僧入門覩事皆非凡調問曰還齋否曰未遂焚香請念所業此僧朗聲誦經翁令誦徹部所饋齋饌皆大慈寺前食物齋畢青衣負竹器以香草薦之乃施錢五貫爲師市胡餠之費翁合掌送出問人或云孫思邈先生此僧到寺已經月餘矣其錢將入寺則黃金貨泉也王主聞之收金錢別給錢五百貫其僧散施之後嘉州羅目縣復有人遇孫山人賃驢不償直訴縣乞追攝縣令驚怪出錢代償其人居山下及出縣路見思邈先生取錢二百以

授之曰吾原伺汝於此何遽怪乎

牟羅漢眉山人名安以廂兵隸倅廳如岷山陟上清坡苦饑忽遇髯者顧笑曰汝饑何不食柏子耶摘柏子投其口顧髯者不復見矣遂不火食亦往往通老莊偶一日江水暴張舟不可行或戲指其笠曰乘此渡可乎牟遂置笠水面趺坐其上截江以濟觀者異之

宋陳摶號希夷普州人初隱華山藝祖即位召對後遠遁峨眉自號峨眉眞人今大峨石福壽二大字乃出其筆

感遇傳宋文才眉州人少時與鄉里數人遊峨眉山上及絕頂偶遺其所齎巾履步求之去伴稍遠見一老人引之徐行皆廣陌平原奇花珍木數百步乃到一宮闕玉砌瓊堂雲樓霞館非世人所覩老人引登蕚臺顧望羣峯棋列於地有道士弈棋青童採藥清渠瀨石靈鶴翔空文才驚駭問老人此何處答曰名山小洞有三十六天此峨眉洞天眞仙所居第二十三天也揖坐之際有人連呼文才名老人曰同侶相

求，未可久住，他年復來可耳。命侍童引至門外，與同侶相見，迴顧，失仙宮所在。同侶云，相失已半月矣，每日來求，今日乃得相見。文才具述所遇，衆異之。

漢竇誼居蜀峨眉山，放浪不羈。月夜子規啼竹，誼曰，竹裂，吾可歸矣。其夕竹裂，遂遁去。武帝三徵不起。

譙秀，南充人，周之孫。隱居高尚，李雄徵之不應，逃入峨眉山中。

唐仲子陵，峨眉人。讀書大峨石，通后蒼大小戴禮，以文義自怡，家惟圖書及酒數斛而已。

唐胡份，不知何許人，嘗隱廬山。李騰弓旌之，逃入峨眉，隱九老洞。

宋杜鵬舉，崇慶人，喜遊，嘗奉親挈家，徧訪名山，愛峨眉之勝，因家焉。

宋梁鼎，字凝正，華陽人。入峨山，著隱書三卷。

明巖下老人，不知姓名。宣德間自廬山往峨眉，各巖下，每一二宿，輒遷他所。有時微吟，以指畫空。人咸以巖下老人呼之。

明韓懋，號飛霞道人。博極羣書，善歌詩。遊京師，大學士楊公禮重之，聞於武宗，召見與語大悅。時逆瑾有異謀，懋爲醫藥保御，頗有力，賜建飛霞宮。後乞還峨眉。今錦江滸有竹窩，乃嘉定安彭諸公以居懋者。

峨眉山志卷六終

峨眉山志卷七

第九古今藝文附賦詩

文具載道傳心承先啓後之據、則文之所在、卽聖賢佛菩薩道之所在。否則縱令詞義華美、亦屬無益于身心世道之閒言語矣。舊志藝文門、備載遊山諸作。今取其要者、歸于外護等各門。而擇其有關事實者數篇、爲此門、賦與詩悉附焉。然祇存十之三四、以表聖境。故志藝文。

譯峨籟自序

明 胡世安 大學士 井研

歲閱己未甲子己卯、峨遊者三、所雜著彙成帙、題曰譯峨籟、蓋一家言也。每思自有此山、有前余游者。有後余游者、其有目擊不過陰晴之變態、祠宇之廢興。而斯山眞面目、不隨蓬海三淺。高明廣大、伯仲崑崙所從來矣。人具手眼、領略各殊。卽余三游、且不能比而强同。固知山靈富蘊、貧取日新。茲秋季入夢者、更超宿賞。陳子實庵津津臥游、至欲竭力筆墨、不令山有逋美。且囑余述所已經、此何異逸少馳想。余不憚觀縷顯概、先之以范紀、竊附於逸少今昔之感、又博採茲山藝文、及余舊近稾未入前錄者、復彙是帙、集衆解以貌峨、以庶幾一得、以無負陳子津津臥游之志。憶昔癸酉春、陳明卿先輩過余、叩峨眉之勝、爲述移時、促膝竟聽、不覺撫掌大叫曰、奇哉眞宇內大觀。君贈我以峨眉、我當酬君以雁宕、亦述移時。臨別仍訂、各驅副墨子卿以助臥游、竟未果。今遂能副實庵之命、筆墨因緣、祕閫有候、亦斯山之有以神詔。與題曰、譯峨籟續集續之靡窮、不敢薄待後來更無一得者。

志竹變

胡世安

峨山竹品甚繁。龍竹、月竹、千歲竹、詳方物矣。有所謂紫竹者、生三年而色全墨。竹色如點漆。俱可充器具。桃枝竹、皮滑而黃、可簟亦可書筒、太白桃竹、書筒綺繡文是也。椶竹、幹實有文理、可杖。濮竹、節長。孟竹、以孟月苗萌。鳳尾竹、畫眉竹、以形似。簳小葉茸細娟娟。筋竹、堅韌、鋒之以桐油淬煉、可代矛用。筍欲籜時、可採作弩弦。箭竹、一名石竹、中實若老藤、小者可矢、大者仍可扶老、凡此產各有所至。若斑竹、慈竹、苦竹、冷竹，束竹，澹竹，白夾竹類，處處有之。以故峨筍富於他山，僧人乾之餅之，以供餉遺。崇禎元年之春，峨山上下周遭，竹大小各種，一時俱紓，求一莖菁者不可得。至次年，枯笴盤根，漸就腐朽，人競薪採幾盡。入望寒沙蕪莽而已，不復冀籜龍包絲，直節返魂，斯亦物理之有據者。三年春，斤斧未赦之區，忽射地叢出，自蜩腹蛇蚹，至尋丈，其與也勃焉，雖園畝移藝，不若是之迅，以齊抑有冥司之不介而孚與。其幽巖邃谷所存枯竿，盡浮筠矣。再越歲，蓊林還昔觀，僧復無怏怏餉遺之貲，噫，黃楊厄閏，豈亦此君陽九所羅，不可逃之數耶。徵所聞，志竹變。

題喻廣文峨眉山志

胡世安

己卯之峨，索山志舊著，罕有存者。有友人以喻廣文山志脫稾見示。蒐羅博而未精，考核詳而不要，去取臆而附會多。前九卷得失參半，猶可節取，莫劣於山史一卷。其言曰，自有天地，已有此山，於普賢何與。以峨眉還峨眉，普賢還普賢。倏而陽排陰佐，又詭其說，謂佛教原空，一切普賢亦不願人以此歸之。辨駁多端，不越斯旨。夫峨眉既不以普賢顯、亦何必黜普賢以顯峨耶。今有第宅、氏甲則甲、氏乙則乙。昔曰天眞皇人、吾與之爲天眞皇人。今曰普賢、吾亦與之爲普賢。而峨眉自在、初未嘗易名曰普賢山也、又何必坐普賢以獨據。信其說、遇匡廬、茅山、焦山、類將作何攻擊耶。至物產有昔無而今有、或顯於前而蔑沒於後者、何可勝紀。如卞玉、楚珩、魯璠璵以及劉寄奴、丁公藤、虞美人草、諸屬生植、雖不識所始、而名至今存、未聞廣文有所糾正。今於菩薩石、普賢茶、普賢竹、普賢綫之稱謂、欲一手以障道路口、何恕古而苛今乎。善乎侍御馬訥齋如蛟有云、記遊可也、記峨眉不可也、而況乎僅駁普賢以志峨。然峨眉當文獻凋殘後、有以鏡往昭來、討論什一、則廣文之用心勤、而功亦未可盡泯矣。書以貽見廣文、胡江石同年、他時晤喻廣文、面訂之。喻同郡內江人、名志祥、己卯孟秋既望日。

遊峨眉山記

清　丁文燦乙丑進士

四大名山、峨居其一。其山高聳奇特、曲折迴環、攀援而上、約有百里餘。沿途琳宮瓊觀、絡繹不絕。水從崖谷中、千支百派而出、澎湃洶濤、如長虹、如瀑布、奇矯異常。及至危巔、峯巒疊翠、扼要崢嶸、令人目不暇賞。東望則嘉陽陵雲二川溶溶、形如長帶盤繞於山麓。南則羅目、馬湖、諸山、鬱鬱葱葱、回環擁護。西則雪山挺峙、半插雲天、嶙峋峻拔、有迴乎其不可上之勢。北則錦城、翠屏、若隱若現、令人慨然想見諸葛武侯之忠義、杜子少陵之氣節焉、豈非宇宙間一大觀哉。且一日之內、俄而陰雲密佈、時而氣爽天清、佛光偕紅日齊輝、聖鐙與明星並曜。風從地起、聲吼如雷、濛雨連朝、寒巖幽谷、卽炎天酷暑、亦凛慄不能久留。予聆前賢所傳、疑信參半、今身歷其境、以所見印所聞、洵不我欺也、然吾因而感之。夫峨山發脈崑崙、其靈秀之氣、鬱結磅礴、誕生賢哲、爲王國楨者、政不乏人。而騷人逸士、遊覽於兹、覩此精英霞彩、與夫百鳥之奇聲雜出、煙雲之變化無窮、其有裨於詠歌文章之妙者、又不少矣。他如仙侶高僧棲眞洞府、通玄徹奧、白日飛昇、悟道參宗、因成正覺、稽古前代、何時無之。豈眞有仙則名、抑亦地靈人傑耳。故其神化所洽、廣敷遐邇、上自王公大人、下及愚夫愚婦、皆不憚登山涉水。敬禮願王。卽不肖之徒。一詣靈臺。舉平昔魑魅魍魎之狡習。不知消歸於何有。是峨山靈秀之氣。因乎人之類而默啓之。而人亦各得其轉圓之妙用。以爲身心之助。山靈歟。人心歟。其理一而已矣。人之登斯山者。豈徒快遊觀而已哉。乾隆戊子中秋。

朝峨眉山記　　清　釋徹中

諸作皆言遊。唯此言朝。遊則忽主而重賓。朝則略境而尊德。一字之間。心志全彰。功過自判。欲培福慧者。不可不注意焉。此篇末後。記伏虎寺現鐙三夜。爲最希有之事。因備錄之。以爲朝山者鑑。

大峨之勝甲天下。余每泛舟平羌江上。遙矚雲端。咨嗟不克赴者廿載。乙丑春。自成都昭覺寺發足。專禮普賢。至嘉陽。舍舟卽陸。望峨而趨。顧騷人墨客往來言遊。四方緇素。懷瓣香重繭遠進。則言朝。余爲老衲。言朝不言遊。三月二日壬戌。自嘉行。出瞻峨門。十五里渡雅江。又十里許宿蘇稽東坡亭。故爲蘇頲讀書處。卽眉山始祖。後人建東坡亭於上今廢有茅刹。癸亥行四十里宿峨眉縣東郭大佛寺。甲子過邑城經十方院望西坡寺至了鵮樓。樓有銅鐘銅塔甚精工。寶名聖積寺昔禪僧寶公所建人呼爲老寶樓因謂了鵮。再進爲會宗堂復二里關聖堂進抵伏虎寺山基於此樓閣四達殊壯麗憩乙丑丙寅二日。故事登山者多倩籃輿約伴侶輿夫捷足上下迅速遇佳境目不再盼或欲尋幽則以險辭。侶不同心行止齟齬多弗盡興。余力不能倩輿亦不欲倩。適乏侶僅偕一侍僧二傭人戴輕笠衣短褐策杖躡屨而上。緩急去留咸自由得以盡山之性情形體一木一石不輕失之。三月七日丁卯自伏虎登陟初欲雨少頃霽過解脫橋上解脫坡。或謂自山出者從此解脫險阻明曹能始先生曰余烏知乎入解脫出解脫耶。余則過於斯解脫塵勞纔得登山耳。稍上爲華嚴寺進爲純陽殿過五十三步昔蜀獻王於此下車行因即所行步數名之。俯瞰澗中有石如船名普賢船。進爲大峨石郭青螺先生大書靈陵太妙之天六字每字一碑左爲神水出石穴中匯方池澄潔可愛。陳希夷先生大書福壽二字呂洞賓眞人大書大峨二字俱在石。進數十武。爲歌鳳臺。楚狂接輿故廬。前數武。道傍。有石形類鷄公。進爲中峯寺。古明果道場。滅妖蟒於此。又傳黃帝於此問道廣成子。進爲方廣院。俗呼龍神窟。下數百武。爲雙飛橋。兩虹並峙。每橋各受一水。急湍奔流。溜入石渠數十丈。聲震山谷。至前會合。有石狀如牛心。砥柱中流。因名牛心石。近有豎碑。更名洗心石者。地極幽異。此處分二道。一上萬年寺。造頂。一循谿入洪椿坪。余徘徊於茲。欲先往洪椿坪。遇一僧。謂曰。宜及晴明達頂。覩佛光。余然之。遂上古德林。林木皆栴別傳和尙手植。以培風水。如法華經字數。每唱一字。一禮拜。始植一本。誓勿翦伐。老僧苦行如此。明直指馬公。如蛟賦詩於石曰。鬱蔥佳樹拂慈雲。幻出槎枒避斧斤。老衲得知山是佛。令人同誦法華文。過林。爲白龍洞。刹亦新潔。稍上。卽萬年寺。寺之輔翼曰慈聖庵。海會堂。白衣殿。其後殿曰雪螺結甎。爲之形如螺。一名甎殿。再後爲新殿。卽古之白水寺。此地稍寬衍。諸刹若簇錦然。余宿海會堂。戊辰晨起。睹佛牙。炷香禮諸刹。上、觀心坡。山路紆徐。至萬年寺止。山路陡峻。自觀心坡始。一名頂心坡。謂登壁之狀。

足膝齊心也。直上數千武・纔得隙地・名息心所・舊有庵・今廢。緣山脊而上・如行馬鬣・中寬者丈餘・狹僅數尺・左右皆峻坂・賴竹樹蓊鬱蔽行者目・得無畏。行十里許・爲初殿・一說乃鶯殿譌稱。又二十里許・爲蓮華石・有石如蓮・剎卽在左・以鐵爲瓦・自此始・復下數十武・乃山脈斷續處。始再上・號鵓鴿鑽天・蛇倒退・其險可知。此際踵無停步・息無停喘・傭者掖余如升天然。上爲洗象池・相傳普賢浴象於此。又數十武・爲上象石。再數里許・爲木皮殿・蓋以木爲瓦云。實名化城寺・謂普賢於此設化城・同大衆三千人居之。余窮日之力・抵是・暝色亦至・遂宿。寒甚・擁鑪而坐・夜分乃寐。已上梅子坡・積雪深數尺。進爲雷洞坪・懸巖萬仞・不可俯視・相傳雷伏洞下・聞人語輒震・舊有鐵碑禁語・今廢。巖下傳有伏羲・九老・諸洞・人迹罕至。再進爲接引殿・遂上八十四盤・俗呼三倒拐。盤盡爲太子坪。迴龍寺。至此陡峻既訖・紆徐達頂。過沈香塔・卽勅賜護國草庵寺・通天大師舊棲也。閱老僧樹・樹空・昔僧入定其中。進天門石・巨石劈開如門・深廣丈許。至七天橋・謂峨山爲七重天・故名。至此値濃霧・咫尺不見人物・寺僧留住，擁鑪火。距頂僅數百武，寓此有二便，清流引廚，所飲水優於絕頂，風不甚猛，遂因其留而留之。庚午，大霧竟日，至夜雪降。辛未晨起，玉山照人，溼甚，不能出戶，有數僧持楞嚴相質，為之解說。是日晚霽。壬申晴明，上頂進香，過天仙橋，首詣光相寺禮普賢。寺前為覩佛臺，倚欄俯眺無際。右為金殿，殿以銅成，高二丈五尺，廣一丈四尺，深一丈三尺，重簷雕甍，繡櫺鎖窗，中坐大士，傍繞萬佛，滲以眞金，極人工之巧。四隅列銅塔四座，有銅碑紀事，文字悉佳，其碑可鑑鬚眉。稍下數武，為藏經樓。前為銅瓦殿，再前為錫瓦殿。楞嚴閣，臥雲庵，並列於光相寺之後，藏經樓之右。峨頂如箕形，東為懸巖絕壁，西為斜坂，光相寺臨巖而東面，餘剎皆西面。是日煙雲盡淨，西望瓦屋，瓏經，象嶺，雪山諸峯，如在几席，實則相距或千里，或數千里。東望平疇渺茫，山如垤，川如白練，或有雲覆處，如人有物蓋足然。自太子坪以上，草木竹石與下界大異。有桫欏花，徧山谷，紅白相雜。地多細石，極潔，無蛇虺蚊蚋蟻蟲之屬。稍有穢物，雷電輒掃除之，洵稱佛境。自華嚴寺至頂，蓋一百二十里云。午餘，有兜羅緜雲布滿巖前，號銀色世界雲中隱隱現一圓相·寺僧曰·此名水光·尙非正光。仍歸宿七天橋·癸酉晨飯後·復由天門石·沈香塔·至學士堂·謁通天塔。蓋通天大師肉身存此·趺坐塔內·身皆貼金。林中多靜室·爲住靜之僧所居。左行二里許·爲淨土庵·傍有白龍池·源泉淸淺·沙彌擕銅盤盛水·舉手於石下取置盤中·云白龍子·細視似蜥蜴。是日各刹進香畢·仍上光相寺·人云·佛光曾三現·悵然而返。甲戌天陰·上光相寺·默禱普賢·祈三日內賜晴示光。是日濃霧·寒風謖謖·遂於普賢座右禪定半晌。少頃·持筆楮向金殿側露坐·錄銅碑文·忘寒忘霧。乙亥望日大晴·詣光相禮普賢·倚欄立·或邀茗飲·余卻之·必候覩光。近午·初現於巖石·閃爍不定·漸移虛空·現兜羅緜雲上·其圓似鏡·紅紫綠白數層。僧鳴鐘·觀者雲集·如堵·惟見己影在光中·舉手動身·無不相映·並立者彼此不見其影·謂之攝身光。光上有白虹·謂之金橋·僧屬賀·謂有候至旬餘·不遇光而去者·蓋非有緣弗現云。時沒時現·自巳至未·各作禮而退。余旋七天橋·沙彌報光現於此·往覩·較覩佛臺之光大數倍·中有小紅鏡·外列五色·七層金橋·高布至酉始沒。志稱張無盡至淸涼山、佛光隨之而現、余何人斯、獲此奇遇耶。丙子下山、宿海會堂。丁丑、憩雙飛橋。戊寅上後牛心寺、昔孫思邈修眞於此。下坙循谿行十里許、度三橋、二以板、一以石、俱屋覆之。谿盡、上數百武、爲洪椿坪、樓閣四達、周帀攢簇如城者二、結構工密、境區奧僻、蓋以幽勝、於峨有別是一天之意。此剎爲德心禪師開建、法嗣接踵、歷廿載落成、大衆昔以千計、今寥寥、但律儀不廢、視他處惟謹。己卯庚辰俱憩此。辛巳仍出雙飛橋、循舊道、遇微雨、午餘還伏虎寺、蓋三月廿一日也。是夜、僧報聖鐙現、余卽觀之、空中隱躍得數十鐙、有數鐙最明、上下相承、又有漸飛至寺前者。伏虎聖鐙罕現、余不及於峯頂覩鐙、今補觀於此、尤屬異數。連現三夜、余憩五日而後行。

藝文賦附

慈竹賦

唐　喬琳

維竹稱慈、幾乎有知。九族敦敍、孝友威儀、是竹必滋。五服相殘、骨肉攜離、是竹必衰。苟自家而刑國、亦觸類而增思。莽尊固護、檀欒櫛比、如束之稠、如插之密。勁節中聳、攢根內實。聲唯戛風．影不透日。類宗族之親比．同朋友之造膝。至若暮歲窮律．霜凝雪霏。陶鈞無發生之理．松柏有後凋之期。是竹也．叢篁劈開．牙筍怒長。紫籜連披．青筠紛上。有偕老之情．感饋親之養。如受制於籬界．不旁侵於土壤。雨露之澤．謝爾衆芳。細葉未吐．貞心已長。恥高標而迥出．斯褭曲而悠揚。匪趨時於律候．寧隨韻於笙篁。保無用而以道自將．愧不才而與物俱昌。苟成陰於隙地．作盛景之清涼。重曰．夫緜緜瓜瓞兮．知有子母。邕邕鴻雁兮．如次弟兄。於家則疏附禦侮．於國則磐石維城。田氏不分庭之荊．陳家則應天之星。莫不鬱映棠棣．急難鶺鴒。斯竹也．共根連茹．一本千莖。年深轉密．歲晚彌榮。一可以厚骨肉一可以敦友生。於靈臺而莫非盡性彰慈孝而感通神靈。

藝文詩再附

登峨眉山

唐 李白太白

蜀國多仙山．峨眉邈難匹。周流試登覽．絕怪安可悉。青冥倚天開．彩錯疑畫出。泠然紫霞賞果、得錦囊術。雲間吟瓊簫、石上弄寶瑟。平生有微尚、歡笑自此畢。煙容如在顏、塵累忽相失。倘逢騎羊子、攜手陵白日。

聽蜀僧彈琴　李白

蜀僧抱綠綺、西下峨眉峯。為我一揮手、如聽萬壑松。客心洗流水、餘音入霜鐘。不覺碧山暮、秋雲暗幾重。

峨眉山月歌送蜀僧晏入中京　李白

我在巴東三峽時、西看明月憶峨眉。月出峨眉照滄海、與人萬里長相隨。黃鶴樓前月華白、此中忽見峨眉客。峨眉山月還送君、風吹西到長安陌。長安大道橫九天、峨眉山月照秦川。黃金獅子承高座、白玉麈尾談重玄。我似浮雲滯吳越、君逢聖主遊丹闕。一振高名滿帝都、歸來還弄峨眉月。

贈別鄭練赴襄陽　唐杜甫

戎馬交馳際、柴門老病身。把君詩過目、念此別驚神。地闊峨眉晚、山高峴首春。為於耆舊內試覓姓龐人。

寄司馬山人十二韻　　杜甫

關內昔分袂。天邊今轉蓬。驅馳不可說。談笑偶然同。道術曾留意。先生早擊蒙。家家通蘇子。處處識壺公。長嘯峨眉北。潛行玉壘東。有時騎猛虎。虛室似仙童。髮少何勞白。顏衰肯更紅。望雲悲轗軻。畢景羨沖融。喪亂形神役。淒涼信不通。懸旌要路口。倚劍短亭中。永作殊方客。殘生一老翁。相哀骨可換。亦遣馭淸風。

漫成　　杜甫

江皋已仲春。花下復淸晨。仰面貪看鳥。回頭錯應人。讀書難字過。對酒滿壺頻。近識峨眉老。知余懶是眞。

按子美避地西川。咫尺峨眉。未經屐齒。一過識者以爲千古缺陷。今特錄公詩及此山者三首。亦見此老胸中傾倒極至。但爲戎馬閒隔。未遂右軍汶嶺之願耳。

望峨眉　　唐　岑參

寺南幾十峯、峯翠晴可掬。朝從老僧飯、昨日巖口宿。錫杖倚枯松、繩牀映深竹。東谿草堂路、來往行自熟。生事在雲山、誰能復羈束。

峨眉東脚臨江聽猨懷二室舊廬　岑參

峨眉煙翠新、昨夜風雨洗。分明峯頭樹、倒插秋江底。久别二室間、圖他五斗米。哀猨不可聽、北客欲流涕。

江行夜宿龍吼灘臨眺思峨眉隱者兼寄幕中諸公　岑參

官舍臨江口、灘聲人慣聞。水煙晴吐月、山火夜燒雲。且欲尋方士、無心戀使君。異鄉何可住、況復久離羣。

峨眉山　唐　鄭谷

萬仞白雲端、經春雪未殘。夏消江峽滿、晴照蜀樓寒。造境知僧熟、歸林認鶴難。會須朝闕去、祇有畫圖看。

送臥雲庵僧　唐　賈島

下視白雲時，山房蓋樹皮。垂枝松落子，側頂鶴聽棋。清淨從沙劫，中終日未攲。金光明本行，同侍出峨眉。

送峨僧歸　唐 曹松

師言結夏入巴峯，雲水回頭幾萬重。五月峨眉須近火，木皮嶺上祇如冬。

峨眉聖鐙　唐 薛能

莽莽空中稍稍鐙，坐看迷濁變清澄。須知火盡煙無益，一夜闌邊說向僧。

贈伏虎僧　唐 唐球

不知名利苦，念佛老岷峨。衲補雲千片，香焚篆一窠。戀山人事少，憐客道心多。日日齋鐘罷，高懸濾水羅。

峨眉山　宋 蘇軾

峨眉山西雪千里，北望成都如井底。春風日日吹不消，五月行人凍如螘。

白水寺　蘇軾

但得身閒便是仙，眼前黑白漫紛然。請君試向巖中坐，一日眞如五百年。

寄眉峯　蘇軾

膠西高處望西川，應在孤雲落照邊。瓦屋寒堆春後雪，峨眉翠掃雨餘天。治經方笑春秋學，好士今無六一賢。且待淵明賦歸去，共將詩酒趁流年。

送賈訥倅眉　蘇軾

當年入蜀歎空回，未見峨眉肯再來。童子遙知頌襦袴，使君先已洗樽罍。鹿頭北望應逢雁，人日東郊尚有梅。我老不堪歌樂職，後生試覓子淵才。

峯頂臥雲庵　宋　范成大

峯頂四時如大冬，芳花芳草春自融。苔痕新晞六月雪，石勢舊偃千年松。雲物爲人布世界，日輪同我行虛空。浮生元自有超脫，地上可憐怒攫蓬。

峨眉山　宋　馮時行

巖巒皆創見，草木半無名。翠削山山玉，光搖樹樹瓊。嶺雲隨客袂，谷響答僧聲。清絕渾無寐空山月正明。

雙飛橋　馮時行

巨木架虹梁橫跨驚湍上。有如排世難出力貴用壯。行人知寶地非此欲何向。因懷濟川功作詩鑱絕嶂。

遊峨雜詠二首　宋　白約

樹倒因成路林開忽見村。鳥音傳木杪梵語出雲根。雪色連春夏風聲接曉昏。徘徊幽興極回首謝煩喧。

文公太華遊惆悵無與共翁從二三子泉石恣披弄。草木被芳鮮山巖若飛動。朝市足紛華不入幽人夢。

寄寶曇禪師二首　明太祖

斷巖知是再來身今日還修未了因。借問山中何所有清風明月最相親。

山中靜閱歲華深舉世何人識此心。不獨峨眉幻銀色從教大地變黃金。

贈廣濟禪師　明　蜀獻王

高僧飛錫去人間。弘誓何年不出山。有地盡成銀色界。無心常似白雲閒。

送峨眉歸雲聰長老還山　蜀獻王

山僧談笑見天眞。杯渡滄溟萬里身。老愛林泉心自足。風流寧讓虎谿人。

峨眉高一首（奉蜀王令旨題峨山圖）　明　釋夢覲

峨眉高高插天。百二十里煙雲連。盤空鳥道千萬折。奇峯朵朵開青蓮。黃金獅座聳岌岌。白銀象駕來翩翩。晨鐘暮鼓何喧闐。風林水鳥皆談玄。千巖陰霧見玉佛。六時天樂朝金仙。月輪挂樹光團團。平羌影落秋波寒。目前勝景不可狀。畫圖彷彿移巖巒。吾王此地受封國。大法付囑從靈山。顧憶雲山當日語。五十四州均花雨。花雨慈雲滿錦城。佛刹王宮同按堵。峨眉高高萬古。

華嚴寺　明　方孝孺

棲身丹壑總忘歸。水閣頻登趣不稀。雨腳斜侵耕叟笠。苔花青帀定僧衣。山餘積雪寒猶壯，巖墮流星曉更飛。卜築吾將依此地，玉堂淸夢任教違。

白水寺二首　　方孝孺

寺幽名白水，金碧絢中天。池面臨三四，峯頭對百千。斷碑文字缺，重譯貝多全。老衲忘塵事，棲雲日晏眠。

一琴隨處住，半榻爲僧分。林放到池月，風驅入戶雲。鹿眠行去見，鶴唳坐來聞。底事吟詩苦，翻令思糺紛。

光相寺　　方孝孺

楚客隨丹梯泝流三峽踰五谿。浙僧訪佛祖，一錫陵空向西土。江尤儒生尋謫仙，相逢共上峨眉巔。峨眉山高氣磅礴，萬朵蓮開靑插天。天高地遠望無極，海東日出扶桑赤。氣衝衲衣舉光搖，角巾明。眼底汪洋巨鼇動，耳邊髣髴天雞鳴。龍宮對月窟，曾聞謫仙遊。霞光凝不散，履迹今尚留。千巖崩摧勢欲墮，羽流緇侶參差坐。七寶巖留供佛鐙，萬松竈起燒丹火。風霆蕩漾，雲樹模糊。虎豹接迹，猨猱鬬呼。星漢當頭手可擷靈芝甘露無時無雲漏日兮光一綫金蓮白象兮紛紛而來見萬籟動兮天樂和仙之人兮夜經過忽神驚而目眩豈專幻而說破覩謫仙而無有杳鳳管與鸞珂塵心未斷懷鄉土青鞋復蹋來時路行行回首語青山石室無鎖門無關重來有日當躋攀肯效趦趄囁嚅傚名勢坐令塵土彫朱顔

峯頂臥雲庵二首　明　楊愼翰林修撰

青靄紅塵此地分飛巖削壁迴人羣穆王馬迹何曾至望帝鵑聲絕不聞春夏未消千古雪陰晴常見一谿雲支筇石上寧辭倦采藥名山喜共君

峯頂散朝陽憑高眺渺茫山嵐銀色界寶氣白毫光天闕塵氛淨煙霄草木香須知來此地處處見空王

桫欏坪　明　余成勛翰林學士

採藥峨眉大士家鳥呼佛現共驚呀靈光孕石千年雪寶樹敲雲五色花濤涌嵐光開法界日浮象影蹋恆沙由來勝地多奇蹟樂奏天池兩部蛙

入山　明　趙淵

夢裏尋山路不迷。瑤華珠樹與雲齊。黃金世界參龍藏。白玉光輝照虎谿。

宿大峨峯頂二首　明　趙貞吉大學士

平生懷隱約寤寐想南圖。此日登臨壯。春風興不孤。諸天銀色界。萬里玉光鋪。疑有仙人到。相隨種白榆。

太息大峨峯。巍巍獨擅雄。誰騎六牙象。來坐七天中。雪壓巫廬瘴。山吹于闐風。陵晨觀日出。極目海雲東。

伏虎寺　明　王詠太子中允

爲愛招提數過迴。喜逢僧侶臥層堆。瑞分雙壁仍前合。社結東林今又開。淸引佛香時入院。法傳心印獨登臺。維摩丈室窺如許。無著天親次第來。

贈靈巖寺僧　明　尹覺

白業南州有秀師。遠分新剳住峨眉。歸途𥝠下無三宿。到日松間禮六時。雲板放參山鹿過。魚開靜鉢。老龍知思君結社仍留偈。更遣臨岐別賦詩。

伏虎寺　明　安　盤給事中

小橋支木度回谿。萬竹青青有鳥啼。未到上方三界闊。已看幽壑萬雲低。短簫吹客疑鳴鳳。破衲棲禪類木雞。欲去又遲今夜月。滿山空翠醒人迷。

宿峯頂　安　盤

元氣開青碧雲。軿落紫煙。笑登天九萬。別有界三千。片月依簷度。羣龍對客眠。坐深清淨理。明日望寒川。

解脫坡　明　彭汝寔給事中

登山常是愛新晴。竹杖芒鞋獨野行。望外青蒼皆佛寺。花開喧和有谿聲。偶驚谷響聞猨嘯。欲共僧閒定鶴盟。步入遠門尋覺路。曇花引入趙州城。

雨宿西坡寺　明　程啓充御史

竹裏瀟瀟雨。清涼入夢新。向來投老計。今作問禪人。野徑休愁滑。山靈未洗塵。陵晨登絕頂，雲海寄閒身。

遊靈巖寺　　明　張寄庵

空堂燒柏子，共坐話無生。雷雨千巖化，風泉萬樹鳴。夢清人境絕，禪寂法心明。諸有皆成幻，浮雲笑此行。

峨山　　明　舒觀生廣濟

西極坤維勢壯哉，峨眉天半列崔嵬。虎從爪徑溪邊渡，人自層巒石罅來。樹內有僧常在定，山頭無鳳亦登臺。凭欄光相繇雲裏，神水靈巖辨劫灰。

寄懷可聞和尚二首　　明　江皐陝西平慶道

天半峨眉路，孤筇憶舊遊。雲深春更冷，花散雨空留。僧老前朝話，人銷濁世愁。幾年幽壑夢，飛不到峯頭。

蜀棧連秦塞，邊鴻陣久虛。誰尋蓮社約，忽枉雪峯書。老較禪心切，貧嫌官況疎。欲拋妻子累，來傍遠公居。

大峨峯頂　明　張鵬山西巡撫

一到絕頂上泠然可御風。山川幻銀海。天地見洪濛。四海超然外。三生偶爾中。巖前有靈洞。呼出白髯翁。

桫欏花　明　廖大亨四川巡撫

昨夜空王轉法華。上方龍女散天葩。火齊晃綵陵朝旭。玉樹搖風薄晚霞。只合伊蒲充供佛。不隨薝蔔過山家。塵人那得拈微笑。銀海茫茫五色遮。

峯頂　明　袁昌祚四川參議

傑閣平臨北斗邊。芙蓉片片裊寒煙。珠光近向鐙輪轉。谷響遙從塔鐸傳。靜夜松濤千嶂合。崇朝雨色四天連。茫茫下界空回首。結社何年託白蓮。

雙飛橋　明　富好禮兵備副使

天柱峯頭水驚飛。樹杪來。山中奔日月。地底激風雷。嵐氣千巖暝。秋聲萬壑𡾋。泠然心獨賞。何處有塵埃。

峨眉山　明　黃輝翰林

劍外名山聚峨眉。不可名。祇疑盤古雪。化作佛光明。我且歌鳳去。誰當騎象行。兜羅空世界。說法了無聲。

白水寺　明　舒其志四川副使

寶剎千年寺。深山四月花。客來憩短竹。僧供出胡麻。白水澄空界。青蓮問法華。夜深寒月上。鐘磬落恆沙。

送清源師詩為師請梅檀香佛像歸山。所鏤甚精妙。　明　袁宏道

師從峨眉來。往返經幾宿。茲山聞最高。幾許到天竺。師行徧天下。無乃是神足。竦身入梵宮。鏤此梅檀佛。

峨眉山歌為松谷上人作　明　曹學佺四川參政

峨眉山上月千里。若為看峨眉山上雪。萬古逼人寒。山青如黛雪如粉。明月鏡中何隱隱。雙峯縹緲誰畫眉。挂在長空不可盡。西域雪山絕嶙峋。此中應見西方人。普賢

菩薩行具足，三千徒衆皆膺眞。始信峨眉自惆悵，不作巫山神女身。八十四盤桫欏樹，花開如繪復如素。一間板屋千重嶺，正値行人問山路。登山路轉難，投寺日已晚。古苔如髮長，新松學蓋偃。冰窟炊不成，雷洞眠難穩。眞僧入定久，行脚乞食遠。鉢裏龍形小，巖前鳥聲囀。雨氣沈如墨，雲光疾似電。應有千化身，故作百寶現。橋梁宛虹架，樓臺疑蜃變。大士皆騎象，星光盡散燕。奕奕九微鐙，芬芬五色綫。人人爲攝受，各各覩顏面。欲知色是空，色卽空中滅。世事如幻影，詎必歎奇絕。依舊峨眉山，明月照清徹。君來白門秋，山月幾圓缺。浩浩江水流，尙帶峨眉雪。

聖鐙　明　尹伸　河南布政

曠望不辭夜，鐙從上界傳。流光時渡壑，燄影欲連天。祇訝繁星墜，還從法力圓。迷雲開暗谷，處處見金仙。

洪椿坪　尹伸

溪行每迂迴，不識山深淺。但見懸淙盡，忽復登絕巘。松竹互攢映，樓閣何燀燀。聞有西天僧。鑿山度幽緬。雲根破混沌。耳目曠舒展。從來集法侶。猛心研教典。設林舌吐花。靜者意如繭。津梁未云倦。心迹堪雙遣。迷悟吾何知。頗覺輕蟬冕。

神水　明　邵捷春　四川巡撫

一盂乳滴大峨胸。聞道泉源與楚通。未必千山同此竅。世間萬法盡歸宗。

神水　明　李一鰲　川南道

泉聲響應松風細。谷月穿嵐對客明。坐到忘言僧又去。熱腸一副似冰淸。

訪通天國師　明　周光鎬

一住峯頭四十年。茹芝飲水是眞緣。客來晨磬諸天淨。坐對明鐙白日懸。繞戶慈雲浮貝葉。千山空翠響流泉。遠公話到無生處。滅盡空華吐白蓮。

題八十八祖像　龔懋賢　光祿卿

西方尊者東土師。我聞其語未臨儀。大峨之半阿練若。八十八祖南羽寫。禪悅精神眉聚端。救世婆心口角寬。妙眞如性本常覺。圓陀陀底各珊珊。祖宗開創多神智。所願兒孫能解事。丁子絕繪非等閒。生平盡在三名山。但遣白雲固封鑰。莫教一像走塵寰。

解脫橋　明　胡世安大學士

靈卉飾丹梯。雪淙流活活。到此利名心。一回一解脫。

梅子坡有序　胡世安

始白雲禪師道行偶渴。索水不得。望前坡有梅樹。擬此纍纍梅實可以回津。至其地無一梅樹而渴已止矣。今建有茶庵。後人援以名坡。漫作一偈。

既渴始求梅。非梅亦梅指。寧知舌本中。原自有梅子。

峯頂　胡世安

梵天色界幻瑤京。修月仙工琢不成。鳥鼠餐霞腸已換。昆蟲臥雪體俱明。鯨鐘音寂千巖答。寶塔光凝白日行。到此聖凡無二諦。何須海外問蓬瀛。

光相臺和舊遊　明　王鐸禮部尚書

瓦屋山無盡，諸番限此疆。七天通氣冷，三殿引雲長。枳朮資僧業，煙雲厚客裝。攜君觀遂古，廣樂遠鏗鏘。

觀光臺

明　梁應龍

昔賢嗟未到，而我得奇觀。不陟高寒處，安知天地寬。佛光隨鳥現，優鉢散花繁。大士因相契，無心可與安。

登峨說

明　董明命（川南道）

人情山水易爲眩，今信峨眉名獨擅。滿空雲海起蛟龍，萬仞峯頭看冠弁。攀躋逡巡愧巨虛，籃輿憑御作舟牽。絕頂一日幾陰晴，彩霞嘗結瞿曇面。城郭依稀大如掌，翠微隱約小於鈿。山腰另貯一重天，晴走風雷人不見。極目齊州九點煙，坤維至此稱永奠。聞師住山六十年，閱盡興亡爲余撰。曾記當年全盛時，琳宮貝闕山林徧。寇盜相尋劫亂仍，此山亦受烽煙煽。余聞此語倍心酸，世間名境直如電。君不見白衣蒼狗何渺茫，又不見桑田滄海亦更變。至道無毀亦無名，良哉不型與不鍊。

宿峯頂眺望二首　明　羅森左司馬中丞

陵煙達上方花散雨微茫。潤助廣長韻。譚滋禪悅香。留仙一夕枕。選佛七天場海嶠擎霞起。光明徧大荒。

萬象高寒外。喧豗子夜風。鯨音開半偈。虎嘯響長空。梵宇金輪滿。法雲篆繡工。悅然身與世。變現此山中。

過萬年寺懷紫芝禪師　羅森

武林憶附袁公驥。豔說峨眉老衲異。性中龍藏徹諸天。指下雞丸成福地。我今信宿此精藍。杖頭白雲向何處。水田百氎淨軍持。五緉一笠隨去住。尋勝或赴舊遊緣。采眞倍得瞿曇意。法嗣俱堪續一鐙。白石泉流不斷。淸巔燭深話驚雷。莢秋圃還登玉版羹。紫芝眉宇應重覩。爲拭十年牛馬塵。

虎谿贈可聞禪師　羅森

嵐光四照最宜人。寶閣岧嶢次第新。客向上方先問渡。僧超初地已無塵。偶拈花竹禪中韻，夙定風旛悟後身。愧我華顛名未淨，靈山可許一逋臣。

送張玉甲之官眉雅　　明　吳偉業祭酒

岷峨悽愴百蠻秋，路折邛崍九坂愁。城裏白雲從地出，馬前黑水向人流。松番將在看高臥，雪嶺僧歸話遠遊。欲問辟支諸佛土，貝多羅樹卽關頭。

登峨眉　　明　劉道開翰林

山水平生癖，煙霞到處緣。峨眉垂老至，勝覽讓誰先。拔衲辭公府，騎騾踐野田。入谿靑嶂合，上嶺翠微穿。歌鳳人何在，降龍蹟久湮。一山稱最勝，雙玉挂飛泉。觸石喧豗響，爭流排擠遄。驚心觀濺沫，駭目送潺湲。擘路洪椿去，幽林古德傳。繁柯蔭仄徑，密葉罨生煙。奔走疲終日，歡呼息萬年。於時方紀夏，坐此滌煩煎。墨勅先朝賜，朱函佛骨鮮。淸供脫粟飯，老漢作家禪。舊事譚離亂，新恩賴貸錮。坡高無馬走，殿聳似螺旋。詰旦支笻出，危坡壓屋懸。十梯方仰脅，百息始窮巔。回視聯牀處，依然柱杖前。喜歡初有地，蒼秀迥無邊。木磴經霜滑，行童任挽牽。雲堂香寂寂，金界草芊芊。雷洞人緘口，梅坡鳥憚鶱。沿巖鑿路險，削木蓋房堅。絕壁現還隱，修篁斷復連。緩拖雲脚重，倒挂日輪偏。太子坪初到，先生倦欲眠。圍鑪燒榾柮，䡒榻擁靑氊。曉起衝濃霧，徐行致肅虔。杪欏繁似錦，杉樹密還姸。最愛天門石，疑經鬼斧鐫。曬經如斗拔，瓦屋似屏聯。遂禮龍淵樹，環觀金薤篇。不辭三日苦，乃造七重天。大士元無住，凡夫自倒顚。朝山來路遠，禮佛念頭專。以眼觀白象，將心測普賢。喟然長歎息，策杖再搜硏。鐵瓦鄰銅殿，金繩護寶蓮。登臺輕世界，俯檻小山川。五嶽皆培塿，三巴在几筵。方期暘杲杲，詎意雪翩翩。光相緣猶待，神鐙願未圓。奇觀留後日，拙句染新箋。

大峨神水　　明　董明命上川南道

石以山爲名，水從石竅生。暗通阿耨潤，遠入玉泉淸。有客曾歌鳳，無人解濯纓。誰敎塵念冷，遙步向空明。

萬年寺　　明　張純熙四川提學

齋罷經行有數遭，仰瞻紺宇萬年牢。法王座處瑠璃淨，香象騎來瓔珞高。汰盡河沙餘白水。當空華月照秋毫。塵緣未得撥金篦。悵悵迷津歎二毛。

老僧樹　　冀應熊 成都太守

樹以僧爲心。僧將樹作體。樹且借僧生。僧豈依樹死。僧樹不相離。生死若相倚。久經春復秋。飽歷風和雨。千年面目存。萬古靈光起。不滅亦不生。老僧自知止。

病中贈離指和尚　　明 楊思聖 四川布政

病廢苦奄然。來求避世方。峨眉何處是。爲我散清涼。險路巴山遠。塵心旅夢長。皈依如不棄。瓶鉢任徜徉。

步題伏虎寺文峯迴文韻　　清 程仲愚

西巖疊翠聳高峯。谷邃回流墜葉紅。題就白雲飛叆叇。畫成鋪雪積虛空。棲烏夜起猨聲遠。落照晴留樹影重。犀劈玉胎蟾挹潤。溪澄蘸筆彩葱蘢。

感貫之和尚 與虎臣太史。同席於羅峯。作而致感。　　程仲愚

元亮何緣兩薦馨。雲巖覺到貧多情。夜猨哀月猶三嘯。曉磬鳴泉起九京。鉢裏楊枝

開次第庭前柏樹語分明。靜然欲滅還支遁。買得名山風日淸。

登峨眉　張注慶巡按

萬疊憑虛上。塵𡍲悉可捐。穿雲睇白水。側足倚靑天。幽咽泉聲遠。陸離樹色鮮。光明徹下界。盡日坐危巓。直入萬山去。身心好棄捐。亂峯疑拔地。層閣只窺天。松駁僧眉老。夏寒石髮鮮。願王無私照。巖月自娟娟。

丁卯春覲旋泛錦江。瞻眺峨眉　張官紀敘州別駕

棹艣飛來自錦官。峨眉隱隱出雲端。身經雪浪流光疾。心嚮琳宮世網寬。禹帝導江丹嶂豁。願王說法彩霞盤。塵勞可許歸蓮座。化境神光飽一看。

夢登峨山。作望峨吟　張官紀

欲汞五嶽最高岑。偶到三峨意轉深。名勝有緣天巧合。風塵無礙佛同心。杪欏燦爛空還色。梵刹輝煌雪作琛。若論聖凡眞妙諦。山靈應笑我知音。

天門石　何永駿牧伍

靈根分劈自崑崙，並峙巖頭獅象蹲。不是願王開覺路，何由此處説天門。

解脱坡　何永駿

偶過山間尋勝蹟，忽從坡上發深思。縱饒解脱虛空外，終是塵緣未了時。

蓮花社　何永駿

蓮嶽曾經詠削成，如何僧社亦擅名。祇因菡萏峯頭見，泰華雖高不與爭。

石船子　何永駿

隱踞雲谿障紫瀾，高呼船子渡谿難。可知普濟當年行，留得慈航待我看。

佛光　清 何式恆

鳥語初來報，雲緜幾度鋪。佛從當面現，光向半空盱。色相何嫌有，聲聞豈礙無。臨皋徒復臥，殘墨未能濡。

佛燈　何式恆

梵王棲息地，向夜寶燈懸。一點初疑葉，紛熒竟似蓮。辟支成古供，勝蹟賴今傳。冉冉靈巖下、光明徹大千。

贈與峨上人金陵請藏回山　房星著峨眉令

萬里歸來道已東、千函貝葉一帆風。須知遊戲仍三昧、方信靈修具六通。飛錫疑從天上落、曇花應向篋中窮。西川自此聞眞諦、不憚時時謁誌公。

出勝峯門道中望聖積伏虎諸剎　樊星煒

策蹇窮高廣衍中、雲煙罨藹隱花宮。好將一派符文水、洗卻十年塵土胸。伏虎流淙聲滮滮、騎羊往蹟事悤悤。計程幾頓登山頂、光相臺前禮大雄。

老僧樹偈　楊其光宛平縣令

四大身軀皆幻、毛髮爪甲自長。老僧化去樹生、僧樹是一是兩。本來一物不存、豈向無情滋養。蟬蛻已付槁木、肉皮不相痛癢。漫道樹爲僧榮、色空空色非相。晬一腳躍倒虛空、打破沙鍋自魄。

桫欏花　彭元吉縣尉

桫欏原是佛前花，開徧峨山爛若霞。不信佛身常住世，見花如見佛無差。

登峨山　楊維孝

梵宮開勝地，紺殿結殊因。校飾兼三品，莊嚴化億身。洗池神象浴，飲鉢毒龍馴。不是靈山子，誰乘大願輪。

銅塔　王曰曾 江左進士

明萬曆陳皇后購青銅鑄成，計十五層，每層內分五層，每一層金佛數百尊，共計萬尊。每層俱刻金字經卷，諸經畢備。峨眉山門一座，山頂七座。

一塔陵霄會萬靈，經傳大藏又分身。劫來不礙無邊法，各現慈悲度世人。

巨鐘　王曰曾

萬金鎔鑄自何年，長作龍吟散曉煙。留鎮三門開覺路，聲聲震醒世沈眠。

過伏虎寺贈可聞和尚　王曰曾

靈山隨地起，覺路自天開。客興披雲到，梵花促雨來。有僧翻貝葉，攜我上蓮臺。正擬登峯去，偏留話劫灰。

解脫坡　王曰曾

誰教伏虎接飛虹。天半峨眉路不窮。解脫欲歸何處去。看來還在此山中。

祇樹林舊名古德林　王曰曾

萬壑雲空祇樹林。霜天長見綠陰深。偶來一憩聞清籟。領略禪門自在心。

銅殿　王曰曾

皇家崇勝事。法象得輝煌。玉局三霄詰。金宮百和香。塔鎔大貝乘。鐘吼老龍王。碑篆風霜古。規模起晉唐。

還憩伏虎寺　王曰曾

浮沈宦海無歸著。天半峨眉覺路寬。忽過山腰探伏虎。從登峯頂欲栖鸞。經聲直向層霄徹。雪色長留羣玉看。我亦前身緱嶺客。憑誰指點得心安。

千手佛　明　吳昌求

願王法力果如何。指點迷津念普陀。人向蓮臺齊合掌。羨他益善是多多。

銅塔　吳昌求

洪鑪巧鑄現精靈，寸寸金剛不壞身。十五浮圖經萬卷，功成還賴世間人。

萬年寺　竇絅 中州

風迴蘿磴散幽芬，幾處勾留已夕曛。出嶺暮鐘邀客屐，洗關花雨靜塵棼。四圍煙繞山腰寺，一面窗收谷口雲。白夜試尋明月畔，此中淸景許誰分。

桫欏花　竇絅

老幹何年種，空靈自作花。助妝應有雪，棲樹已無鴉。豔冷穿雲出，英繁帶月斜。七重天上見，猶覺是飛霞。

聖鐙　竇絅

煙鎖高臺望不分，流光冉冉破氤氳。螢飛亂點千巖火，星墜輕搖萬壑雲。祇合梵宮窺色相，未應人世照塵棼。我來峯頂窮奇幻，故把靈膏夜夜焚。

大佛殿　丁文燦 乙丑進士

巍巍大佛鎭峨城。丈六金身慧眼明。放大毫光看世界。色空空色兩無名。

伏虎寺卽事　丁文燦

無端牽惹果何因。百感紛紜亂性眞。大道原從靜裏得。毒龍怕向鬧中親。一塵不染方爲寶。萬象歸源卽是珍。銀色兜羅成世界。靈心返照屬誰人。

彌勒殿樓頭訪志靈和尙。見壁詩。依韻和之。　丁文燦

層層疊疊萬重山。識透禪機不許關。一點慧心常自照。源頭活水非人間。

贈伏虎寺瓶水禪師　丁文燦

劈開迷障作沙門。一信無隳是有根。六慾頓除抛幻海。七情淨盡悟宗源。泥塗軒冕慧心遠。補衲袈裟道念純。徵夢已知仍佛器。師先太夫人。夢大士賜花瓶而生。機關莫向俗人論。

觀心坡　丁文燦

心是菩提覺是路。澄觀返照性流通。眼前高下非空境。常守靈珠不語中。

息心所　丁文燦

觀心坡上息心所。朶朶雲飛意甚閒。天籟無聲沈百慮。俗情多慾苦千般。放懷著眼看將去。特地返躬復轉還。我語世人休妄戀。坡前回首自牢關。

佛光　丁文燦

雲成五色現奇光。形似尼珠不可方。更有一椿奇異事。人人影在箇中藏。

覩聖鐙　丁文燦

山南山北盡雲煙。忽見聖鐙飛萬千。仰望峯巒同月耀。俯觀巖壑勝金燀。合來朶朶朝蓮座。分去飄飄向普賢。此是靈山眞妙諦。阿誰領悟在機先。

峨山頂二首　史在鏞

峯頂高千仞。嘉邛指顧中。側身鄰日月。倚杖破鴻濛。玉壘寒光逼。羌江樹色空。謫仙人去後。遊興有誰同。

金氣孤峯結。坤維獨鎭雄。崖松無歲月。人語逼蒼穹。老雪凝千古。殷雷起半空。超然塵世外。直欲御天風。

藝文僧詩

贈密印安民首座入峨眉中峯　宋 釋克勤圜悟

休誇四分罷楞嚴。按下雲頭徹底參。莫學亮公親馬祖。還如德嶠訪龍潭。七年往返遊昭覺。三載翺翔上碧巖。今日煩充第一座。百花叢裏現優曇。

聖鐙　釋心誠伏虎寺僧

飛自峭崖東。飄來點點紅。回翔分遠近。掩映入空濛。燄冷千年火。光搖半壁風。夜深人靜後。挂滿梵王宮。

寄虎溪可聞　清 釋海明破山

瓦礫石頭皆放光。無偏無正絕商量。有時變作巖前虎。威距峨眉白象王。

覩光臺　清 釋行密澹竹

覿面明明猶不識。馳求象外亦非眞。白雲幾度空撈摸。杜宇頻啼春草深。

送華陽山人遊峨眉　清 釋通醉丈雪

萬里瞿塘杖挹春。峨眉天半一閒身。俯觀沙界如棗葉。猶是遊人眼上塵。

觀心坡　釋通醉

行人雙眼幸圓明。下視閻浮等一塵。到此一步是一步。灼然何必更觀心。

臥雲庵　釋通醉

七重天末號峨眉。樹裏老僧下榻遲。八十四盤行欲盡。青山涌出象王兒。

過太子坪聞達和尚舊隱　釋通醉

杖藜午日蹈龍池。無限青山展笑眉。瓦上曬經乾也未。令人常憶達聞師。

山居　釋行喜雲峨

雲埋絕頂幾經霜。懶與廟王較短長。秋至但觀黃葉落。春來唯覺白花香。罷遊猨止洞中臥。爭食禽宣嶺外狂。篤愛山居閒我老。從他塵世利名忙。

雙飛橋　清釋長白宗正

寒巒下高巔孤橋斷復連。龍分雙澗壑。雲散一谿煙。眺聽聲光外。徘徊翠影邊。塵心從此盡凝證四空禪。

山居　　清　釋永宣化機

九日柴門雨亂飛。禪心無住客來稀。西風不管黄花夢。林鳥山雲各自歸。

洪椿坪　　釋永宣

穿蘿覓徑入椿坪。樓殿層層鶴篆清。因共雨花看貝葉。漫隨山色聽谿聲。慈鐙冉冉金沙暎。寶月團團梵響沈。開士幽居成古刹。祇今龍象話三生。

牛心寺避雨　　釋永宣

幽徑荒苔寂。千嶂古木横。雲來迷洞口。雨過溼流鶯。殿僻涼生遠。谿深霧到輕。松陰聊對座。返照起新晴。

古德林　　清　釋性藏紫芝

近日生涯與漸闌。了無箇事足追歡。但將一柄竹笤帚。古德林中掃破煙。

偶題　　清　釋廣善別潭

懶散疎狂一拙僧。年來老去百無能。雖然有箇閒身在。喫飯穿衣似未曾。

贈天峯禪師隱靈巖　清　釋海與克成

荆秀蔚藍巔。幽人避地偏。茶烹松吼。滌香藹鶴騰煙。危坐消陰劫。清眠樂梵天。從教深立雪。無物與君傳。

宋王坪回文　清　釋性通機微

西窗綠暎錦屏空。早挂殘霞帶日紅。題筆綵傳新賦客。耀臺靈繪巧圖工。棲鸞鳳處溫山繞。出聖賢時協氣通。哇半落星明月夜。谿清倒影現玲瓏。

峨眉早春　清　釋海源可聞

茅廬清淨地。幽深景對晴。巒數點新。疎壁嘗留穿月徑。垂楊偏送隔牆春。止居不過三間屋。坦率惟捐一點塵。慚愧谿山無箇事。虛窗高臥一閒人。

別鄉友　釋海源

多年未覩南來鴈。影落峨眉下翠微。三笑虎谿留不住。乘風又望海天飛。

登峨　清　釋元溫瓊目

不到崇高處，安知壁岫懸。路頹山霧接，橋斷野雲連。秀目青松柏，清心冷澗泉。半輪秋夜月，千古照巴川。

山居　清　釋照裕與峨

山中長快活，久已遠塵囂。桃李開晴露，松筠擁翠條。雲光羣卉滿，鳥語萬峯饒。多少榮枯事，如何到寂寥。

峨嶺秋　釋照裕

西風瑟瑟暮雲寒，歸鴈高飛鬭羽翰。松吐清聲遲洞壑，池含素影蕩欄杆。虛窗挹取林巒瘦，午夜哦成星斗殘。黃菊籬邊秋意濬，空花不肯借人看。

送友之峨眉絕頂　清　釋福昆禪明

欲上峨眉頂，化城可憩心。千年冰度冷，五月火難禁。樹老煙霞古，僧閒花木深。象王今說法，子去好知音。

峨嶺雲　　釋福昆

去則似無心。歸來全不昧。補完萬壑煙。滄點千山翳。橫洞鎖龍眠。依僧息犬吠。恍如道者心。卓出名場內。

山居次韻　　清　釋元英宵白

抱拙林泉下。安貧任意閒。無絃琴易操。有韻句難删。雨過雲初曉。夢回戶未關。故人何處見。梁月轉青山。

登峨　　清　釋普佶靈樞

陟彼清幽處。浮生萬事捐。琳宮非色相。紺殿逼諸天。絕壁苔痕古。懸泉漱石鮮。遙瞻西嶺雪。清淨杳無邊。

懷峨　　清　釋覺知履生

謁罷峨眉嶺。常懷第一峯。臺高常見月。山靜獨聞鐘。古雪搖瓊蝶。飛泉挂玉龍。何時重躡屐。散步倚雲松。

伏虎寺　　清　釋德堅　岷樵

登峨先向虎溪遊。策杖雲深步更幽。一徑鐘聲瞻玉殿。萬杉煙色繞瓊樓。石礄水隔紅塵杳。臺榭花飛綠樹稠。入室幸聆空妙諦。繽紛華雨孰能酬。

井絡泉　　釋德堅

濛濛雨潤空山夕。浩浩泉聲走白石。流向人間大有功。從教萬物霑膏澤。

隱峨自眺　　釋德堅

最愛眉峯秀。偏煩車馬過。層巒連瓦屋。衆水合羌波。鶴迹餘古雪。猨聲出綠蘿。曠觀村廓裏。煙霧晚來多。

峨眉山志卷七終

峨眉山志卷八

第十動植物產

分十一子目

鳥．獸．花．木．果．竹．茶．菜．藥．草。附珍異。

峨眉爲西蜀最大之山．又爲普賢菩薩聖道場地．所蘊者深．故所發者必勝。所積者厚．故所流者自光。其間動物植物．何可勝數。凡來山者．須得此山一草一木．若飛若走．皆具普賢智慧德相之眼。庶可觸境明心．聞聲悟道．直下知歸．不致當面錯過也。故志物產。

鳥

佛現鳥．山頂光相寺有二隻．絕不見其生育．大如雀．形似土畫眉。佛將放光．則鳴云．佛現佛現。見人不驚．每向人手取食．山頂餘鳥俱不能到．唯此二鳥．常報佛現。蓋菩薩變化所作．發人信心之靈禽也。萬年寺以下．則羽族俱備矣。

角鷄．大於雉．頭有二毛角．好鬬。或云卽鶡●黃連鷄．五彩俱備．類錦鷄而色更爛然．腳黃色．產黃連處有之。●王母．狀如燕．色紺翠．尾多而長．飛則尾開如兩旗．杜詩王母晝下雲旗翻。●雨道士。亦鳥名。鳴則天雨。●連點七。山溪有之。或曰。卽鶺鴒。有僧問洪杲。如何是連點七。師云。屈指數不及。地上無蹤迹。●護花鳥。益州方物略云。靑城峨眉間往往有之。至春則啼。其音若云無偷花果。髣髴人言。宋子京方物略贊曰。茜首黑裳。黃駮其羽。厥鳴嚶嚶。若禁若護。名而不情。盜者猶懼。●桐花鳳。邑志。弓背山桐梓坡所產。按朝野僉載。彭蜀間有此鳥。如指大。五色備具。其冠似鳳。食桐花。每花放卽來。花落不知所之。●巖鷹。頭似貓。有翼。兩耳極大。身長二尺。一名催生。晝昏夜明。喜食貓血。鳴則人家有喪。聞者惡之。亦鵂鶹梟鵩之類。●增山雀。觜距俱紅。章備五色。其聲宛轉悠揚可愛。唯冬月有之。●竹鷄。●黃鶬鷄。

獸

貔貅。自木皮殿以上。林間有之。形類犬。黃質白章。龐贅遲鈍。見人不驚。羣犬常侮之。聲訇訇。似念陀佛陀佛。能援樹食杉松顚並實。夜臥高籬下。古老傳名皮裘。紀游者易以貔貅。此獸卻不猛。兩存以備考。●虎豹。年年有迹於峯頂。不見其形。●玃●麞

●熊●麈●巖驢●山牛●巖兔、似鼠、無尾。●毫豬●禮鼠、似鼴、毛色深黑、馴擾親人。投以果實、則前兩足捧之立啖、若拱揖、閒入廚中捕食。

花

桫欏花、生峨眉山上。數葩合房、春開、葉在表、花在中。根不可移、故人不得爲玩。宋子京方物略贊曰、聚葩共房、葉附花外。根不可徙、見偉茲世。

木蓮華、生峨眉山谷、狀似芙蓉、香亦類之。一云葉似辛彝、木幹、花夏開、枝條茂蔚、不爲園圃所蒔。贊曰、葩秀木顛、狀若芙蕖。不實而榮、馥馥其敷。按酉陽雜俎及老學庵所載、忠州溪澗及臨邛白鶴山寺、俱有之。白樂天云、木蓮樹生巴峽山谷間、巴民亦呼黃心樹。大者高五尺、涉冬不凋。身如青楊、有白文、葉如桂、厚大無脊、花如蓮、香色豔膩皆同、獨房蘂有異。四月初始開、自開迨謝、僅二十日。邛僧云、蘂坼時有聲如破竹。白樂天詩、如折芙蓉栽旱地、似抛芍藥挂高枝、雲埋水隔無人見、唯有南賓太守知。又畫圖寄元微之云、花房膩似紅蓮朵、豔色鮮如紫牡丹。唯有詩人解親愛、丹青寫出與君看。宋周濂溪先生巴嶽觀木蓮詩・有云・枝懸縞帶垂金彈・瓣落蒼苔墜玉杯。此又似是白花。明王鳳洲載異物志。

牡丹●芍藥●草牡丹●薔薇●紫荊●蜀葵●木槵花●百合●杞菊（即枸杞）●蕙●萱●菊●蘭●西番菊●金錢菊●木芙蓉・花開如椀大・樹高二丈餘。●鵝毛玉鳳花・蓬如釵股・秋開不蔫・而鬚狀似禽。●錦帶花・長蔓柔纖・花葉間側・如藻帶・然花開形似飛鳥・亦號鬢邊嬌。范石湖詩・妍紅棠棣妝・弱綠薔薇枝・北風一再來・飄飄隨舞衣。吳下嫵芳檻・峽中滿荒陂。佳人墮空谷・皎皎白駒詩。

錦被堆花・卽薔薇。唐裴說詩・一架長條萬朵春・嫩紅深綠小巢勻。只因根下千年土・曾葬西川織錦人。范成大詩・誰把柔條夾砌栽・壓枝萬朵一時開。爲君也著詩收拾・題作西樓錦被堆。●珍珠蘭・俗名魚子蘭。●海梅・高僅三尺・冬月開花・如小桃花・結實如櫻桃。●月月紅●石竹子花●竹葉花●野蓮華・一云野棉・外紫內白・狀如五臺少林金蓮華。●杜鵑花・山頂最多・三四月開。●良薑花・香如梔子・秋間徧地有之。

●扁竹花●海棠自萬年寺至山下沿山巖壑到處有之名野海棠葉較人家所種者稍大花亦澹紅色頭皆下垂有似深山隱士避人不欲露其形影者。按益部方物略海棠有數種又時小異性其盛者重苑疊蘂可喜無定種也始濃稍淺爛若錦障。北方枝强花瘠殊不可玩故以蜀產爲天下奇豔云嘉定志云海棠紫錦色者佳餘皆棠棃耳。又云海棠樹以棃接之其木堅而多節外白中赤實如櫻桃此皆木本海棠非所尙也。余所愛者山中自生草花。除前人詠木海棠詩不錄外附錄唐薛能詩一首。酷烈復離披元功莫我知。靑苔浮落處暮柳閒開時帶醉遊人狎連陰被叟移。晨前淸露溼晏後惡風吹。香少傳何許妍多畫半眉。鳥疏連水脈庭綻粒松枝。偶汎因沈硯閒飄顧亂棋。繞山生玉壘和郡徧坤維。負賞慙休歇豪吟分失機。明年愁不見畱此贈巴兒。

木

枏有二種。一眞枏作柱棟梁。二閩枏止堪供爨具耳。●梧桐●桐油樹●白蠟樹●

椿●冬青●樟●柏●檜、似柏有刺、葉短而動螫人。●杉、杉有數種。油杉、鐵杉、拋杉、層子杉。●白花槿樹●黃楊●榿樹、見東坡送長老詩敘云、榿筍狀如魚、剖之得魚子、味如苦筍而加甘芳。蜀人以饌佛僧、甚貴之。今以餉殊長老。詩云、贈君木魚三百尾、中有鵝黃子魚子。夜叉剖癭欲分甘、籜龍藏頭敢言美。願隨蔬果得自用、勿使山林空老死。問君何事木魚烹、只爲形同無識耳。嘉樹、在羅目縣東南三十里、陽山江溉兩樹對植、圍各三二尺、上引橫枝、亙二丈相援連理、陰庇百夫、其名曰黃葛、號嘉樹。蘇子由詩予生雖江陽、未省到嘉樹、即此。●野漆樹、八九月生子、葉如榧樹、珠圓玉立、霜華掩映、朗潤可愛。丁樹、夏日開花、初放白、將萎紅。●羅漢松、結實頗肖、又名塔松、狀似杉、而葉圓細、生峯頂。●佛頂青、其樹葉碧翠異常、生金頂者尤具光彩。●竹柏、生山上、葉繁長而似竹、修直、其幹大抵類柏而亭直。贊曰、葉與竹類、緻理如柏、形狀得名、亭亭修直。●萬年松、其莖最小、藏書帙中、經年、得水復活。

果

橙●橘●香櫞●指柑●香木瓜●蜜羅柑●桃、出綏山者佳、今雙飛橋清音閣、小而味美。●梅●石榴●海棃●栗●枇杷●榛、似栗而小。●葡萄●銀杏●柿

竹

龍竹、根有二角、高節實中、可爲杖、遊山者多採之。●千歲竹、生山南絕壁間。盛以竹籃、培以砂石、懸之檐前、卽暢茂、夏三月開花。壅以土則枯死。●月竹、每月一生、又名普賢竹。●對青竹、產峨山、黃魯直有賦。●紫竹、三年始變紫色。●荊竹●冷竹●刺竹●桃竹、皮滑而黃、可爲簟席及拄杖。今山中又有桫欏樹、作筆筒、更古樸可愛。李太白、醻宇文少府、贈桃竹書筒詩、桃竹書筒綺繡文、良工巧妙稱絕羣。靈心圓映三江月、彩質疊成五色雲。中藏寶訣峨眉去、千里提攜長憶君。杜子美、亦有桃竹杖、贈章畱後詩。●慈竹、卽子母竹、性叢產、根不外引、其密間不容笥。筍生夏秋、閱歲枝葉乃茂。蜀中此竹最多、云是岷峨分來。元微之詩云、慈竹不外長、密比青瑤莎。予攢有

森束。玉立無蹉跎。纖粉妍膩質。細瓊交翠柯。亭亭霄漢立。靄靄雨露多。冰碧寒夜聳。簫韶風晝羅。煙含朧朧影。月泛纖纖波。鸞鳳一已顧。燕雀永不過。幽姿媚庭實。浩氣爽天河。峻節高轉露。貞筠寒更和。託身仙壇上。靈物神所呵。時與天籟合。日聞陽春歌。應憐孤生者。摧折成病痾。有賦見藝文。

茶

文選注。峨山多藥草。茶尤好。異於天下。今黑水寺後絕頂產一種茶。味佳而色二年白。一年綠。間出有常。不知地氣所鍾。何以互更。明初賜有茶園在白水寺。植茶萬本。爲雲水常住之用。萬曆末。爲僧鬻去。至康熙初年。乃以金千兩。贖還常住。有碑記其事。

茶爲蜀中常產。蒙嶺在名山。霧中在大邑。俱擅古今名品。世又謂峨眉味初甘終苦。不減江南春採。又華陽國志。眉州洪雅昌闔丹稜茶用蒙頂製餅法。片甲蟬翼。味苦而甘。白樂天云。茶中故舊是蒙山。文潞公詩云。舊譜最稱蒙頂味。露芽雲液勝醍醐。

菜

普賢菜●羅漢菜・葉似豆苗。●東風菜・生山谷間・一名斷續藤。行人渴・則取汁飲之。●龍巔菜・葉似椿樹頭有刺。●白芥菜・滿山自生・在九老洞尤佳。●綠菜・黃山谷有贊。●苦菜・即龍葵・三月生・六月花・從葉出・莖直花紫・八月實黑而落・其根復生・陵冬不枯。●甜菜●岸邊菜●獺菜・即黃連顚●蕨菜・瑯嬛記云・猨啼之處・蕨乃多有・每一聲・遽生萬莖・此物根可爲粉・爲餅飥。苗可爲蔬。李太白詩・不知行徑下・初拳幾枝蕨。東坡送蜀僧去塵詩・拄杖挂經須倍道・故鄉春蕨已闌干。黃山谷亦有蕨芽初長小兒拳之句。●眞珠菜・生水石上・翠縷纖條・首如眞珠・可蔬・醢・羹・可擕千里。●薹菜・開白花・春時廣有。高力士詩・兩京作斤賣・五溪無人採・花葉夏雖殊・氣味終不改。●馬蘭菜・葉似三漆而小・花開似小菊・濟紫色。春時嫩葉・曝乾・可代旨蓄。●巢菜・葉似槐而小・子如小豆・夏時種以糞其田・苗可作蔬・入羹・即薇菜也・氣味似豌豆・蜀人巢元修愛之・故名巢菜。東坡贈詩云・彼美君家菜・鋪田綠茸茸。豆莢圓且小・槐芽細而豐。

公在黃州日．爲元修寄巢菜感賦也。

以上諸菜．峨眉山頂．徧地有之。歲在戊子己丑．蜀避亂山頂．僧衆絕糧．徧採山中草根樹苔食者。有團土爲丸．嚥取延命者。獨不知採蕨法。余修志時．凡山頂有南方野菜可救饑者．皆爲入之。若論諸菜中．蕨味濃氣厚．少食不饑．住山人．尤當以此爲返魂續命耳。此外．山中尙有薯蕷．南星．石苔．石花．菌蕈．木耳．可食。木耳皮厚似羊肚．石．迥勝他處．山頂在處有之。其餘過萬年寺以下．薑．芋．瓜．豆．稻．麥．黍．蕎．始可種。蒔稍上．地寒．種多不生。山頂止可種菜．山峯石廣土少．不能多種也。芋有青．紫．白．眞．連．禪．野．六種。唯野不可食。連．禪．卽赤鸇．最佳．一名蠻芋。古記云．大饑不饑．爲有蹲鴟．漢卓氏．致富以此。

藥

石瓜．生峨眉山樹端。挺葉肥滑．如冬青．椹．似桑．花色淺黃．實長．橢．殼解而子始現。以其形似瓜．故名。煑爲液．治痺。●紫荷車．藥名．范石湖有詩云．綠英吐弱綫．翠葉抱修莖。蟲如青旄節·草中立亭亭。根有卻老藥·鱗皴友松苓。長生不暇學·聊冀病身輕。●黃精·峨山產者甚佳。韋應物詩·靈物出西川·服食採其根。九蒸換凡骨·經著上世言。云云是也。又宿進游峨詩·寂寥山寺停輿處·豁落風花到手時。亂石窟中翻素雪·碧雲堆裏臥青猊。巖龕鳥拜珠瓔佛·碑閣苔箋冰柱詩。拾得黃精須爛煮·飯儂明日上峨眉。●何首烏●南星·山中歲饑·掘得·連蒸三晝宵·可以爲糧。●天門冬●蒼朮●王不留行●威靈仙●山藥●龍膽草●益母草●茱萸●夏枯草·煎水盥面不皺。●●白荳蔻●黃連●三七●五加皮●蒼耳●梔子●常山●茵陳●金毛狗●芎藭●馬蹄香●升麻●川烏●紫菀●沙參●吳茱萸●獨活●半夏●桔梗●草烏●青木香

草

普賢綫·樹上苔鬚·蔓引而成·長數尺。或言深谷有尋丈者。煎湯服·治心氣疼痛有效。

方物略曰·仙人縚·卽此物。贊曰·附陽而生·垂若文絛。大槩苔類·土石所交。余觀峨眉

山是樹俱生綠苔又有緌綞詡綴垂至數尺者其樹亦根蟠石上藤蘿窅絡不辨木石又有一樹兩葉異命同生者總之山靈變釀不可方物如此●壁竇草葉如螢光或隱或現赫日不掩●金星草葉似萱背有點雙行相偶黃澤似金星故又曰金釧草可治疽創及丹石毒喉生乳鵝搗水飲之●瑞草●長生草山陰蕨地多有之修莖茸葉色似柏檜而澤經冬不凋故曰長生●碧雲草似孔雀尾山中石上多有之

附珍異不可常有故名珍異

本草經嘉州峨眉山出菩薩石形六棱銳首色瑩白明徹若泰山狼牙上饒水晶之類日隙照之有五色如佛頂圓光俗謂菩薩光明所感即今所謂放光石也在峨眉山後百餘里外始產此石彝人拾之鬻與山僧以備遊客之覓峨山中無此石也蜀郡草堂閒話雷威斲琴多在峨眉無爲霧中三山又益部談資世傳雷威斲琴不必皆桐遇大風雷之日酣飲著蓑笠獨往峨眉深松中聽其聲連延悠揚者伐之斲以爲琴有愛重名以松雪

嘉祐雜志·峨眉雪蛆·治內熱。陸游云·亦產茂州雪山嶺谷中·雪時得之·能蠕動·雪消蛆亦消。益部談資云·雪蛆產岷峨深澗·形如蝟而無刺·肥白長六寸·腹中唯水·能伸縮。取食須在旦夕·否則化矣。

范子計然曰·空青出於巴郡。本草·空青生益州山谷·久服輕身·能化銅鉛作金。又云·蜀名山縣有銅處·空青出其陽·青者·銅之精也。又云·空青生越巂山有銅處·銅精熏則生空青·其腹中空。梁江淹空青賦曰·夫赤瓊以照燎爲光·碧石以葳蕤爲色·咸見珍於東國·並被貴於西極。况空青之麗寶·挺山海之不測。於是寫雲圖氣·學靈狀仙·寶波麗水·華峯豔山·陽谷之樹·崦嵫之泉·西海之草·炎州之煙。曲帳畫屏·素女綵扇·錦色雰鬱·綺質蔓延。點拂濃薄·如隱如現·山水萬象·丹青四變。咸百鑑而可珍·亦千金而不賤。故淹作扇上彩畫賦·有空青出峨眉之岨·雌黃出嶓冢之陰·今無所見矣。

第十一蔣編志餘

志餘一篇，係蔣虎臣輯全志之外，所錄之文。事寬泛而理確鑿，勵法屬而警愚頑。如蓮池法照數段，洵長夜之慧炬，苦海之慈航。嚴武代巡等之狂悖，饑饉刀兵等之慘悽，皆足以警醒癡迷，啓牖良善，誠爲不可缺者，悉備存之。閒有考據失當，評論欠圓之處，特爲删削，俾成完璧。又將舊志不便列于各門者數段，附之于後，註明起訖，兩不相參，以期閱者不復致疑。故志志餘。

蜀山岷嶓蔡蒙爲最大，古今聞人洽士考覈最詳，然究竟不知何山爲峨眉也。古云北山皆嶓，南山皆蒙，峨眉當爲冢首。然考禹貢蔡註，蒙在蜀郡青衣縣，蔡在雅州嚴道縣。二山上合下開，沬水出焉，則冢另是一山，非峨眉所爲。不肖曾聞之先君子云，川西皆岷，岷北流爲洮，入黃河，南流入川爲大江。此知岷峨總是一山，只橫障西南二處爲異耳。今江水果隨岷峨至嘉眉，直下中間，如嶲州之大渡，沬水，夾江之青衣，犍爲之漢水，無不湊集至嘉定爲一，都聚合之。禹貢岷山導江一語，地勢愜合，不應又牽引冢山作首尾也，總志載峨眉在威州至西五里，廣輿記載峨眉山在眉州城南來自岷山。延袤三百里。至此突起二峯。如蛾眉然。又曹公楷遊灋華山記云。此山連峨岷嶺。爲兩戒山河之首。足知二山相連。卽一山也。古云。天下名山。太華險絕。峨眉神奇。又云。望遠則峨眉。登高則太華。此二山余皆親躡其頂。嶔崎塊異。無從優劣。但華山窮日之力。尙可至頂。峨眉非兩日不能至。則論高又當推峨眉耳。唯是峨眉山凡遇懸巖峭壁處。俱有木棧鋪墊。躡之而行。兩傍樹木周遮。密如欄楯。又山多陰雨白霧瀰漫。人過險處。俱坐不知。只重嶺傑躋。層見疊出。雖有壯夫賈勇。亦嗟力竭。華山四圍無路。險處俱就山壁上懸鐵繩下引。遊人挽之而上。往往繩斷。卽壓殺百數人。繩傍雖微鑿孔竇。僅容半足。緩急何濟於事。昔人稱直行如上壁。橫行如騎牆。良不虛也。余遊二山。妄斷二語云。峨眉高而不險。華山險而不高。同行一友。又增二語云。峨眉比華山高而加遠。華山比峨眉險而加峭。亦確論也。

古今名勝之地。仙佛住現。傳至數世。亦有互相消息。不可測臆者。如五嶽俱天眞道場。近來唯華山無僧寺。其餘四嶽。亦駸駸乎解珪剝墄矣。峨山自黃帝問道天皇眞人，時未有佛祖與分席也。今則琳宮梵刹，布滿巖壑，至問羽流，乃無一人。宋皇坪，軒轅觀，全成虛莽。唯純陽一殿，爲明代巡衡陽赫公所建，載有碑記，欲爲天皇存餼羊之意。然今住持仍是緇流，中塐彌勒願王等像，純陽特一寓公耳。竊意聖賢隨時度世，或爲仙，或爲釋，原無定迹。今日禪道盛行，諸天仙衆，必是棄捨本法，趨向眞如。如彌遮之事提多，商那之嗣迦葉，一音闡化，接物利生，皆不可知也。

蓮池大師竹窗隨筆云，遊五臺者，曰文殊在遊峨眉者曰普賢在遊普陀者，曰觀世音在。獨不曰西方極樂世界有彌陀在乎。又不曰三大士者，徒仰嘉名，阿彌陀佛現在說法，親炙休光之爲愈乎。跋涉三山，累年月而後到，信心念佛，一彈指而往生，失此不爲，大可歎也。考淨土資糧稱有人修西方淨土者，臨命終時，見二大士隨彌陀接引。則誠心頂禮願王，西方亦決可至。大師言此，特爲虛頭衲子假借朝山爲名，奔走乞食者，作鍼砭耳。

又云，或謂五臺峨眉普陀三山，劫火不壞，遊者能免三災，此謬也。三災起時，大千俱壞·何有於三山。若必遊此免災·則瞽目跛足不能登歷者·縱修殊勝功德·終成墮落。而居近三山者·卽愚夫皆成解脫耶。當知無貪乃不受水災·無嗔乃不受火災·無癡乃不受風災·三山之到何與。願念念開文殊智·行普賢行·廓觀音悲·則時時朝禮三山·親近大士。不達此旨而遠遊是務·就令登七金渡香水·何益。按大師此語·凡在峨眉遊居者·皆當日誦一徧·以當瞽鉦聵鼓。至三災之說·遠不能料·以目前論·獻逆流毒西川·所在屠戮·人類幾絕。峨眉一山·賴菩薩慈力護持·四衆安般如臥衽席·雖謂之三災不壞可也。

又云·先德示衆云·汝等出家·未曾立腳得定·忽已過三四十年。吾聞此語·眞懇痛切·心戰毛豎。乃有都將青春壯色·勤勤作有爲事業·或奔南走北·言我參禮名山·或裝𡑞修造·曰我與崇三寶。或聚衆起會·曰我助揚法化。此雖名色好事·非同賞玩麴蘗等比·至其爲空過一也。一朝猛省前非·已是龍鍾衰朽·悔無及矣。古云·少年不努力·老大徒傷悲·嗚呼·更有終身安然而不傷悲者。按大師此語·言言熱血·審知朝山作福非修行第一要務。然如今人假外勢以塞中道．疊人我以隔聖途。得法傳法．總非戒定慧之由生。施醫施藥．悉同饕餮伆人之輩。縱有達道者．亦莫如之何也。已不肖嘗聞古德云．諸上善人．若能持六度．修萬行．了了如一箇避塵之珠．萬物不相滯礙。然欲出一頭地．先發一決了漢的心。決了者．諸惡莫作．衆善奉行．所以云．順信佛語．天神衞護。倘或身寓法扉．心運魔行．必是六師之再來。寄語明眼．愼心防護。欲修無上菩提者．須從實地修行．不致墮身業海．猶爲彼善於此也。古偈云．修慧不修福．羅漢應供薄．修福不修慧．象身挂瓔珞。凡事不可執著．謂朝山．接衆．齋僧．造佛．爲非功德．固不可．謂此等卽是修行極則．亦不可耳。中峯大師有云．一心爲本．萬行可以次之．至哉言也。

世人競稱文殊在五臺．普賢在峨眉．此是俗見．如今朝廷設官．各分疆界．各有職掌者然。其實菩薩神化．周偏法界．何嘗以某處爲我道場．某處爲彼道場耶。蜀父老相傳．宋時有僧禮五臺．不覩文殊光相．忽逢一老翁云．菩薩出遊蜀矣．今以旃陀羅身．

寄笮橋南乃其化現非有二文殊也僧因歸謁屠人石長者忽化文殊其刀化爲如意飛出屋去蜀人異之因卽所居爲文殊院焉此文殊之在蜀也讀廬山東林及衡嶽志唐法照大師故事曾詣五臺親入竹林聖寺文殊普賢東西向坐此又普賢之在五臺也總之二大士志同道合如無著天親無時不相往來聚會又皆發願欲生極樂國土故彌陀所至同來接引所謂娑婆良弼安養親臣耳

法照大師大曆三年止雲峯寺慈忍戒定爲時所宗嘗於僧堂食鉢中睹五色雲中有梵刹當東北有山澗石門復有一寺金書其題曰大聖竹林寺他日復於鉢中見雲中數寺池臺樓觀萬菩薩衆雜處其中師以所見訪問知識有嘉延曇暉二僧曰神聖變化不可情測若論山川面勢乃五臺耳師遂與同志遠詣五臺見寺南有光貫日師緣光而至徘徊四顧一如鉢中所見東北行五十里有山山有澗澗北石門傍二青衣一稱善財一稱難陀引師入門北行見金門樓觀金榜題曰大聖竹林寺方圓可二十里皆有金地寶塔華臺玉樹入講堂見文殊在西普賢在東踞獅子座

爲衆說法。菩薩萬數。共相圍繞。師於二菩薩前。作禮問曰。末代凡夫。未審修何法門。文殊告曰。諸修行門。無如念佛。阿彌陀佛。願力難思。汝當繫念。決取往生。時二大士同舒金臂。以摩其頂。與之記曰。汝以念佛力故。畢竟證無上覺。文殊復曰。汝可往詣諸菩薩院。巡禮承教。師歷請教授。至七寶園。復回至大聖前。作禮辭退。向二靑衣送至門外。師復作禮。舉頭俱失所在。後與五十僧。往金剛窟。卽無著見大聖處。忽睹衆寶宮殿。文殊普賢及萬菩薩。佛陀波利。師方作禮。舉首卽失。夜於華嚴院。見寺東巖鑿有五枝燈。師曰。欲分百燈。旣而如願。復曰。願分千燈。數亦如是。光徧山谷。又前詣金剛窟。夜半見佛陀波利。引之入寺。謂之曰。汝華臺已生。後三年華開矣。汝見竹林諸寺。何不使羣生共見之。師因命匠刻石爲圖。於見處建竹林寺。旣畢。謂衆曰。吾事畢矣。數日別衆坐逝。推波利之言。果三年矣。當大曆七年也。師於幷州。行五會敎化人念佛。代宗於長安宮中。嘗聞東北方有念佛聲。遣使尋之。至太原。果見師勸化之盛。遂迎入禁中。敎宮人念佛。亦及五會。見柳子厚南嶽碑云峨眉多火災。所以前人改華藏爲黑水。普賢爲白水。牛心爲臥雲。中峯爲集雲。華嚴爲歸雲。以爲二水三雲。可禳此戹。明末代巡黃岡劉公梧陽。又於萬年築眞武祠。壓之。究竟祝融原未斂戢。嘗竊私議。山中寺宇。上下俱鋪厚板。又好作樓閣。連椽接棟。而上下止靠一梯。往來香信禮佛。好燒紙錢。山高寒重。暑月圍鑪。自然易與祖龍作緣。今不在此等處講求趨避之法。多造祠廟。及改題雲水。何益於事。

海內名山。不論遠近。若欲遊歷。須視宿世因緣。不可勉强。如王右軍生平欲遊峨眉。誓墓之後。猶云奉使關蜀。無不從命。可見心馳汶嶺。如此其至。然終不能遂此願也。杜工部避地成都。元白俱官巴蜀。未得一登。光相留題。碧落已爲欠事。至東坡家眉州。去峨眉最近。其至峨與否。俱不可知。唯白水寺有題絕句。或少年曾一著遊屐耳。觀其寄黎眉州云。膠西高處望西川。與在孤雲落照邊。在湖州送人河滿子詞云。見說峨眉悽愴。還聞江漢澄清。秋來但覺歸夢好。西南自有長城。公雖離蜀。而垂老留連。殊有生入玉門之感。三蘇。唯老泉歸葬故山。公兄弟俱隨地窀穸。亦可哀也。或傳公讀書嘉定州。蘇稽寺。在州西二十里。地名尖山。查寺。乃唐蘇公頲遷謫於此。非東坡也。峨山坡公筆墨最少。唯縣南龍門洞。有石刻龍門二大字。又云富春孫公雙鉤。唐太白久居峨眉。與丹丘因持盈法師善。蘇公頲爲益州長史。薦之。因入長安官翰林。載魏顥李翰林集序。其後往來齊魯吳越。不能卽歸。觀其渡金門詩。仍憐故鄉水。萬里送行舟。送人之羅浮詩。汝去之羅浮。余還憩峨眉。又淮南臥病懷蜀中趙徵君蕤詩。國門遙天外。鄉路遠山隔。朝憶相如臺。夜夢子雲宅。皆寓懷鄉之意。不能終老故山。客死采石。命也。唯范蜀公景仁六十致仕。遨遊峨眉青城。下巫峽。出荊門。凡期歲乃還。眞是高人奇遇也。

峨眉山覩佛臺。往往有捨身者。大約離三四年。卽有之。前歲有喇嘛僧年五十餘。沐浴齋戒。一躍而下。此去懸巖萬丈。無從蹤迹其遺骼。然亦有捨身不死者。楚人年少。至巖端坐不死。垂絕救活。事在辛亥夏。余在天台石梁橋。聞一老僧捨身死時。頭目不損。亦無血暈。武當山昔有孝婦。姑病。發願捨身代姑。至山攛身巖下。如履平地。後遇伊姑攜手同歸。余與寺僧覼縷此事。忽有同行一友云。如我不然。剛在山下。已捨身久矣。衆以爲知言。書以紀之。然雖如是·非至人之所爲。欲入般若之戶扃·必投大覺之極地。恐名捨身·終成虛語·不爲佛聖之援·猶恐墮落於枉死漂沈矣。唯祈達人·再思可也。

峨眉山頂遊人·一到·即患胸腹脹滿。人云水泉爲祟·余謂不然·聖泉龍池·水極甘洌。所苦者·寺僧不暇遠汲·止將大木桶·或古鐵鍋·注天雨水·煮飯食人·此水累月停積·安得不病。亦且山至絕頂·嵐氣蒸人·暑六烘衾·亦有莫測。如水一法·當如華山峯頂·鑿方石坎·四處雨水·引注坎中·其味渾是醍醐沆瀣。華山羽流·壽多至百歲以外·坐此故也。再或不然·山頂流泉頗多·多爲埝堰瀦蓄·以資汲飲·亦易事耳。

峨眉佛地·遊山者·自來不敢以葷酒溷香積。近來間有縉紳攜具登頂者·幸而無恙·便謂普賢大士境界毫無憎忌。不知明末有代巡劉光沛登山川南道李一鼇與州守馮某·特舁一豬至頂屠宰以供廚傳。刀未下·時庖人忽被雷風擊倒·暈死竟日甦時·問之云一大神·身披鎧甲·威勢無比·大喝一聲·未知所事·想即韋馱金剛護法諸神也。豬亦逸去。諸人駭然虔誠悔過。至夜雷聲暴發·猶傾海嶽·一衆懇苦籲禱方止。

自此無敢攜酒肉入山者。審歷來有犯五逆者，登陟不洗心者，多至雷殛。但既有心入山，理宜小心謹慎，不可以雷霆偶霽，遂弛敬意也。

峨山老僧樹，共知爲晉遠公禪師弟慧持。近閱嘉州志，又云：持遊峨山，入定於州之道（卽徑山寺）古樹中。又萬曆某年，陳璽取土，掘出一缸，中有定僧，云卽是持師出定。余鄉常州奔牛鎮，相傳宋高宗時，亦有枯樹老僧入定故事。三處未知孰是。以生平好尚論，持愛清淨，不似今人鋪茵放鉢，人前定帳，貪圖利養，則其在峨眉絕頂無疑。或云圓寂在成都龍淵寺。然至人應世，神化不一，妙在凡人莫測矣。

樵陽子者，蜀灌縣青城山樵子也。本大足縣人，姓雲氏，方誕，有踞而募於其門者，其母因以化緣呼之。甫二歲，父若母死，安縣民陳和養爲子。十餘歲，陳父母亦死，化緣孱然，託足青城山下童翁家。童翁又貧，無所得食，則入山斫柴，售灌縣人以活。灌縣人持升米或盌許來市樵子柴，盡一挑，樵子不計也。一日入山，天大雨雪，迷失道，入山益深，雪盈六七尺許。所見唯高巖萬丈，古木架陰，窒飛鳥都絕。忽一老人鬚眉皓白、手執拂子、招樵子坐。頃之、又一老人、貌頎腹便便、衣大袖紫衣、亦來共坐。如是累月、並有所指授、其語祕不傳。已乃導樵子大樹下、指而曰、是中爾前身所託也。坐樵子石上、設十二拜、禮恭甚、號之曰樵陽子、以故皆稱樵陽子云。二老人既去、樵子徘徊巖谷間、隱隱聞隔巖彈琴聲、或人聲、及迹之、無有也。結跏趺坐樹下、凡百數十日、敗衣拚形、頹然槁木。采藥人遇而怪之、不知佛耶仙耶、因以語灌縣人。灌縣人轉相語、羣走物色、識爲童家兒、是兒陷雪窖一年久矣、曷不死寒餓死虎狼、相與神其事、聞灌縣令。令景某、駕至山中問狀、所對班班應占記、非童子口吻也。自言吾前身在樹中、令便使人斫樹、樹轟若雷震者、火發其腹、劃然開、現委蛻焉、髮重覆領、指爪繞身、其貌相則樵陽子也。令驚歎、追尋蛻坐處、掘得一石匣、匣有卷、卷有文字、亦祕不傳。有布衲、有鐵冠、緣樵陽子以自隨。有劍、劍柔繞指、今失所在。其時令下教、製龕奉樹中蛻、築庵居樵陽子。於是名一時而傾動州郡、士庶競來瞻謁。能談人未來事、又能已人疾。來者愈益多、樵陽子避而匿安縣之天池。士庶則亦走天池、趾相錯也。其鄉縉紳。以迨官長車蓋相望。而獨石泉有令某。憎墨吏也。問外丹何居。樵陽子笑謂令廉而仁。是官人外丹也。令疑誚己。嗛某弁以妖人上變。告臺司。下成都張丞某逮治。樵陽子朴野。至則箕踞而誶丞。大恚罵何物囚敢爾。榜之。繫囹圄三月。獄成。王觀察某特廉其非辜。白艾中丞得解。久之。譚中丞來撫所司。卽向所築庵建大通觀。迎還山。厥後。凡開府及鎭藩臬至者。率召見樵陽子。樵陽率一再往。不拒也。顧其意忽忽不自得。會常郡參知吳公以捧表過家。謀挾之江南。樵陽子灑然從焉。來則止常之永慶寺。亦數過錫止龔方伯城南別業。稍一遊武林西湖。就而徵未來事若丐已疾者。麇集。初不甚應。閒露一二語。往往奇中。在山專餌黃精。出山乃火食。食止蔬素。終歲廢便若。良有絕異者。晚自名曰思道。亦出山後事。相傳其大父孔文進士也。與內江趙文肅同榜友善。父鳴春大足人。爲樵陽子言如此。留未一歲歸蜀。贊曰。昔東老云有僧定峨眉樹中七百年。既出。求復定去。今青城樹中身託樵陽子。是兩也。張紫陽因折瓊花事。推明陰陽性命之變。以爲必得金丹。乃稱上乘。余不解爲二氏言。

幸獲樵陽子其人沖彝恬穆不界人我教人只於心地上領宗旨雖以通儒者言不謬。嗟乎余不能極樵陽子所詣矣。傳爲孫伯潭先生作

峨山有兩茂眞尊者一是隋時人日遊神水夜宿呼應。一是宋人號茂眞禪師豫知舒王有誕仁宗之慶今中峯寺是其重修。唯云與孫眞人弈棋往來呼應庵者乃隋之茂眞尊者也。

明太祖亦嘗遣僧至西域取經。行至岷峨見普賢丈六金身乘白象現大圓光中語僧云西域遠甚汝安能至吾有眞經一卷得此可復汝主遂手授一經。僧拜謝歸見祖述此語祖以爲欺已欲殺之開經則祖親書求經疏文宮中獨對佛前焚化者。祖大悅厚賜此僧。載金陵梵刹志。

中峯寺由明果大師除蟒始改道觀爲寺今寺僧俱能言之。但開縣志亦稱神仙山迎仙觀有異僧除蟒事唯不載果師名號耳。世間奇事相同者固不止一二也。

峨山又有二孫思邈一是唐則天時人一是宋人與張乖崖善。

峨眉山無窮和尚從師通天一生苦行汲水肩糧忘身爲衆遷化之後人皆知其託生嘉定爲楊氏子名展字玉梁明季丁丑武進士毛洛鎭副總兵當甲申乙酉之時獻逆鴟張蹂躪蜀地展率義勇竭力抵敵賊鋒屢衄展收拾殘疆賑濟饑溺不論緇白戶給米麥牛種若干川南數郡賴以延喘後誤撫土寇袁武待以心腹反爲所殺遠近惜之是年春入山禮大士忽作偈云四十九年別普賢今朝又到白雲巔非我有心辭佛去只緣身世涅槃間寺僧初不解其意未幾難作適符詩讖果是無窮再來當歡喜領受償還宿債不以孫龐餘耳爲恨也

峨眉有伏羲女媧等洞乍見疑之久思開闢聖人半起東北且上古無三教之分聖賢仙佛隨處示現接物度生理或有之如佛經稱伏羲爲寶應聲菩薩女媧爲寶吉祥菩薩（須彌四域經）辨正論又云太昊本應聲大士老子爲迦葉仲尼卽儒童菩薩顏回爲淨光童子又道家眞誥稱孔子爲太極上眞公治九嶷一云廣桑眞君顏回爲明晨侍郎後爲三大司直一云與卜商俱修文郎聖賢分身教化神變無方故自不拘

拘一時一地耳。

峨眉爲軒轅問道處，所謂天皇眞人，卽廣成子，又云，卽鬼容區。近閱一書，老子在上三皇時，爲玄中法師。下三皇時，爲金闕帝君。伏羲時，爲鬱華子。神農時，爲九靈老子。祝融時，爲廣壽子。黃帝時，爲廣成子。顓頊時，爲赤精子。帝嚳時，爲綠圖子。堯時，爲務成子。舜時，爲尹壽子。夏禹時，爲眞行子。殷湯時，爲錫則子。文王時，爲文邑先生。一云守藏史。則廣成，卽老子也。

夫子不語怪，然論語中，得神仙二人。其一爲楚狂，其託諷夫子語，載莊子，約百餘字，固不止鳳兮鳳兮數語也。附錄莊子鳳兮鳳兮何德之衰也。來世不可待，往世不可追也。天下有道，聖人成焉，天下無道，聖人生焉。方今之世，僅免刑焉。福輕乎羽莫之知載，禍重於地，莫之知避。已乎已乎，臨人以德。殆乎殆乎，畫地而趨。迷陽迷陽，無傷吾行。吾行卻曲，無傷吾足。山木自寇也，膏火自煎也。桂可食故伐之，漆可用故割之。人皆知有用之用，而莫知無用之用也。其一爲申棖，卽施存，修長生之術，壽百餘歲。

後人誤以申爲施耳。孔門弟子，子夏百三十歲，子思亦近百歲，此又大德必壽。不得以神仙例視之。附考，施存，春秋時齊人，孔子弟子，自號婉盆子，人稱胡浮先生。師黃盧子，得三皇內文遁變化景之道，役御虎豹之術。先居南嶽石廩峯，每出則乘白豹。時步還山，豹卽迎之。或隱或顯，後嘗在中嶽少室，有云壺公者，卽其人也。晉永康初，乘白豹昇天。宋徽宗重和元年，賜號沖和見素眞人。

舊志載鬼谷子，嚴君平，白玉蟾，張三丰，俱在峨眉。曾見神仙眞誥云，鬼谷爲太玄師，治青城山。嚴君平尙在峨眉，然未著爲何秩也。考峨眉志，亦無君平所住處。三丰在明初，與夔府開元寺僧廣海善，臨別留詩云，深入浮屠斷世情，奢摩他行恰相應。天花隱隱呈微瑞，風葉琅琅詠大乘。密室晝閒雲作蓋，虛亭夜靜月爲燈。魂銷影散無何有，到此誰能見老僧。留草鞋一雙，沈香三片而去。後海獻與永樂，以一玉環千佛袈裟答之。蜀惠園爲張像贊云，南遊閩楚，東略扶桑。歷諸天之洞府，參化人而翱翔。長緌裋褐，至於無邦。吾不知其甲子，但見毛髮蒼蒼。知是久從赤松之徒，類圯上之子房味此·則三丰遊蜀無疑·知來峨眉耳。一云有扇硯竹杖留巴嶽寺　白集·徧查·無峨眉隻字·傳記·止云得道之後·過江東·憩龍虎山·遊九公·自洪都入浙·被逮放還·臨江·躍入江中。有人見於融州老君洞·度桂嶺·踰羅浮。紹定己丑冬·或傳眞人解化於盱江·逾年·人又見於隴蜀·莫知所終。今峨眉縣南三十里·有玉蟾灣。緣巖躡磴·上有玉蟾洞·可容千人。洞壁石色如雲母·彷彿見肩背衣緣·相傳爲玉蟾尸解處。

峨眉縣志載·葛洪爲求丹砂·乞爲勾漏令·入蜀·取雄黃於武都·山色如雞冠·喜曰·吾丹成矣。至洪雅之花谿·居巖洞·存神養無·往返峨眉峯頂間。考胡閣老譯峨籟·及川南道張公所修峨眉新志·並無葛名。或因二峨有葛仙洞·內江有大葛小葛眞珉存焉·遂並及之。但不知舊志亦有葛姓氏否·附錄備考。

宋峨眉令·奉議郎王湘·因觀太上感應篇·焚香誓行數十事。臨危·更衣而臥·男女環泣·覺身在半空。少頃·有人曰·王湘欲行太上感應篇·眞樂善者·宜速放還·已而遂甦。出陰騭錄明弘治間山東翰林王公諱勅督學四川。至峨眉縣羅目街。知有異物。掘地果得呂仙親書紫芝洞三字。公之奇迹非止此也。讀張公鶴鳴傳載公少有仙骨。爲諸生時。偶見一地夜有燐火。發之。得石匣一函書二册。讀之通慧能知未來休咎御風出神。如同僧扃門入山採杞。僧歸。公已在屋內。爲河南四川督學時。諸生見鎖院窗廡各各有一公危坐監視。一日較士。忽見白雲一片起。公遣騎追至雲落處。得白石如雪。細切爛煑。以徧食諸生。其甘如飴。在輝縣山麓。忽令人掘地。得一大石玲瓏蒼翠。今尙置之白泉山下。又於道傍古垣開出紫石硯二枚。各有鴛鴦一隻。雌雄相向。其家至今寶之。又採杞僧臨終。公問何欲。僧曰。欲富貴兼之。公曰。不能。但堪作一藩王耳。因批其背曰蜀王。比王產第二子。背上隱隱有公批筆。公預知死期。怛化時。四城門皆見公羽衣鶴氅而去。又深曉天文曲折。王陽明先生極信服之。

唐西川節度使嚴武。少時與京師一軍使女有私。因竊以逃。軍使奏聞。乃醉其女子。解琵琶絃殺之。沈於河。明日捕使至。搜武船無迹。乃已。及武爲節度時。得疾甚。忽有一道士至前云，從峨山來，欲謁武。武異之，及階，呵叱，若與人論難者。道士曰，適在階前，冤死者見某披訴。某初謂是山精木魅，遂加呵責。彼云，被公枉殺，已得請矣。武叩頭請解。道士乃令灑掃堂中，徹去餘物，焚香，舁武於堂門內，令淸心具衫笏，留一小童侍側。東偏閣內，亦令灑掃垂簾。道士坐於堂外，含水噴噀，又以柳枝蘸水灑地，卻坐，瞑目叩齒。須臾閣中有一女子呼嗟而來，曰，吾訴於帝，三十年，今始得報，期以明晚見取。武與道士，許以經功贖冤，不得。道士謝去，明日武卒。

陽平謫仙不言姓氏。初九隴人張守珪，仙居山有茶園，每歲召採茶人力百餘人，男女傭工者雜處其中，有一少年，自言無親族，賃爲摘茶，甚勤愿了慧，守珪憐之，以爲義男。又一女子年二十，亦云無親族，願爲義男之妻，孝義端恪，守珪甚喜之。一旦山水泛溢，市井路隔，鹽酪既闕，守珪甚憂之。新婦曰，此可買耳，取錢出門十數步，置錢於樹下，以杖叩樹，得鹽酪而歸。後或有所需，但令叩樹取之，無不得者。其術夫亦能之，因與鄰婦十數，於堋口市相遇，爲買酒一盌，與婦飲之，皆大醉，而盌中酒不減。遠近傳說•人皆異之。守珪問其術受於何人。少年曰•我陽平洞中仙人耳•因有小過•謫於人間•不久當去。珪曰•洞府大小•與人間城闕相類否。對曰•二十四化•各有一大洞•或方千里•五百里•三百里•其中皆有日月飛精•謂之伏晨之根•下照洞中•與世間無異。其中皆有仙王仙官卿相輔佐•如世之職司。有得道之人•及積功遷神返生之士•皆居其中•以爲民庶。每年三元大節•諸天各有上眞下遊洞天•以觀其所爲善惡•人世生死興廢•水旱風雨•預關於洞中•焉。龍神祠廟•血食之司•皆爲洞府所統。二十四化之外•青城峨眉•益登慈母•繁陽嶓冢•皆亦有洞•不在十大洞天三十六小洞天之數。洞中仙曹•如人間郡縣聚落•不可詳記。旬日之間•忽失其夫婦。

峨眉山高•自萬年以上•五穀不生。即有瓜豆蕎麥等類•多遭山獸竊食•寺僧終夜干掫爲難。居常贍給•止藉桐果茶葉易米爲糧。然茶苦不多•桐果售遠亦難•所以各寺閒有畜養孳生•規圖蠅利。昔緜州淨慧寺傍有池•居人爭來捕魚爲業。寺僧慧寬勸云•爾輩不當如此•吾能令汝等所得不失於舊。因指池畔菌蕈•令人採販•得利略與魚同。今山頂茶筍蕨蕈，無所不有，若設法烘製，轉售遠近，亦可資生。何爲與俗人一例，作屠伯爲也。

峨眉自乙酉丙戌以來，饑饉荐臻，莖蔬粒米，如同拱璧。寺僧有尋山中野菜瀹煑延命者，有團黃泥爲丸囫圇嚥食者，遷延無術，十死八九。今蒙國家蕩平之賜，佛祖垂慈，法筵重啓。遠近香信往來，既有施瞡之及，僧家亦自出己力，刀耕火種，漸有生氣。但屢經樂歲，粒米狼藉，少年僧雛，飽食暖衣，不知撙節。余遊山頂，見各寺廚下腐渣菜葉，委棄滿地。曾幾何時，不思昔年饑荒之苦，身同薛荔，萬死一生，今復暴殄如此，恐菩薩雖慈仁加被，決不肯再度此一種無記性人也。據云豆渣菜葉，留之無用。余將江南叢林製虀菜及藏渣之法示之，附錄於後，而火種刀耕，傷生害物，實宜免之。

一，各樣菜葉，洗淨，先將水煑滾，後投菜下鍋，一過卽收起，以瓦盆盛好，入米湯水養之，放置暖處，或竈邊，或鍋內釜板蓋好，一宿成虀。如菜少，入竈內溫養之。冬月菜多，入大鑊內，滾水一過，收起，養法如前。候虀冷，以大缸收之，上用石壓，可用至夏月不壞。

一豆渣用熱鍋炒熟、放桶內臭七日、放時用手輕輕糝下、務令虛鬆、勿致築實。待發過後、以手揉捻成餅、不拘大小、擇晴天大日色內曬令極乾、用綫穿懸風口。臨食時、入醬油或油鹽少許、飯上蒸熟、屢歲不壞。一云、罈收亦佳。

附雲棲大師腐渣歎。水溺其體兮、磨碎其骨。拔其精華兮、剩其滓質。勞人力而成兮、人復厭之而不食。暴殄天物兮、是誰之責。不如炒作豆豉兮、物不損而人益。

蜀郡草堂閒話、載峨眉有松樹、雷威取以製琴、號爲松雪。今峨眉嘉樹、鬱若鄧林、唯松獨少。聞乾谿溝高家林間有數株、寺僧珍重若三珠然。余遊武當、羣木參天、亦不見有松樹。唯金頂數株、離立、高不過一丈、而輪囷離奇、酷似獰龍老玃、此爲異耳。

書傳中、載地方所出方物、亦有不可盡信者。如峨眉舊志云、山出貔貅、雪蛆、放光石。余詢寺僧、皆云無之。據舊志云、貔貅不猛、好誦佛號、見人不驚、今行人往來如織、何無一遇之者。雪蛆治痰火內熱、今蜀人豈無肺渴如司馬相如者、未見有賈人射利、採此售人。若放光石・山中絕少。寺僧每奉上臺檄取・重價至蠻洞中購以應命。聞什邡縣鎣華山及雅州招討司洞中・實產此石。官此地者・不可不知此苦耳。相傳瓦屋山出角端・不肯傷人・但食虎豹・寺僧養之・以資衛化・恐亦峨眉貔貅之說耳。江淹彩扇賦云・峨眉出空青・亦屬荒唐・不可信爲實事。雪蛆・放光石・空青等・前物產門・云珍異・亦已說明不常有。

蜀中饒硯材・新繁有寫經臺石硯・犂州有西門塞硯・邛州有蒲江石硯。嘉州志云・東坡遺硯在尖山蘇稽寺・後爲督學王公勑取去。清賞錄亦云・犍爲人得楊子雲草玄硯・如今製・但無圭角耳。黃山谷鏡硯銘云・瀘川之桂林有石黟黑・瀘人不能有而富義有之・以爲硯則宜筆而受墨・唐安任君從簡有硯面爲鏡・而背三足・形駭天下・若山林不若・而不得・訪諸禹也。松煤泛之・若玄雲過魄月而竚也。筆胥疏其上・則月宮中之兔也。握筆之指・若蛙爬沙・欲食物不能・而又吐也。公自註云・任君宗易從簡寄烏石鏡硯及屏・乞余銘。余沒其屏・歸其硯・更求烏石爲屏。烏石視萬州之金巖中正砦之蠻谿兄弟中白眉也。按峨眉即古犍爲郡中正砦・去縣止百十里・峨眉出硯材・

無疑。但今時無良工爲之鑑別追琢耳。聞近來虎谿龍門洞，石俱細潤，確可爲硯，人無知者。

山志脫稿後，偶遇新安汪生光翰者，乃上川南道胡公恆門客。公死獻賊之難，光翰棄家冒死藏匿孤孫，避滎經山中。事平，控各憲給批送公孤孫，峨生還楚省，事載四川總志。其人樸訥不識文墨，而能行世間意料外事，極可異也，翰言酉戌之間，親見蜀中官紳士女，死難最多，總志率多遺漏。其言三僧誓死守戒，尤爲可敬，事在順治甲午年。姚黃至滎經，擄僧數十，婦女數千，至蓮華寺，褫祖服，迫令行淫，有不從者盡殺之。內唯三僧，誓不肯爲。（三僧逸其名，一云是峨山寺僧。）賊令衆僧勸之，又驅諸婦女巧言引誘，不從。賊怒，將三僧寸磔，其衆僧婦女亦盡殺無遺，又有雅州一婦，亡其姓氏，爲袁武賊目楊某所擄，罵賊不屈。楊愛其姿美，百計勸誘不從。於州城十字街，三天使者廟前裸辱之。婦閉目低首，披髮至地，三日後，賊斲斬之。又開縉紳士民死難姓氏。雙流縣令李公甲，蒲圻人，陞任建昌，至黎州，獻賊破省城，公捐貲起義，陣亡，馬踹如泥，滎經縣令黃儒，福建福州人，城破被擒，罵賊不屈，剮於城中開善寺。丁應選，海棠堡指揮使，首倡大義，保守上南，血戰兩年，兵敗死，時年七十五歲。馬京，馬亭黎州宣慰司土官，倡義守城，與賊相持兩年，兵敗死。楊之明，碉門天全招討使司土官，倡義討賊，半載陣亡。李華宇，黎州富莊義士，年八十，倡義與賊戰雅州對岸，兵敗死。同胡公死難男女姓名，夫人樊氏，成氏，馮氏，子之驊，妾周氏。少僕京兒，弩來，義女二女俱死，媳朱氏守節，生一子，名峨生，現存，即光翰所撫孤也。同翰撫孤義士，鍾之綬，字楷士，景陵伯敬先生猶子。胡公邀同赴蜀，遊峨山不歸，至八月，賊陷成都，綬從瓦屋至滎經，亂兵營中遇翰，同撫胡氏孤兒。凡八年，始遊滇，至昆陽死，葬州城山下，有碑紀其事。以上蔣編原有，以下另爲附入。

附書畫

聖積寺簡板，爲范蜀公書，半天開佛閣，平地見人家。其寺樓，舊有峨峯眞境四大字，乃宋魏鶴山書。縣北二里飛來岡上家慶樓，亦有魏書。樓係唐懿宗敕建，高九丈，寬十二丈。香柟木柱。兩人手不能圍。飾以金碧。覆以瑠璃。制度工巧。比西華嶽門。尤爲壯麗。樓上四壁。皆唐人名畫。一壁繪海棠一株。花葉繁盛。枝幹錯綜。雜出明目者莫能理其端緒。四圍畫飛蟲羽類最多。人常見花叢中有小青鳥往來。亦仙筆也。樓下西壁有呂純陽題詩云。教化先生特意來。世人有眼不能開。道童只接雲遊客。不識終南呂秀才。明弘治丁酉。督學王公敕遊此。以刀剜其數字。俱透壁。今餘字尚存。觀者旁午。魏公楷書遠近爭來摹勒。嘉靖十二年。樓燬扁存。

西坡寺壁有仙人畫蘆凫。按寺僧某與一道者相好有年。偶風日和麗。晨餐訖。邀同遊漢嘉之烏尤山。僧以八十餘里。跋涉殊勞。道者令閉目。攜其左手。俄聞水聲。呼之張睫。已在烏尤對岸矣。取箬籜兩片泛水上。令躡渡。僧懼不敢承。道者遂躡渡。倏望其躋巔。江雖隔數十里。道者遙與僧話。聲最邇。少選。復見其泛箬至。仍攜之還西坡寺矣。時方幾午。僧始知其異。乃跪叩之。道者謂。本欲度汝。柰緣淺。何汝欲富貴乎。欲壽乎。當副汝願。僧曰。得壽足矣。富貴非所願也。道者於領內出藥與之服。遂曰。余不可復留矣、幼嗜丹青、當作二幅贈汝。僧出紙、潑墨少頃、成蘆鳧各態、妙有生趣。囑以毋置水器畫下。因別去。後沙彌不戒、盥面右壁畫底、即扃戶出、逮歸見數鳧就盤飲、吒之、輒向外飛去。顧視壁畫、止蘆存而鳧盡亡矣。便異之、不敢復置水器左壁下。後督學王公勅至此寺、見之、即訝其左半邊有仙氣、叩所遇、僧告以故、王遂攜左壁鳧畫、並存蘆去。此僧百歲乃終、其孫徒親述其事。井研胡閣老有詩紀之。

山頂普賢殿、簡板爲宋太宗書、天皇眞人論道之地、楚狂接輿隱逸之鄉、載在碑目。

又一板云、崑崙伯仲地、震旦第一山、則劉公皋題也。

龍門洞、龍門二字、蘇子瞻筆、一云富春孫公雙鉤。

羅目街、紫芝洞三字、呂純陽仙筆。

牛心寺、唐畫羅漢、見范至能紀。

嘉州志、楚狂接輿像、古繪於三峨館歌鳳臺中。

益州畫錄、李昇山水之妙、每含光素、必有新奇、所繪青城、峨眉山圖、好事者得之爲箱篋珍。

大聖慈寺羅漢閣上有峨眉青城羅浮霧中四山圖四堵。中和年間畫不記姓名。

黃居寀蜀人當淮南通好日命與父荃同時畫青城山峨眉山春山秋山各圖用答國信。

畫繼眉人程堂字公明。常登峨眉山見菩薩竹有結花於節外枝者茸密如毬卽寫於中峯乾明寺壁宛有生趣。

畫評蜀人高文進於相國寺後門裏東西二壁畫五臺峨眉文殊普賢變相宋太祖嘉其能官以待詔。

宋元祐四年峨眉禾異畝同穎又禾登一百五十二穗。

峨眉山志卷八終